U0143303

WHAT IS HISTORY

历史学是什么

葛剑雄 周筱赟 著

北京大学出版社
PEKING UNIVERSITY PRESS

图书在版编目(CIP)数据

历史学是什么/葛剑雄,周筱赟著. —北京:北京大学出版社,2015.9
(人文社会科学是什么)
ISBN 978 - 7 - 301 - 25899 - 6

Ⅰ. ①历… Ⅱ. ①葛… ②周… Ⅲ. ①史学—通俗读物 Ⅳ. ①K0 - 49

中国版本图书馆 CIP 数据核字(2015)第 121291 号

书　　　名	历史学是什么
著作责任者	葛剑雄　周筱赟　著
策 划 编 辑	杨书澜
责 任 编 辑	魏冬峰
标 准 书 号	ISBN 978 - 7 - 301 - 25899 - 6
出 版 发 行	北京大学出版社
地　　　址	北京市海淀区成府路 205 号　100871
网　　　址	http://www.pup.cn
电 子 邮 箱	zpup@pup.cn
新 浪 微 博	@北京大学出版社
电　　　话	邮购部 010 - 62752015　发行部 010 - 62750672
	编辑部 010 - 62750673
印 刷 者	北京中科印刷有限公司
经 销 者	新华书店
	890 毫米×1240 毫米　A5　9.625 印张　190 千字
	2015 年 9 月第 1 版　2024 年 7 月第 9 次印刷
定　　　价	48.00 元

阅 读 说 明

亲爱的读者朋友：

非常感谢您能够阅读我们为您精心策划的"人文社会科学是什么"丛书。这套丛书是为大、中学生及所有人文社会科学爱好者编写的入门读物。

这套丛书对您的意义：

1. 如果您是中学生,通过阅读这套丛书,可以扩大您的知识面,这有助于提高您的写作能力,无论写人、写事,还是写景都可以从多角度、多方面展开,从而加深文章的思想性,避免空洞无物或内容浅薄的华丽辞藻的堆砌(尤其近年来高考中话题作文的出现对考生的分析问题能力及知识面的要求更高);另一方面,与自然科学知识可提供给人们生存本领相比,人文社会科学知识显得更为重要,它帮助您确立正确的人生观、价值观,教给您做人的道理。

2. 如果您是中学生,通过阅读这套丛书,可以使您对人文社会科学有大致的了解,在高考填报志愿时,可凭借自己的兴趣去选择。因为兴趣是最好的老师,有兴趣才能保证您在这个领域取得成功。

3. 如果您是大学生,通过阅读这套丛书,可以帮助您更好地进入自己的专业领域。因为毫无疑问这是一套深入浅出的教学参考书。

4. 如果您是大学生,通过阅读这套丛书,可以加深自己对人生、对社会的认识,对一些经济、社会、政治、宗教等现象做出合理的解释;可以提升自己的人格,开阔自己的视野,培养自己的人文素质。上了大学未必就能保证就业,就业未必就是成功。完善的人格,较高的人文素质是保证您就业以至成功的必要条件。

5. 如果您是人文社会科学爱好者,通过阅读这套丛书,可以让您轻松步入人文社会科学的殿堂,领略人文社会科学的无限风光。当有人问您什么书可以使阅读成为享受? 我们相信,您会回答:"人文社会科学是什么"丛书。

您如何阅读这套丛书:

1. 翻开书您会看到每章有些语词是黑体字,那是您必须弄清楚的重要概念。对这些关键词或概念的把握是您完整领会一章内容的必要的前提。书中的黑体字所表示的概念一般都有定义。理解了这些定义的内涵和外延,您就理解了这个概念。

2. 书后还附有作者推荐的书目。如您想继续深入学习,可阅读书目中所列的图书。

我们相信,这套书会助您成为人格健康、心态开放、温文尔雅、博学多识的人。

序 一

让人文情怀和科学精神滋润心田

北京大学校长

林建华

一直以来，社会都比较关注知识的实用性，"知识就是力量""科学技术是第一生产力"，对于一个物质匮乏、知识贫乏的时代来说，这无疑是非常必要的。过去的几十年，中国经济和社会都发生了深刻变化，常常给人恍如隔世的感觉。互联网＋、跨界、融合、大数据，层出不穷，正以难以想象的速度颠覆传统……中国正与世界一起，经历着更猛烈的变化过程，我们的社会已经进入到以创新驱动发展的阶段。

中国是唯一一个由古文明发展至今的大国，是人类发展史上的奇迹。在近代史中，我们的国家曾经历了百年的苦难和屈辱，中国人民从未放弃探索伟大民族复兴之路。北京大学作为中国最古老的学府，一百多年来，一直上下求索科学技术、人文学科和社会科学的发展道路。我们深知，进步决不是忽视既有文明的积累，更不可能用一种文明替代另一种文明，发展必须充分吸收人类积累的知识、承载人类多样化的文明。我们不仅应当学习和借鉴西方的科学和人文情怀，还要传承和弘扬中国辉煌的文明和智慧，这些正是中国大学的历史使命，更是每个龙的传人永远的精神基因。

通俗读物不同于专著，既要通俗易懂，还要概念清晰、更要喜闻乐见，让非专业人士能够读、愿意读。移动互联时代，人们的阅读习惯正在改变，越来越多的人喜欢碎片化地去寻找和猎取知识。我们真诚地希望，这套"人文社会科学是什么"丛书能帮助读者重拾系统阅读的乐趣，让理解人文学科和社会科学基本内容的欣喜丰盈滋润心田；我们更期待，这套书能成为一颗让人胸怀博大的文明种子，在读者的心田生根、发芽、开花、结果。无论他们从事什么职业，都能满怀人文情怀和科学精神，都能展现出中华文明和人类智慧。

历史早已证明，最伟大的创造从来都是科学与艺术的完美结合。我们只有把科学技术、人文修养、家国责任连在一起，才能真正懂人之为人、真正懂得中国、真正懂得世界，才能真正守正创新、引领未来。

序　二

重视人文学科　高扬人文价值

北京大学校长

人类已经进入了 21 世纪。

在新的世纪里，我们中华民族的现代化事业既面临着极大的机遇，也同样面临着极大的挑战。如何抓住机遇，迎接挑战，把中国的事情办好，是我们当前的首要任务。要顺利完成这一任务的关键就是如何设法使我们每一个人都获得全面的发展。这就是说，我们不但要学习先进的自然科学知识，而且也得学习、掌握人文科学知识。

江泽民主席说，创新是一个民族的灵魂。而创新人才的培养需要良好的人文氛围，正如有些学者提出的那样，因为人文和艺术的教育能够培养人的感悟能力和形象思维，这对创新人才的培养至关重要。从这个意义上说，人文科学的知识对于我们来说要显得更为重要。我们迄今所能掌握的知识都是人的知识。正因为有了人，所以才使知识的形成有了可能。那些看似与人或人文学科毫无关系的学科，其实都与人休戚相关。比如我们一谈到数学，往往首先想到的是点、线、面及其相互间的数量关系和表达这些关系的公理、定理等。这样的看法不能说是错误的,但却是不准确的。因为它恰恰忘记了数学知识是人类的知识,没有人类的富于创造性的理性活动,我们是不可能形成包括数学知识在内的知识系统的,所以爱因斯坦才说:"比如整数系,显然是人类头脑的一种发明,一种自己创造自己的工具,它使某些感觉经验的整理简单化了。"数学如此,逻辑学知识也这样。谈到逻辑,我们首先想到的是那些枯燥乏味的推导原理或公式。其实逻辑知识的唯一目的在于说明人类的推理能力的原理和作用,以及人类所具有的观念的性质。总之,一切知识都是人的产物,离开了人,知识的形成和发展都将得不到说明。

因此我们要真正地掌握、了解并且能够准确地运用科学知识,就必须首先要知道人或关于人的科学。人文科学就是关于人的科学,她告诉我们,人是什么,人具有什么样的本质。

现在越来越得到重视的管理科学在本质上也是"以人为本"的学科。被管理者是由人组成的群体,管理者也是由人组成的群体。管理者如果不具备人文科学的知识,就绝对不可能成为优秀的管理者。

但恰恰如此重要的人文科学的教育在过去没有得到重视。我们单方面地强调技术教育或职业教育,而在很大的程度上忽视了人文素质的教育。这样的教育使学生能够掌握某一门学科的知识,充其量能够脚踏实地完成某一项工作,但他们却不可能知道人究竟为何物,社会具有什么样的性质。他们既缺乏高远的理想,也没有宽阔的胸怀,既无智者的机智,也乏仁人的儒雅。当然人生的意义或价值也必然在他们的视域之外。这样的人就是我们常说的"问题青年"。

当然我们不是说科学技术教育或职业教育不重要。而是说,在学习和掌握具有实用性的自然科学知识的时候,我们更不应忘记对于人类来说重要得多的学科，即使我们掌握生活的智慧和艺术的科学。自然科学强调的是"是什么"的客观陈述，而人文学科则注重"应当是什么"的价值内涵。这些学科包括哲学、历史学、文学、美学、伦理学、逻辑学、宗教学、人类学、社会学、政治学、心理学、教育学、法律学、经济学等。只有这样的学科才能使我们真正地懂得什么是真正的自由、什么是生活的智慧。也只有这样的学科才能引导我们思考人生的目的、意义、价值，从而设立一种理想的人格、目标，并愿意为之奋斗终身。人文学科的教育目标是发展人性、完善人格，提供正确的价值观或意义理论，为社会确立正确的人文价值观的导向。

国外很多著名的理工科大学早已重视对学生进行人文科学的教育。他们的理念是，不学习人文学科就不懂得什么是真正意义的人，就不会成为一个有价值、有理想的人。国内不少大学也正在开始这么做，比如北京大学的理科的学生就必须选修一定量的文科课程，并在校内开展多种讲座，使文科的学生增加现代科学技术的知识，也使理科的学生有较好的人文底蕴。

我们中国历来就是人文大国，有着悠久的人文教育传统。古人云："文明以止，人文也。观乎天文，以察时变，观乎人文，以化成天下。"这一传统绵延了几千年，从未中断。现在我们更应该重视人文学科的教育，高扬人文价值。北京大学出版社为了普及、推广人文科学知识，提升人文价值，塑造文明、开放、民主、科学、进步的民族精神，推出了"人文社会科学是什么"丛书，为大中学生提供了一套高质量的人文素质教育教材，是一件大好事。

2001 年 8 月

人文素质在哪里？

——推介"人文社会科学是什么"丛书

乐黛云

人文素质是一种内在的东西，正如孟子所说："仁义礼智根于心，其生色也睟然，见于面，盎于背，施于四体，四体不言而喻。"（《尽心上》）人文素质是人对生活的看法，人内心的道德修养，以及由此而生的为人处世之道。它表现在人们的言谈举止之间，它于不知不觉之时流露于你的眼神、表情和姿态，甚至从背后看去也能充沛显现。

要培养和提高自己的人文素质，首先要知道在历史的长河中人类创造了哪些不可磨灭的最美好的东西；其次要以他人为参照，了解人们在这浩瀚的知识、艺术海洋中是如何吸取营养，丰富自己的；最后是要勤于思考，敏于选择，身体力行，将自己认为真正有价值的因素融入自己的生活。要做到这三点并不是一件容易的事，往往会茫无头绪，不知从何做起。这时，人们多么希望能看到一条可以沿着向前走的小径，一颗在前面闪烁引路的星星，或者是过去的跋涉者留下的若隐若现的脚印！

是的，在你面前的，就是这条小径，这颗星星，这些脚印！这就是:《哲学是什么》《美学是什么》《文学是什么》《历史学是什么》《心理学是什么》《逻辑学是什么》《人类学是什么》《伦理学是什么》《宗教学是什么》《社会学是什么》《教育学是什么》《法学是什么》《政治学是什么》《经济学是什么》,等等,每册 15 万字左右的"人文社会科学是什么"丛书。这套丛书向你展示了古今中外人类文明所创造的最有价值的精粹,它有条不紊地为你分析了各门学科的来龙去脉、研究方法、近况和远景;它记载了前人走过的弯路和陷阱,让你能更快地到达目的地;它像亲人,像朋友,亲切地、平和地与你娓娓而谈,让你于不知不觉中,提高了自己的人生境界!

要达到以上目的,丛书的作者不仅要有渊博的学问,还要有丰富的治学经验和远见卓识,更重要的是要有一种走出精英治学的小圈子,为年青的后来者贡献时间和精力的胸怀。当年,在邀请作者时,策划者实在是十分困难而又费尽心思!经过几番艰苦努力,丛书的作者终于确定下来,他们都是年富力强,至少有 20 年学术积累,一直活跃在教学科研第一线的,有主见、有创意、有成就的学术骨干。

《历史学是什么》的作者葛剑雄教授则是学识渊博、声名卓著、足迹遍及亚非欧美的复旦大学历史学家。其他作者的情形大概也都类此,他们繁忙的日程不言自明,然而,他们都抽出时间,为这套旨在提高年轻人人文素质的丛书进行了精心的写作。

《哲学是什么》的作者胡军教授,早在 20 世纪 90 年代初期就已获北京大学哲学博士学位,在中、西哲学方面都深有造诣。目前,他不仅要带博士研究生、要上课，而且还是统管北京大学哲学系全系科研与教学的系副主任。

《美学是什么》的作者周宪教授，属于改革开放后北京大学最早的一批美学硕士，后又在南京大学读了博士学位，现任南京大学中文系系主任。

从已成的书来看，作者对于书的写法都是力求创新，精心构思，各有特色的。例如胡军教授的书，特别致力于将哲学从狭小的精英圈子里解放出来，让人们懂得：哲学就是指导人们生活的艺术和智慧，是对于人生道路的系统的反思，是美好的、有意义的生活的向导，是我们正不断地行进于其上的生活道路，是爱智慧以及对智慧的不懈追求，是力求提升人生境界的境界之学。全书围绕"哲学为何物"这一问题，层层展开，对"哲学的问题""哲学的方法""哲学的价值"等难以通俗论述的问题做了清晰的分梳。

葛剑雄教授的书则更多地立足于对现实问题的批判和探讨，他一开始就区分了"历史研究"和"历史运用"两个层面，提出对"历史研究"来说，必须摆脱政治神话的干扰，抵抗意识形态的侵蚀，进行学科的科学化建设。同时，对"影射史学""古为今用""以史为鉴""春秋笔法"，以及清宫戏泛滥、家谱研究盛行等问题做了深入的辨析，这些辨析都是发前人所未发，不仅传播了知识而且对史学理论也有独到的发展和厘清。

周宪教授的《美学是什么》更是呈现出极为新颖独到的构思。该书在每一部分正文之前都选录了几则古今中外美学家的有关警言,正文中标以形象鲜明生动的小标题,并穿插多处小资料和图表,"关键词"和"进一步阅读书目"则会将读者带入更深邃的美学空间。该书以"散点结构"的方式尽量平易近人地展开作者与读者之间的平等对话;中、西古典美学与现代美学之间的平等对话;作者与中、西古典美学和现代美学之间的平等对话,因而展开了一道又一道多元而开阔的美学风景。

这里不能对丛书的每一本都进行介绍和分析,但可以确信地说,读完这套丛书,你一定会清晰地感觉到你的人文素质被提高到了一个新的境界,这正是你曾苦苦求索的境界,恰如王国维所说:"众里寻他千百度,回头蓦见,那人正在灯火阑珊处。"于是,你会感到一种内在的人文素质的升华,感到孟子所说的那种"见于面,盎于背,施于四体"的现象,你的事业和生活也将随之进入一个崭新的前所未有的新阶段。

引　言

记得第一次见到"历史"这个名词,是小学三四年级时看一种《中国历史故事》,比上历史课时间还早。当时并没有注意这书是谁写的,只是觉得很有趣,以至过了那么多年后还能记得其中的大致内容。读初中时,历史已是我最喜爱的课程之一。虽然那时怎么也不会想到,历史的研究和教学会成为我以后的职业。从我获得历史学博士学位到现在快满二十年了,但当北京大学出版社约我写《历史学是什么》一书时,还是让我颇费踌躇。我一遍遍地问自己:历史学是什么?我也说不清。或许正因为如此,我又产生了像当年看《中国历史故事》一样的兴趣。何不趁此机会,将历史学弄个明白?即使只是一知半解,也不妨写出来,或许能起到当年的《中国历史故事》一样的作用,引起年轻朋友们的兴趣。

不过,要讲"历史学"自然比讲"历史"更困难,更抽象。一方面我自己所知有限,另一方面,要将这些有限的所知讲清楚也非易事。好在我并不希望这本书成为艰涩的理论著作,专供专家学者研读,所以尽可以避虚就实,多谈些具体内容。

历史学有其普遍性,历史也不限中外,有中国史,更有世界史。可惜我对中国以外的历史了解有限,外国的历史学所知更少。与其强作解人,或拾人牙慧,还不如将本书的内容集中于中国。严格地说,本书的题目应该称为《中国历史学是什么》。

目 录
CONTENTS

历史的来历

式观元始，眇觌玄风，冬穴夏巢之时，茹毛饮血之世，世质民淳，斯文未作。逮乎伏羲氏之王天下也，始画八卦，造书契，以代结绳之政，由是文籍生焉。

——（梁）萧统《文选序》

当我们考察上古时代，想象那悠远的古风，那时的人们冬天住在洞穴，夏天在树上筑巢，身上披的是兽皮羽毛，嘴里吃的是动物血肉，世道简朴，民风淳厚，还没有什么文字记载。伏羲氏统治天下，才开始画出八卦，创造文字和刻木，来代替结绳记事的办法，从此产生了文字典籍。

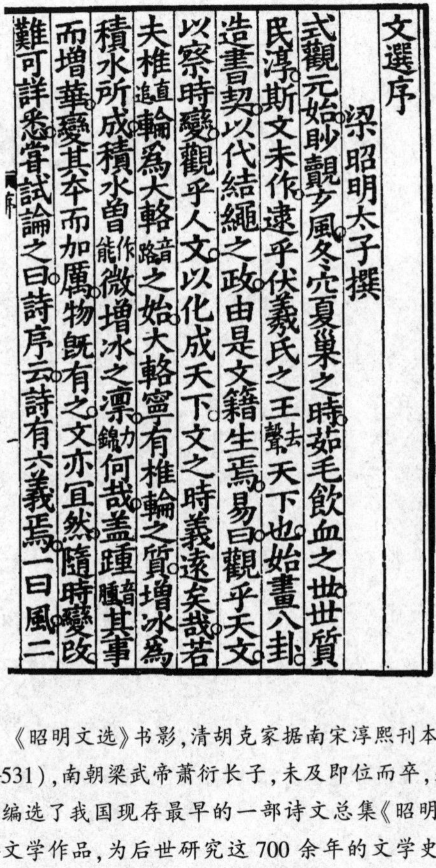
文選序
梁昭明太子撰
式觀元始眇覿玄風冬穴夏巢之時茹毛飲血之世世質
民淳斯文未作逮乎伏羲氏之王去聲天下也始畫八卦
造書契以代結繩之政由是文籍生焉易曰觀乎天文
以察時變觀乎人文以化成天下文之時義遠矣哉若
夫椎直追輪爲大輅音路之始大輅寧有椎輪之質增冰爲
積水所成積水曾作能微增冰之凜何哉蓋踵音腫其事
而增華變其本而加厲物既有之文亦宜然隨時變改
難可詳悉嘗試論之曰詩序云詩有六義焉一曰風二

图 1 《昭明文选》书影，清胡克家据南宋淳熙刊本翻刻。

萧统(501—531)，南朝梁武帝萧衍长子，未及即位而卒，死后谥昭明，故世称昭明太子。他编选了我国现存最早的一部诗文总集《昭明文选》，收录自先秦至梁初的重要文学作品，为后世研究这700余年的文学史保存了大量珍贵史料。

说到历史,似乎是一个尽人皆知,谁都会用的概念。比如我们会提到世界历史、中国历史、城市历史,以至一个家庭或个人的历史;比如我们会说"自己的历史要靠自己书写";或者说"写下了历史的新篇章""这已经成为历史"等等。大概不会有人刨根问底:"历史是什么意思?"好像大家都知道"历史"的含义。

不过,要是我们深入地想一下,问题就没有那么简单了。究竟什么是历史? 要找出一个确切的、完整的答案,可能会难倒大多数人。在中国那么多的文字中,为什么我们偏要选择用"历"和"史"这两个字来表达这样一种广泛而抽象的事物?

1 "历"和"史"

我们要想确切地了解**"历史"**的真实含义,就必须分别从**"历"**和**"史"**这两个字的意思谈起。

　　"历"的繁体作"歷"，其下部的"止"字，在甲骨文和金文中的字形，就是一只脚，表示人穿过一片树林。汉代许慎所著的《说文解字》里便说："历，过也，传也。""过"是指空间上的移动，"传"则表示时间上的移动。

　　古人在长期观察中发现，天象并非恒定不变，而是以某一时间为周期做循环运动，某一天象与农时、气象可以相对应。《礼记·月令》中就记载了日月星辰的位置以及此时对应的物候现象，比如"孟春之月，日在营室。昏参中，旦尾中。……东风解冻，蛰虫始振。鱼上冰，獭祭鱼，鸿雁来。……是月也，天上的气下降，地下的气上腾，天地和同，草木萌动"（夏历的孟春正月，太阳的位置在营室。黄昏时参星在南方天中，黎明时尾星在南方天中。……东风使江河土地解冻，冬眠的蛰虫开始活动。水底的鱼游近水面的薄冰，獭捕鱼，鸿雁由南而来。……这个月，天上的气下降，地下的气上升，天地二气融合，草木开始萌发）。正因为有这种规律性的对应关系，日月星辰的移动（"过也"）就可以用来确定年月、确定季节，"历"（歷）由原来的动词又衍生出名词的含义，即历法。《大戴礼记·曾子天圆》说："圣人慎守日月之数，以察星辰之行，以序四时之顺逆，谓之历。"（圣人很注意根据日和月的规律，来考察星辰的运行轨道，用来排列一年四季的顺序，就称之为历。）在中国古代以农业为主的社会，历法对于播种、收获等农时具有无比的重要性，所以历法的含义从"歷"中逐渐分化出来，另外创造出一个从日的"曆"。据《尚书·尧典》，帝尧"乃命羲和，钦若昊天，历象日月星辰，敬授人时"（于是命令羲氏与和氏，恭敬地遵循天道，推算日月星辰的运行规律，严肃谨慎地向百姓发布节气时令）。还派遣羲仲、羲叔、和仲、和叔四人分别前往指定的东、西、南、北各个地点观测各种天象，以便为百姓制定历法。《尧典》虽系后人所作，具体内容未必可信，但这条记载至少说明，中国在很早以前就有专职的天文官员了。

"史"字最早出现在甲骨文中。甲骨文中不但有"史"字，还有"大史""卸（御）史""公史""西史"等词语，都是表示一种特殊身份的人，或一种特殊的职位。由于甲骨文是刻在龟甲和兽骨上的，记录极为不便，所以用字必定非常俭约，能少一个字就少一个字，甲骨文中有不同类型的"史"，说明早在殷商时代"史"就已有了明确的分工。既然在"史"之外还有各种名称的史官，就可以肯定他们的职权和地位是与"史"不同的。《说文解字》中说："史，记事者也，从又持中。中，正也。"即保持中正的态度用右手记事。但据王国维《释史》（《观堂集林》卷六）一文中的考证，"中"字在甲骨文、金文中的原始意义为盛放简策之器，后引申为簿书之意，史的字形，即手持簿书之人，则"史之职，专以藏书、读书、作书为事"。比较而言，王国维的说法显然更有说服力。殷商时期的官名，如卿事（士）、御史、三事（司）、吏等，都是由史字分化而来，可见当时"史"地位的尊崇。至于甲骨文中不同史官记事的范围，我们现在还没有找到十分明确的证据，但可以肯定并不限于天象，而是包括各个方面，甲骨文留下的记载应该就是各种"史"的一部分成果。

尽管早期史料缺乏，我们还是能从晚出的《周礼》来推测当时史官的一点情况。学术界比较一致的意见，认为《周礼》一书绝非如古代经学家所言，出自西周初年的周公之手，也不完全是西周时期的产物，而应成书于战国时期。但这并不意味着《周礼》不包含战国以前的内容，古代的典籍大多不是成于一人一时，从后世出土的西周金文中所见官制与《周礼》的记载基本相符这一点可以断定，该书所反映的礼仪制度，虽然有不少是出于作者的想象，其中相当一部分还是西周制度的实录，而且可能是西周沿用的殷商制度，所以可以用作我们推测早期史官情况时的参考。《周礼·春官》中有"大史""小史""内史""外史""御史"等官职，并明确记载了他们的职权范围和人员设置。大史的职责是掌管建立邦国的六典，保管邦国之间盟约的副本，参与历法和祭祀日期的确定；小史则掌管王国和畿内侯国的历史记载，在祭祀、丧礼、会晤中协助大史的工作；内史主要保管国家的法典和政令的副本，考核邦国、官府、都鄙的政事和年终统计；外史则负责书写天子下达给畿外诸臣的命令，保管四方诸侯的历史记载。还有御史，保管治理诸侯国、地方以及百姓的法令。简而言之，大史的地位最高，职责最重，小史协助他的工作，内史掌管宫廷内部事务，外史则掌管对外事务。此外值得注意的是，《周礼》一书所记职官体系，大多数职能部门均设"史"，少则一二人，多则十余人，应当是记录、保管部门内部公文、档案资料的人员，相当于现在大多数单位里都有的档案馆、档案室等。这说明那时已有保存整理档案材料，以备撰写历史之需的观念。当然实际情况可能没有制度规定的那么完善，例如在周天子的地位不稳，权威下降，纳贡制度名存实亡，直接辖地狭小的形势下,史官的编制可能会不完整、不满员,不同等级或类型的史官间的分工也会不明确,一部分职能甚至会丧失,各诸侯国也会因地位和实力的差异,或者因为受到等级制度的限制,不可能建立起完整的史官制度。从这一意义上说,《周礼》所反映的,的确只是一种理想,而未必是已经存在的普遍情况。

"历"和"史"原本应该是两个系统,分别负责不同的职责。但历官(或负责历事的人员)要将推算或观察的结果记录下来,这些记录成为历法、历书或天象表,相当于英语中的 calendar。这些记录必定要有确切的时间,形成一个严格的时间序列,否则就会毫无意义。史官的职责虽然是记事,但记录过去已经发生过的事必定也需要有具体的时间,因而自然地形成原始的编年记载。事实上,早在甲骨文中,在其记事文字前就采用干支记日了,说明时间与事件密不可分。现在我们能看到的大部分早期史书,如《竹书纪年》《春秋》《左传》等,都是编年体著作。在时间的特点上,"历"和"史"有着很密切的关系。但就专业分工而言,历官无疑要比史官更专门,对专业知识和技术的要求更高。而史官只需要利用历官所提供的时间系列,或具体的历书,就能进行各方面事实的记录。但是历官所负责的范围只限于天象,或者与天象有直接关系的人事,而史官涉及的范围则广泛得多。

尽管分属两种不同的职责,但开始时,记天象的历官和记事的史官在人员上并没有严格的分工,往往就是同一个人。而且在通常情况下,只有同一个人才有资格,因为一般人不可能掌握历法。历法的制定和使用掌握在极少数人的手中，而记事者又必须要记载事件发生的确切时间，所以史官除记事外，还兼有观测天象、解释灾异、制定历法的职责。如《左传》哀公六年（前489）就记载该年"有云如众赤鸟，夹日而飞，三日，楚子使问诸周太史"（天上的云彩像一群红色的鸟，在太阳两边飞翔了三天，楚国的国君〈子爵〉派人去问周天子属下的太史）。一直到汉代依然如此，像司马迁就参与过《太初历》的制定。

　　尽管"历"和"史"关系如此密切，但直到19世纪末，在中国的学术分类中，并没有"历史"这么一门。今天所说的历史一般只要用一个"史"字来表示就可以了，如史籍、史书、史表、史家、史学、史法、史才、史识、史德等。如果用现代汉语来表达，这里的"史"都可以用"历史"二字来代替。《四库全书》的分类也是经、史、子、集四部，史部当然就是历史部。将"历"和"史"两字连用，古籍中反而不多。现在发现最早的例子，是《三国志·吴主传》裴松之注引《吴书》，吴使赵咨向曹操称颂孙权时说："吴王浮江万艘，带甲百万，任贤使能，志存经略，虽有余闲，博览书传、历史，籍采奇异，不效书生，寻章摘句而已"（吴王在江上拥有万艘战船，武装的士兵有百万，任用贤人，发挥能人的作用，他的志向在于进取，虽然是空闲时间，也广泛阅读重要文献和有关的注释、以往历代的史书，目的在于寻找罕见的事例和策略，不像一般的读书人那样，只是为了搜集或摘录一些片断或词句）。但这里"历史"一词的含义，仅仅是指对过去事实的记载，"历"是已经过去的意思，引申为以往的各阶段、各国、各朝、历代，加在"史"字前作为定语，是一个偏正结构的名词词组，而不是今天意义上作为术语的"历史"。

就像中国大多数现代人文社会科学的名词都是借鉴于日语一样，"历史"这个名词也是来自日语，尽管这两个字本来都是中文，并且已在中国用了至少 3000 年。明治维新以后，日本大量引入西方的科学概念，首先用"历史"来金额迻译西方概念的 history，然后被早期游历日本的中国人介绍回来。清光绪二十二年（1896）梁启超在《变法通议·论女学》中介绍："日本之女学，约分十三科，……，五历史……"（《饮冰室合集》第一册，中华书局，1988 年）其后不久黄遵宪的《日本杂事诗》也说："（日本）有小学校，有学科曰读书，曰习字，曰算术，曰地理，曰历史。"（《日本杂事诗广注》，湖南人民出版社 1981 年）此后，"历史"作为一个固定的词汇开始使用，1901 年，梁启超主持的《清议报》上便有"历史学家米鲁由苛被捕"的句子。实际上日语是借用了汉语古籍中已有的固定搭配，这种现象在语言学上称为**"借词"**。日本人翻译 history 时确定用"历史"一词，可能未必来源于《三国志》等古籍。明代有署名李廷机和袁黄（袁了凡）编纂的《历史大方纲鉴》和《历史大方纲鉴补》，这两本书都是托名当时的名流，其实除标题有所改动外，内容完全一样，是一部介绍历史的通俗读物。尤其后者，在日本颇为流行，早在江户时代的宽文三年（1663）就有了和刻本，仅比该书的万历三十八年（1610）刊本晚了 52 年。估计日本人将"历史"作为 history 的对应词，很可能是来源于这类流行书的书名。

2 从口耳相传到结绳记事

世界上大多数民族,在文字产生之后,都有专门的记录人员用文字形式把本族的重大事件记录下来,但是人类对往事的回忆,无疑早在没有文字的时代就开始了。最早的历史应该是**口耳相传**的,当时人以口头语言的形式对往事进行回忆,传递给年轻一代,他们又根据自己的记忆,同样以口头的方式传给更年轻的一代。就这样通过用口叙述、用耳接受、用脑记忆、再用口传播等一系列无数人参与的过程,早期人类的历史才不断地流传下去。

口耳相传的内容,往往是一些给当时人留下深刻印象的自然现象,或者对他们的生存和发展带来严重影响的事件,并且在长期流传过程中被日益神化。盘古开天、女娲补天、精卫填海、羿射九日、大禹治水……,如此等等,都是经过相当长的时间,由一代代口耳相传形成的。许多神话并不是中国独有的现象,由于先民几乎都受到过洪水的威胁,所以在不少民族的早期历史中,都有大洪水的故事流传下来。公元前 1900 年左右在西亚的闪族人中形成的史诗《吉尔伽美什》,记载着一对老夫妇在上帝决定发洪水毁灭整个人类前躲入一艘方舟中幸免于难;中国的大禹治水是我们耳熟能详的故事;《圣经·创世纪》里也记载上帝为惩罚人类,降大洪水毁灭世界,诺亚因事先得到消息,制造一艘方舟,率领全家并选取所有动物各一对入内避难,人类及物种才得以保全;中国南方苗族、彝族、瑶族、布依族等对于自身起源的传说,则说大洪水时期只有一对兄妹躲入葫芦中才得以逃命,为了人类的繁衍,遵从上天的意愿自相婚配,成为该民族的始祖。

在早期口耳相传的历史中,一些重大事件往往与各种自然现象联系在一起,或者根据一种周期性的自然现象作为时间坐标,如某次洪水、某次大旱、某次大火、某次地震,或某种异常天象的出现等,这是当时为了加深印象,不自觉地将两者联系在了一起。这种记忆自然不可能完全可靠,特别是对一些罕见的自然现象或心目中的超人伟人,记忆会不断重复、想象和夸大,以至演化为神话,或者会形成似是而非、真假参半的结果。如先民往往将各种发明和创举都归于某一部族首领,这些人的长相特别怪异,寿命或在位(实际上只是起了首领的作用)的年代又特别长。据《世本》《帝系》《帝王世纪》等书的记载,伏羲"蛇身人首","作瑟""制嫁娶之礼",发明刻木记事、八卦、针灸等,在位120年(图1.2);炎帝"人身牛首","作五弦之琴""为六十四卦""教天下耕种五谷""尝百草"等,在位120年;黄帝的发明就更多了,如穿井,作杵臼、弓矢、舟车,作宫室,制衣裳,作甲子、文字,占日月、算数,造律吕、笙竽等,在位也长达100年。这些早期的历史,都是先民在口耳相传的过程中,将某个部落的集体创造和领导归结到一两个人身上的结果。在位时间特别长,一方面可以证明实际并非指一个人,而是泛指一个部族的首领;另一方面,也是纪年方法还不准确、不规范的结果。

图 1.2 伏羲女娲画像石拓片,出山东嘉祥武氏祠。

口耳相传总是难以保证信息的完整和准确,原始叙述者的表达能力、听众的记忆和复述能力都会影响传播的效率,而且叙述者与听众必定无法摆脱本身的主观局限,所以在传播的过程中必定会不断地、随时地加以改编,以至到后来与原始内容已经相距甚远,甚至会面目全非。古人也意识到了这一点,所以在遇到他们认为对于本人、本部落、本民族非常重要的事情时,就会想办法用其他手段来帮助,以巩固维持于口耳间的记忆。比较简单的办法,就是将一些重要的数字或事物的特征用某种能够相对固定的方式记录下来,这就产生了所谓的**"结绳记事"**。

先秦古籍中对结绳记事多有记载,如《庄子·胠箧》里便说,上古时代,"民结绳而用之"。结绳并非是很简单地在绳上打一个结,而是要在绳上组成不同大小或形状的结来代表不同的含义。东汉经学家郑玄在《周易注·系辞下传》中提到结绳记事的方法:"事大,大结其绳;事小,小结其绳。"估计郑玄的解释未必全面,因为除了绳结大小的区别外,古人大概也会在绳结的形状或花式上动脑筋。中央民族大学收藏着一副台湾高山族的结绳,可作为我们想象的根据。

除了结绳,还有刻木记事,相传是伏羲所发明,孔安国《尚书序》称伏羲氏"造书契以代结绳之政",即用利器在木头或竹片、骨头上刻画简单的符号,以取代原来结绳记事的方法。通过这种简单的方法,增强后人对已经发生事实的记忆,或者在产生争议时有所依据。直到宋代,南方的少数民族还有刻木记事的习俗。宋周去非在《岭外代答》卷一〇《蛮俗门》中记载了一个很有意思的故事,作者在静江府灵川县(今广西灵川县)做官时,有瑶人手持木契来告状。木契刻一道大的刻痕,其下有数十道小的刻痕,又刻一箭头,上有火烧痕迹,并钻了十多个小孔,穿上稻草打结。周去非不解其意,请人翻译才明白,大小的刻痕指仇人及其带领的部下,箭头表示仇人用箭射我,火烧痕迹是表示十万火急,十多个小孔并穿上稻草指希望仇人赔偿十余头牛。

在文字产生以前,用这种方法记录的内容肯定是比较简略的,而且很可能会产生很多歧义、错误。下一代对符号的解读也许并非是记录者的原意,从而导致对历史的歪曲,绳结、木头的腐朽更可能造成一段历史记忆的永远消失,但它比前面第一个完全依靠口耳相传的阶段毕竟已经是进步了。

不过到录音技术产生后,口耳相传的历史又重新发挥作用,并且成为忠实保存原始声音的最有效手段。今天,录音带或有关的数码数据已经成为史料的重要组成部分。一些重大的活动、特别是重要的讲话和现场,无不通过录音记录下来。**口述历史**的兴起和扩展在很大程度上也得益于录音技术,因为在此之前,整理者只能通过笔录,但一旦口述者去世或不能准确表述,笔录的内容就无法核对,而有了录音后,录音带就能起原始资料的作用。海外对这方面的研究起步较早,美国哥伦比亚大学(Columbia University)早在 20 世纪 50 年代就在东亚研究所所长韦慕庭(Martin Wilbur)的领导下,成立了"口述历史研究部",陆续约请中国近代史上重要人物,如胡适、李宗仁、顾维钧、陈立夫等人,以"由自己决定公开发表时机"为条件做口述回忆,这些材料均已陆续在海内外公开出版,成为中国近代史研究新的史料来源。哥伦比亚大学保存的录音当中,最引起世人关注的莫过于张学良的数十小时口述历史。张学良作为改变中国历史的"西安事变"的中心人物,直至2001年以101岁高龄在美国逝世,几乎从未公开谈论过往事。这些录音内容已按协定在2002年6月5日公布,为解开历史之谜提供了新的证据。

但我们运用口述历史材料(包括根据口述整理的回忆录)时要注意,口述者的记忆,他的知识程度、个人情感等等都会影响到史料的真实性。其中有的是记忆发生偏差,也有的属于情感因素,即使对记录者十分信任,他也会不自觉地隐瞒一些关键事件。有时所谓的"目击历史",也有片面性。有的人信誓旦旦说亲眼目睹,其实他可能是把两个场景混在一起了。更何况一旦掺杂入情感因素,即便是叙述者亲身经历,记忆也难免发生偏差。口述历史的局限性就在于此。袁世凯的次子袁克文(寒云),虽然曾写过"绝怜高处多风雨,莫到琼楼最上层"的诗句反对其父称帝,但1920年他在上海《晶报》连载《辛丙秘苑》,回忆袁世凯称帝前后的情况,照理这些都是他耳闻目睹的,但他却处处为袁辩护,说袁世凯称帝主要是受了手下政客的怂恿,是受了蒙蔽,完全是为他父亲回避隐瞒。更有甚者,他在《三十年闻见行录》中竟编造出戊戌变法时谭嗣同私见袁世凯时挟枪恫吓等等,无异于小说家言。而十余年前,段祺瑞女儿段式巽在《上海文史》创刊号发表文章,称1926年3月18日发生在执政府门前的惨案并非段的责任,段事先曾下令不许对学生开枪,但其部下贾德耀置之不顾,悍然下令开枪,以致酿成死亡 47 人、伤 200 余人的惨案。段从此长斋礼佛,以示忏悔云云。如果没有其他证据,这样的回忆能够相信吗?我们不难想象,没有段祺瑞的命令,贾德耀敢下令向学生开枪吗?至于吃斋念佛,不少下台军阀都是这样做的,不过是故作姿态罢了。

口述历史的危险性往往是与它的重要性同时存在的。因为口述历史的作者,即口述者,一般都是在事隔多年后才讲述的,而且都未留下,或很少留下原始记录,或者自己已经没有书写能力,或者不愿意书写。但另一方面,他们与被叙述的历史关系极其密切,或者是最重要、最直接的证人,或者尽管不太重要、比较间接,却是硕果仅存,甚至是唯一还活着的见证者。他们或者因年老、疾病而影响了记忆或思维能力,或者由于种种原因故意要隐瞒、歪曲、突出若干事实,即使不考虑记录者方面的因素,这些口述记录也可能会离历史真相很远。可是除了这类口述记录外,有的史实已经找不到其他任何证据来核对和比较了。

谭其骧先生曾告诉我这样一个例子:1928 年,他在上海暨南大学中文系读书时,系主任兼国文教授夏丏尊曾带领他和班上的同学到市区一家餐馆与鲁迅见面,聚餐前进行了座谈。他早就记不得那天鲁迅讲了什么话,但他的同学黄永标在 1949 年后还记得很清楚,并就此事接受过多次采访。黄永标在世时,虽还有谭先生(应该不止他一人)等参加者在世,但能记住并口述的只有他一人,谈话者鲁迅和夏丏尊都已离开人间,对黄所述的真实性已经无法验证了。到

1977 年黄本人去世，他留下的口述记录就更具唯一性。在没有其他任何佐证，或佐证不足的情况下，对这样的口述历史应该采取十分慎重的态度，无论它看起来有多么重要，有多么大的吸引力。

3　图画与历史

从历史的第一个口耳相传阶段到第二个符号阶段，人类必定要经历相当漫长的年代。与符号阶段基本平行的，是图画阶段。严格地说，符号与图画并没有本质的区别，所不同的是，**符号**尽管形式简单，却是从具体事物中抽象出来的；而**图画**可以相当复杂，但基本上是直观的。符号只能是象征性的，自己看得懂自然没有问题，但如果要让别人也看得懂，不产生误解，一般都需要预先约定，才能保证信息的准确传达。另一种办法就是将符号复杂化，使它的形状或特点尽量接近事物的原貌，但这样一来，符号就演变为简单的图画了。

图画有符号所不具备的优点，需要表达什么意思，画下来就可以了。但图画也有其先天的缺点：首先，并不是所有的人都具有用图画方式来表达自己想法的能力，心里想画什么，手里未必画得出来；自以为画得像什么，实际上并不像，所谓"画虎不成反类犬"。其次，图画只能表现具体实在的形象，简单的图画更是如此，一些抽象的含义，如感觉、心理活动等就很难通过图画来表达。对古代人来说，还有更大的困难：用什么工具作画？画在哪里？今人或许难以理解，但不妨设想一下，也许最简单的办法就是用树枝或其他尖而硬的工具在沙土或泥土上勾画，或者将带颜色的液体涂在能吸收的材料如木板上面。当然刻画符号也有这样的困难，但毕竟要简单得多。

无论是为了记录事实，还是为了传达信息，或者只是随意的自我宣泄，当时这类图画肯定是相当多的，但能够保存下来的却几乎没有。因为如果要长期保存，即使不考虑人为的破坏，也必须将图画画在稳定、坚实的材料上，而且颜色必须经久不褪，或者有不易磨蚀的线条。符合这样条件的大概只有岩画，都是用天然的矿物或植物性颜料画在岩石上的。广西宁明的花山、宁夏的贺兰山、内蒙古的阴山、新疆的阿尔泰山和世界其他很多地方的山岩上都发现了不少岩画，它们都符合这样的条件，并且大多是在人烟稀少、交通困难的地方，所以得以免受人为破坏。有的岩画已经在岩石上刻画线条或形象，这至少要到作者掌握了石制或金属工具以后，一般年代较晚。不过这也说明，为了使图画的内容能够长期保存，当时人已经在可能的条件下采取了一些特殊的方法。岩画的线条一般都比较简洁，色彩比较单调，内容大多比较直观、形象。但岩画的年代不易确定，研究者的意见往往有较大分歧，对内容的解释也往往难以一致。

一般来说，在文字出现之后，图画的记事作用已经无足轻重，而逐渐发展为一种艺术。但图画本身具有的形象化特点是文字所无法取代的，例如人的相貌、地理景观、特殊的动植物和物品、奇异的天象等，所以在文字发达并且成为记载历史的主要手段之后，图画仍然是记载历史的一种辅助手段。史料中往往使用插图,来弥补文字的不足。如早期的《山海经》就是与图一起流传的,至少在东晋时还存世,陶渊明《读〈山海经〉十三首》中就有"泛览《周王传》,流观《山海图》"的诗句。直到明清的方志,往往也都有关于山川地形、名胜古迹、珍禽异兽、物产风俗等方面的插图。一些写实性的图画,因其直接显示了历史的某一片断,本身就是一种史料,如汉代的画像石、画像砖(图 1.3.1),唐墓中的壁画就为我们了解当时的社会活动、日常生活和一些重大事件提供了丰富的内容。著名的《清明上河图》(图 1.3.2)是宋代画家张择端创作的一幅风俗长卷,长528.7 厘米,宽24.8 厘米,画面上的人物多达 500 多个,包括达官贵人、各类商人、手工业者、相士、僧道、船夫、车夫、轿夫等,用全景式构图全面展现了宋代汴京城(今河南开封)的环境、建筑、经济活动和日常生活,可与《东京梦华录》等文献相映证,却比这些文字记载更为生动形象,是研究北宋社会的重要形象史料。

　　图画抽象化的另一种发展方向形成了地图。象形文字来源于具体的图形,先民最初的地理知识也是用具体的图形来传达的,而且一些文字本来就能够直观地表达它们所代表的地理内容。如表示河流的"川"字,就是几股水流动的图形;代表山峰的"山"字,就是三个山头的形状的写生;"田"字是表示一块有边界并被分成若干小块的土地;"国"字(繁体作"國")的本意是一个有城墙围绕的居民点,所以外面是一个大口,是城墙的象征,中间的口代表人口,

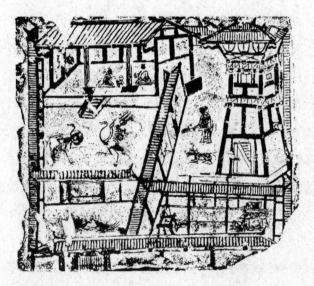

图 1.3.1　汉画像砖拓片

四川成都杨子山出土，为墓室内装饰品。画面为一四方形庭院，雄鸡相斗，双鹤对舞，厅内宾主二人对饮。

图 1.3.2 《清明上河图》(局部)

"戈"字则代表守卫者。将这类字(或许就是画)写在一个平面上，已经具有表达一定地理要素的作用。当然，文字所能表现的具体形象毕竟有限，写生性质的图画被用来描绘周围的地形地物。开始时人们只是将自己熟悉的山岭、河流、道路、森林、草木、鸟兽等画下来，但以后就考虑到了它们的方位和分布，因而作者在图形的布置上已有所注意，使看图的人能根据图上各种图形的具体位置，来判断这些图形所代表的地理要素的实际分布状况。这一类图就成了原始的地图，就如《左传》宣公三年(前606)王孙满所说的：

> 昔夏之方有德也，远方图物，贡金九牧，铸鼎象物，百物而为之备，使民知神奸。故民入川泽山林，不逢不若。螭魅罔两，莫能逢之，用能协于上下，以承天休。
>
> (以往夏朝有德行的时候，远方的部落将本部的山川和珍奇物产画在图上，还将铜贡献给九州的长官，由他们铸成鼎，将这些图形都铸在鼎上，使百姓知道该躲避的鬼神怪物。所以百姓在江河中航行，或进入山林之中，都能熟悉路径，趋避妖魔鬼怪。正因为如此，百姓们能得到上天的保佑，人和鬼神能和睦相处。)

透过传说的神秘色彩，我们还是不难想象这种铸在鼎上的图画的真相：这实际上是铸在鼎上的原始地图。由于它是根据各地部落报告的情况画成的，所以大致能够反映各地的地理情况，因此百姓可以找到合适的路径,不至遇见"妖魔鬼怪",避免凶猛的野兽经常出没、地形复杂或难以通行的危险地区。

"九鼎"到东周末还存在,据说是大禹治水成功后所铸,每州一个,象征全国九州,夏、商、周三代奉为传国之宝,是国家权力的象征。大禹铸九鼎的说法到目前为止还找不到根据,不仅禹的时代还不可能划分全国为九州,就是传世的青铜器中也没有发现早于商代的大器。但我们至少可以肯定,东周时的九鼎上有各地富有代表性的图像,这说明用图画来记载历史进入了一个高级阶段,已经采用了铸造的手段。作为一种传统,图画与文字一样被刻在石上、铸在金属上,只是由于技术上的困难,一般仅用于最重要或最具象征意义的场合。

图画发展成为一种艺术后,除了不追求形似,只注重画家个人情感表达的写意流派外,同样也有一支写实的流派,它追求的是尽可能地符合被画者的原貌,做到惟妙惟肖,甚至毫发不爽。直到19世纪后期,西方的人像画作者还会花费大量时间,在现场精确地描绘人像。当年清朝的慈禧太后为了获得一幅自己的画像,曾经耐着性子,端坐不动让西方画师写生,留下了中国历代帝后中最真实的一幅画像。

作为立体的图画,写实类的雕塑也具有这样的功能。今天我们看到的古希腊、古罗马时代的雕塑,就传神地再现了当时的社会风貌和人物形象。秦兵马俑出土的大量武士俑,就为我们研究当时的军人、军制、军服、武器等提供了可靠的实物依据。只是中国人物雕塑的主流最终没有走上写实的发展道路,此后比较多的雕塑运用了抽象、夸张、神化、想象、写意的手法,虽然还有现实的影子,却已经不是真实的写照,不能简单地运用于复原历史。

图画和雕塑毕竟是一种艺术,它们的真实与否既取决于作者的技法,也受到客观条件的制约,例如对宗教中的神灵和世俗的君主,在描绘或塑造时往往不得不掩饰他们的缺陷,而突出甚至夸大他们的优点。更大的问题是,对它们所反映的真实性一般无法得到检验,因为他们所表现的人或事物早已不复存在,后人无从比较。例如慈禧太后的画像,要不是后来她留下了照片(图1.3.3),我们怎么能判断它像不像真实的慈禧呢?

摄影技术的出现使图像在历史中的作用发生了根本性、革命性的变化。从此,照片和此后发展起来的电影、电视、录像与文字一样,成为了历史的主要载体,并且起了文字所无法取代的作用。内蒙古额济纳旗出土的居延汉简(图1.3.4)中有不少户口材料,如记某人"年廿八,长七尺二寸,黑色",最多再说此人"多须",就凭这几句话,我们还是无法对此人的相貌有一个明确的印象。对一个人相貌的识别,哪怕最传神的文笔都无法胜过一张照片。对已经消失了的人和事,照片是复原有关史实的最可靠的根据。

例如我们对19、20世纪之交中国的了解,一部分就来源于当时留下的各种照片。最近上海古籍出版社出版了一本影集《20世纪初的中国印象》,摄影者福兰西斯·尤金·施塔福(Francis Eugene

图 1.3.3　慈禧太后照片

慈禧太后(1835—1908)，又称西太后，咸丰帝妃，同治帝生母，是同治、光绪两朝实际最高统治者，秉政长达 47 年。

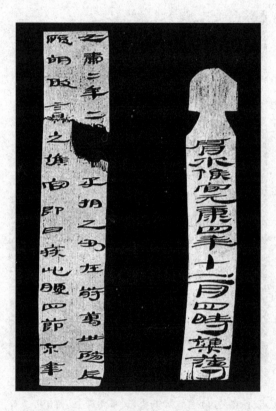

图 1.3.4　居延汉简,现藏甘肃省文物考古研究所。

Stafford)于 1909 年至 1915 年在上海商务印书馆工作,负责三色照相印刷制版技术。这六年间,施塔福还到过很多地方,足迹北至北京,南到香港,西及四川,东临烟台,包括辛亥革命前后的武汉,拍摄了大量照片,至今还留下 1000 多张。正如中国史学会会长金冲及教授在序言中所说:"施塔福先生有许多令人难以具备的优越条件:他在 1909 年至 1915 年这六年间生活在中国,在我国当时最大的出版机构——商务印书馆当摄影记者,接触面广,许多其他人难以在场的地方,他不仅可以在场,而且可以自由拍摄;他兴趣广泛,除重大历史事件外,对自然风光、城市风貌、社会习俗、各行各业以至民众的苦难生活等,都能一一摄入镜头;他又有娴熟的摄影技术,配备着良好的摄影器材,所摄的照片不仅数量多,而且质量好。感谢他的妻子、女儿和外孙,在他去世后仍能将这批珍贵的照片细心地保存下来。这实在是一件难能可贵的事情。"这样优秀的史料真是可遇不可求的,不知能胜过多少文字!这些照片生动地再现了历史的片断,对复原历史起了不可替代的作用。例如,当时的湖北军政府的原貌早已不复存在,但其中正好有一张黎元洪等人在军政府门前的合影,完整地显示了这座建筑物的正面形象,成为今天修复它的主要根据。又如,商务印书馆是当时中国最大的出版机构,施塔福拍的照片反映了它的主要生产流程:从铸字排字、纸版和铅版制造,到印刷装订的生产流程;从总事务部、编译所到绘画部、照相制版部等印书馆内部组织机构;从企业创办人、普通员工到附属学校、消防队;甚至企业的内部管理和企业文化,他的镜头都有所记录。由于商务印书馆的主要建筑和档案都已毁于1932年"一·二八"日寇轰炸,要是没有这些照片,人们就再也无法窥见这一著名企业的早期状况了。

正因为如此,在摄影技术产生之后,照片已经成为史料不可或缺的组成部分。20世纪90年代以来,出版界有一股出版"老照片"的热潮,林林总总不下百种,不仅供普通人消遣、怀旧,也日益受到史学界的重视。电影、电视、录像、多媒体产品也无不如此。有人预言,人类今后会进入一个"读图时代",但现在似乎还主要是指文学作品而言。不过对历史来说,即便是纯理论的著作,也开始注意使用图像史料。最近,英国历史学家汤因比(Arnold Joseph Toynbee,1889—1975)的名著《历史研究》就出了一个插图本。今后,这样的历史著作所占的比例还会不断提高。如果说文学作品中的插图,只是为了便于理解,或增加艺术情趣,那么历史中的"插图"(图像史料)更主要的还是为了加深读者对历史中某一方面的印象,增强读者对历史的理解,或者复原历史,因为它们本身就是历史的一部分。

4　文字与历史

符号和抽象化的图画进一步发展,最终就产生了文字。最初的文字往往还是形象的,只是图画的抽象化和规范化。如果进一步抽象和规范,就与图画完全分离了,成为一种纯粹的记录手段。

目前所知中国最早的文字是**甲骨文**,一般都认为甲骨文是清光绪二十四年(1898)首先被当时在北京的学者王懿荣从一些被用作中药材的"龙骨"上发现,第二年得到认定的。学者们追根寻源,才知道这些"龙骨"来自河南安阳附近的小屯村殷墟,原来这里正是商朝后期的都城所在,距今已有 3000 多年。商人非常迷信,出征、渔猎、婚嫁、祭祀诸事都要占卜,先将龟甲或兽骨钻孔,然后放在火上灼烤,根据甲骨上的裂纹形状来判断卜兆的吉凶,最后将占卜的内容刻在甲骨上,所以甲骨文绝大多数是占卜记录,被称为甲骨卜辞(图 1.4.1),非占卜的记事刻辞为数不多。到现在为止,已经出土并收集到的甲骨共有 10 万多片,发现单字 5000 余个,经考释后能大致了解意义的约 2000 个。20 世纪 70 年代,在陕西扶风和岐山交界的周原遗址陆续发现西周甲骨 17000 片,其中有刻辞的 300 余片。在山西洪洞坊堆、陕西长安张家坡、北京昌平白浮村和房山镇江营、河北邢台南小汪等地也零星出土过早期的甲骨文。

从世界范围看,在西亚的美索不达米亚平原的苏美尔地区,经过 1000 多年的演变,在公元前 2500 年左右形成了一种相当成熟的**"楔形文字"**,是由芦苇制成的带三角形笔尖的笔在湿泥板上刻画而成的楔形符号组成的。这种符号有 500 种左右,其中有许多具有多重含义。古埃及人大约在公元前 3100 年前就有了一种**象形文字**,到了古王国时期(约前 2770—约前 2200),象形文字就以三种书写符号为基础:象形、音节和字母。这些文字都比甲骨文要早得多。由于现在我们看到的甲骨文已经相当系统成熟,此前完全可能有了

图 1.4.1　商武丁时期甲骨卜辞,现藏北京中国国家博物馆。

一个相当长的发展过程，就像楔形文字一样，或者此前出现过其他文字。不过，到目前为止，考古学家还没有找到充分的证据。虽然在商朝以前的器物上发现过一些类似文字的符号(图1.4.2)，但数量很少，不足以构成文字。在甲骨文之前究竟有没有文字？有什么样的文字？至今还是待解之谜。

汉字的抽象化过程完成得很早，但在其他一些民族中，有的直到近代还在使用象形文字，像云南纳西族的东巴文(图1.4.3)，就是目前世界上仅有的几种还在流传使用的象形文字，至今还被东巴经师用来抄经、记事、记账等。象形文字由于还没有摆脱形象的显示，所以适合表达具体的、有形象的内容，对抽象的、无形象的内容就很难表达，或者无法作深层次的表达。而且书写也比较困难，速度不快。但象形文字比较容易理解，特别是在当时当地。

有了文字，历史真正成为了独立的记事手段，以后才发展成为一门学科。因为文字所能表达的内容远远超过了图画，更加超过了符号。在没有录音技术的时代，声音是不可能长期存在的，口耳相传的历史一经说出转瞬即逝，后面的人来重复前面的话，即使主观上完全忠实于原来的内容，也不可能完全一致，实际上只能是掺杂个人因素的新的叙述，更何况必定会有人故意要增添、修改。但后人不可能对此前出现过的不同说法进行比较，更无法追溯其根源，因为人们能够听到的，只是流传到当时的说法，不可能是在此之前的。而有了文字，就有一个相对固定的说法，减少了流传过程中间的变异。用文字记载历史，除了故意要进行歪曲、篡改以外，都能够

图 1.4.2　新石器时代陶器上的符号

　　山东泰安大汶口文化晚期(前 3500—前 2400)墓葬出土,有学者释为"旦"字。

图 1.4.3　东巴文经卷

比较忠实地保持记录者的原意。如果原文被曲解,只要原文还存在,就不难进行比较、分析和研究,而这正是历史学的重要任务之一。

文字的表达能力当然远远高于符号或图画,所能够表达的内容也比口耳相传的更加深刻、更加细致。纳西族的长篇史诗《创世纪》,民间口耳相传的故事就不如东巴文记载的完整感人。因为这部史诗长达 2000 余行,人的记忆总是有限的。书面文字的另一个好处,就是在书写后可以进行修改,最后形成一个符合作者原意的文本,不像说话那样,如果说者词不达意,或者出现口误,流传下去的就是完全不同于原意的内容了。严谨的史料和历史著作,其文字一般都会经过记录者或研究者的反复核对和推敲,力求能够最准确地记录和传达史实。

文字能否便利地使用和长期保存,固然取决于人们掌握文字的能力,但更受到书写工具和材料的制约。古埃及人因地制宜,用生长在尼罗河畔的纸莎草作为书写材料,两河流域的苏美尔人将文字刻在泥板上,古巴比伦的《汉谟拉比法典》则是刻在黑色玄武岩石柱上的。商朝人的甲骨文刻在龟甲兽骨上,另一些重要文字是铸在青铜器或其他金属器具上的,被称为**金文**(又称**钟鼎文**,图 1.4.4)。在发明了书写工具后,文字被写在帛(或其他纺织品)和以竹子或木材制成的简、牍上(以前不少人认为竹简上的文字是用"刀笔"刻上去的,这完全是一种误解)。帛作为一种丝织品,分量很轻,容易携带,但价格昂贵,一般人用不起。竹木简牍取材方便,但分量重,每一片上容纳的字数有限,携带也不便。据《史记》记载,秦始皇每

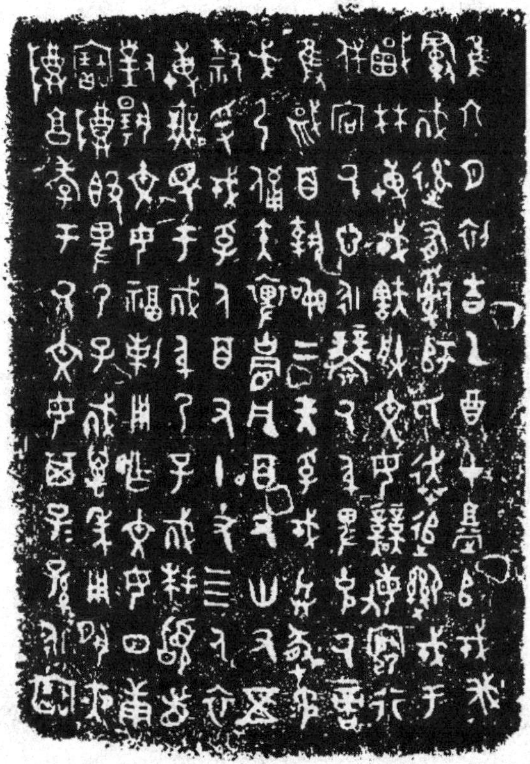

图 1.4.4 西周大克鼎（铭文）

现藏上海博物馆。内壁铭文共 290 字，记载周厉王赐给"克"命服、土地、奴隶的史实。

天要看的文书,多到要用120斤重的"衡石"来称量。这一方面固然说明他的勤政,另一方面也说明由于当时记载文字介质的局限,这些重量的简牍上能记录的字数不可能很多,所以尚在一个人一天所能阅读完的范围内。古时赞扬一个人有学问,往往用"学富五车"来形容,其实五辆牛车(读书人一般不能用驷马高车)上能装的竹简虽不少,记载的内容却不可能很多。正因为书写困难,所以古人对文字力求简约,几乎到了字字计较的程度,逐渐形成了完全不同于口头语言的书面语言。

纸的发明和普及使文字的传播得到飞跃发展,学术界一般认为东汉的蔡伦是纸的发明者,但近几十年来,考古中也有一些早于东汉的纸出土,目前这个问题还存在较大争议。但我们至少可以这样说,自蔡伦使用树皮、破布等廉价原料造纸以后,价廉物美的纸才成为可能。从此,不仅重要的史料得到记录,而且日常的政治、经济、文化、生活中也产生了大量的史料,也使各类文书、档案、户籍的编制成为可能。中国古代由于实行中央集权制度,即使在纸广泛使用之前,行政管理和日常生活产生的文件也相当可观。例如,位于汉代敦煌郡效谷县悬泉乡的悬泉置(驿站)遗址(今甘肃敦煌五冬乡甜水井南5公里的火焰山下),近年来出土了大量简牍、帛书、纸文书以及墙壁题记,仅汉简的总数就达23000余枚,内容包括:邮书、过所(通行证)、乘传(出行者的身份证明以及用车规格)、诏书、各种官府文书、律令等司法文书,各种簿籍、信札,以及关于西域边塞军事机构、人口、水利建设、自然灾害等内容的简书(图1.4.5)。其

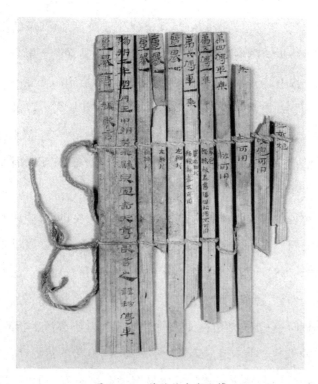

图 1.4.5 简牍传车亶舆簿

中数量最多的是各种邮书,说明该机构的日常邮务产生了大量文字记录。可以想象,当时的原始资料不知要比遗存下来的多了多少倍。这还是以简牍为主的年代,要是纸普及了,文件量肯定还会大量增加。又如,对中央集权政府至关重要的户籍登记,从出土的居延汉简看,汉朝基层政府的户籍登记就比较简单,但到唐朝就有了三年进行一次全国性户籍登记的规定,并由各县逐级上报全部户口册。要是没有廉价而充足的纸张供应,这样的措施是完全不可能采取的。明朝的户籍黄册,虽然到了后来由于各级官员的隐匿、漏报,成了毫无意义的胡编乱造,但还是每十年修造一次,每次都由各地官员浩浩荡荡将这些户籍册护送到南京后湖储藏,到明亡时留下的黄册超过 4000 吨。

如果说纸的发明促成了史料和史书大量产生的话,印刷术的发明就使史料和史书得到有效的流传。原来只能通过抄写复制的资料或书籍,通过印刷就能成百上千地复制。书籍每传抄一次都必然产生新的错误,所以不同的钞本会有很大的差异,越流传差异越大。而在印刷时,只要校勘精良,同一版本的书籍就不会产生新的错误。而且印刷术的产生使得书籍复制的数量大,流传的范围广,在天灾人祸中一般不至完全灭绝。秦始皇焚书时还没有印刷术,也没有纸,书籍的复制很困难,被毁的书复本不多,大多从此绝迹。到西汉初年征求遗书,有的儒家经典已找不到原书,只能靠老学者凭记忆重新记录整理出来。由于这些以当时通行的隶书写成的文本与后来发现的用先秦古文字书写的钞本篇目、字句等颇有不同,以致形成持续近 2000 年的"**今古文**"之争，至今仍聚讼不已，莫衷一是。

但在印刷术发明以后，只要已经印刷发行的书，一般就不会绝迹。有的书被统治者列为禁毁书，书版和存书都被销毁，但民间还会有留存。有的书在国内绝迹了，却流传到了海外。古代有些地方志，在国内已不见踪影，但近年来陆续在海外发现，得以回归故乡，重新出版。如乾隆钞本《越中杂记》，是清代西吴悔堂老人参考了康熙三十年（1691）《绍兴府志》，并以"昔所流览见闻极真者记其间"，保存了不少珍贵史料，目前所知唯一的收藏单位是美国国会图书馆（Library of Congress）。20 世纪 80 年代初，美国斯坦福大学（Stanford University）人类学系的施坚雅教授（William Skinner）将其复印件寄赠杭州大学陈桥驿教授，1983 年由浙江人民出版社出版。

自蔡伦发明（或改进）了造纸技术后，纸成为中国文字的主要载体。俗话说"纸寿千年"，实际上现存最早的纸已经远远不止1000 年了。中国的传统书写和印刷的材料墨也是相当稳定的，所以只要保管得当，书写或印刷的文字完全可以长期保存。像 1900年在敦煌藏经洞陆续发现的数万卷文书，大部分写于唐五代时期，至今已有 1000 余年了。

尽管纸张是记载文字的很好介质，但它依然有易虫蛀、易霉变、不能防火等等缺点，古人出于能够传之永久、长期使用的目的，或者为了某种特殊的需要，如表示特别隆重、神圣等，将石、玉、金属等材料继续当作记录文字的介质。如中国历来对一些重大的事件或人物都会立碑纪念，在石头上刻上有关文字。古人死后，要在墓前立碑,就是普通百姓也会在墓前立一块碑,至少刻上死者的姓名。魏晋时期,由于官方严禁在墓前立碑,埋入墓室的墓志铭(图 1.4.6)渐兴。帝王颁发的重要文告、祭祀文章等,要用黄金、玉石、白银刻成金册、玉册、银册。帝王、官员以至百姓都有用金、银、铜、玉、骨、角、木等各种材料刻制的公私玺印、图章。还有在各种金属器物,如礼器、祭器、用具、武器、工具、仪器、度量衡上铸造或刻制记事或纪念性文字等(图 1.4.7)。相对而言,刻在石头上的文字最易保存,这不仅因为石料能经得起岁月风霜的侵蚀,更由于石料一般没有多少再利用的价值,即使要破坏,也只是将碑推倒了事,个别情况下才会被砸碎甚至磨灭。即便被用于修桥、铺路、建房后,文字也还能继续保存。而金属器具则因其本身的价值而被争夺或毁坏,如将金印熔化后当黄金使用。当然如果是一块上等石料,或者当地不产石料因而特别贵重,碑石会被多次利用,磨掉旧文后另刻新文。所以,尽管这类"金石文字"一般比纸本保存的时间要长得多,但与制作者的愿望相反,不少文字最后反而还是依靠书籍的记录、纸张的拓片才保留下来。因为原物被毁后一般不可能再恢复,而一旦用纸记录下来,就有可能通过传抄或印刷的方式复制流传。

中国古代的金石文字特别发达,对它们的研究形成了一门专门的学问:**金石学**。金石学是**考古学**的前身,与欧洲的**铭刻学**相似。早期的金石学偏重于著录和考证文字资料,以达到证经补史的目的,因而从宋代以来的金石学著作中保存了许多有价值的古代铭刻资料。如南宋淳熙三年(1176),宋孝宗追封已去世 20 余年的抗金

图 1.4.6　北魏张玄墓志(拓片)
　　刻于北魏普泰元年(531)，原石
早佚，此为明拓孤本，现藏上海博物
馆。该墓志书法端庄秀美，用笔似
多侧锋，以篆、隶笔意入楷，被誉为
魏碑中神品。

图 1.4.7　钱镠铁券

　　现藏北京中国国家博物馆。呈覆瓦形,上嵌金字 333 个,系唐乾宁四年 (897),昭宗为奖赏镇海、镇东等军节度使钱镠击败董昌,保全浙江之功而赐,内容是赦免钱镠九次死罪,其子孙三次死罪。

名将韩世忠为蕲王,并亲笔为韩世忠墓神道碑题写"中兴佐命定国元勋之碑",碑文由礼部尚书赵雄撰写,著名文人周必大书,计有13900余字。该碑连龟趺高达10余米,宽2米,民国《灵岩山志》称"碑额之高,碑文之多,均为天下第一"。但历经近千年风雨,碑文早已漫漶不清。1939年,碑身又为大风刮倒,碎为十余块。如今在苏州灵岩山脚下一个苗圃内还能见到这座用水泥拼接的残碑,但碑文字迹早已无法辨认。所幸宋杜大珪所编《名臣碑传》收录了该碑全文,才使我们还能看到原文内容。对大量原物早已不复存在的碑铭,就只能依靠金石学著作了。历代金石学著作记录的金石文字和器物,包括古代传世的各种器物上的铭文、碑刻、钱币文字、印玺、度量衡器、画像石、造像、砖瓦等,它们都是历史记录的一个重要方面。

每一种文字都是一个人群创造的,其使用范围可能逐渐扩大至其他人群。如汉字产生后,先通行于中原地区的华夏诸族中,秦始皇统一六国后,采取规范文字的措施,标准汉字的使用范围扩大到整个秦朝境内。以后,随着疆域的扩大和文化的传播,汉字不但普遍使用于中国,还传到了朝鲜、日本、越南、琉球等地,成为这些国家记录历史的主要手段,所以这些国家的古代史料基本上也都是用汉字撰写的。汉字也是汉文化圈中有效的交流媒介,因为朝鲜、日本、越南等国的知识分子虽然未必能说汉语,却大多数能写汉字、识汉文,所以这些国家的使者来华后尽管语言不通,却能与中国的接待人员及士大夫通过"笔谈"交往。明治维新前的日本知识分子一般都有较高的汉文水平,都能写汉文、作汉诗,所以清朝后期出使日本的黄遵宪、杨守敬等都能与他们进行"笔谈",杨守敬笔谈的原稿至今还保存在日本庆应义塾大学的图书馆中。

但有的文字只在特定的人群或民族当中使用,随着这一人群人口的减少或被其他人群所吸收,或者本身被强制放弃使用自己的文字,这种文字便会成为死文字,用这种文字记录的历史也会成为不解之谜。如中国历史上建立辽朝的契丹人和建立西夏的党项人都创造和使用过自己的文字,但随着辽和西夏的覆灭,契丹文和西夏文逐渐成为无人使用、无人解读的死文字,直到近代才有历史学家和语言学家重新加以研究,并致力解读。对研究这些人群或民族的历史来说,解读他们的文字是最有效的手段,否则用这些文字记录的历史就将永远消失。

解读死文字最便捷的途径,是找到该文字的或该文字与其他文字对应的字典、辞书。20世纪初,俄国探险家在今内蒙古额济纳旗境内的黑水城遗址发掘出大量西夏文遗书,总计在10万件以上,其数量和文化价值足以与敦煌遗书的发现相媲美,其中就有这一类的工具书。如西夏学者罗瑞智忠等编纂的《文海》(图1.4.8),成书于夏惠宗天赐礼盛国庆三年(1072),是一部解释西夏文形、音、义的字典,《番汉合时掌中珠》是西夏学者骨勒茂才编,成书于夏仁宗乾祐二十一年(1190),是一部西夏文与汉文的双解辞典,这些都是解开西夏文字奥秘的工具。另一途径是通过译文与原文对照的办法,如西夏文的佛经和儒家典籍都是根据汉文翻译的,如《佛说大孔雀明王经》《地藏菩萨本愿经》《毛诗》《左传》等,将这些文字与汉文——对应,

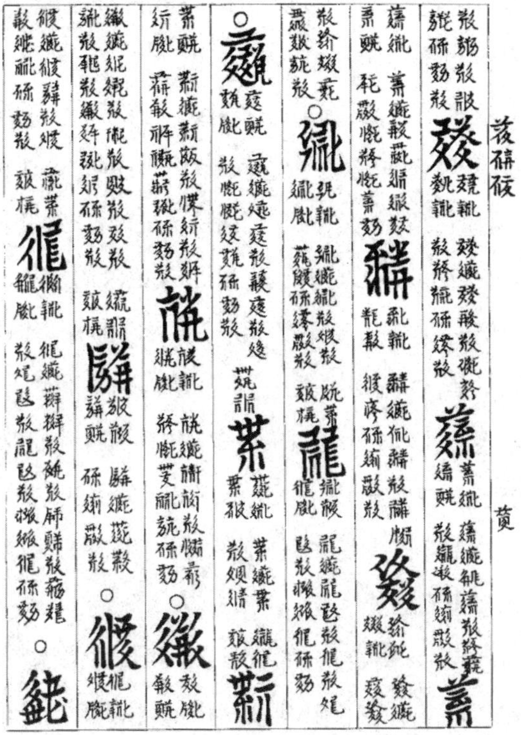

图 1.4.8 西夏文字书《文海》书影

就可以了解它们的含义和用法,进而解读西夏文字。宁夏社会科学院李范文教授编著的《夏汉字典》(中国社会科学出版社 1997 年)收录了 6000 个单字(包括异体字),是解读西夏文的重要工具。如果没有这类媒介,直接通过死文字本身来解读,难度就会相当大。而且如果没有一定数量的文字,也不可能解读。即使有人能提出解释,也无法得到证明。

以前有这样的说法,有了文字记载才有了人类的历史,现在回头来看这种说法,还不是很完整。因为前面讲的口耳相传阶段、图画阶段、符号阶段所记载的内容也都是历史。不过同时我们也应该承认,这些口头的叙述,以图画、符号形式记录的历史,如果到一定的阶段没有通过文字记载保存下来,那么它的存在时间就不会很长。更重要的是,在流传过程中,它会越来越不准确。而文字的记载相对而言可以比较长久地保存下来,并且保持其原意。虽然后人的解释可能会有错误,但是只要原文存在,解释出现的错误比较容易得到纠正。不像口头的东西,不可能长期存在,只能根据最后听到的叙述来做出判断。

例如从《尚书·禹贡》开始就有黄河“重源伏流”的说法,意思是黄河发源于西方的昆仑山,流入蒲昌海(今新疆罗布泊)后就潜入地下(伏流),直到积石山才重新发源而出(重源)。张骞通西域后,回来向汉武帝报告,说他在西域见到了一条大河,实际是今天的塔里木河,但后来的学者就将它指为黄河的上源,并且更加坚持了重源伏流说。直到清朝的乾隆皇帝,尽管已经有了元朝都实和清朝阿弥达等人对黄河河源的探寻,并且已经取得了非常接近事实的结果,但仍然坚持这一错误的旧说。不过由于这些说法,包括历代对黄河源头探索的史料都在,所以我们今天不难判断孰是孰非,而且可以从中看出古人探求地理环境的艰难过程,不仅要克服自然的障碍,还必须排除墨守成规的保守观念的种种干扰。要是黄河"重源伏流"只是一种口头传说,那千百年后不知会演化为什么样子了。

文字出现以后,历史记载的方式就有了一个根本性的变化,而且一直延续到现在。尽管我们现在已经有了其他多种记录手段,但还是不可能完全离开文字。在可以预见的未来,文字仍然是人类历史最有效、最基本的记录手段。

5　遗迹遗物与历史

曾经有人写过科学幻想小说,说希望出现时间隧道,穿过时间隧道就能够回到古代去,亲身体验历史上曾经存在过的一切。还有人设想,根据爱因斯坦的广义相对论,地球上发生的事,都通过光以每秒30万千米的速度向太空传播,如果人乘坐的飞行器能够超过光速,就可以赶在光的前面,看到过去。理论上可以这么讲,将来能否实现还是另一个问题,但为什么大家对此都那么向往呢? 其实就是很希望看到已经消失的历史现象。从这个角度讲,**遗迹遗物**就起到了这个作用。

　　遗迹和遗物的优点是不言而喻的,它们本身就是最好的历史证据。对商朝的王陵史书上缺乏具体记载,很多方面前人一无所知。但是随着河南安阳殷墟遗址的发掘,对商代的墓葬制度和有关情况有了实物可考,足以弥补文献的空白。对秦始皇陵墓,尽管我们可以从《史记·秦始皇本纪》中看到相关的记载,但无论司马迁写得多么生动、多么准确,在没有看到秦始皇陵之前总不会有一个真实的印象和概念。但看到了秦始皇陵,尽管它已经经历了 2000 多年的风雨,仍不难想象当年的浩大工程和奢华程度。秦兵马俑(图1.5.1)的发现和发掘,更为我们解开了不少难解之谜,使我们对秦朝的政治、军事、经济、文化和社会生活有了更具体的了解。

　　遗迹和遗物的缺点也是显而易见的。首先,能够保存到今天的遗迹和遗物绝对不可能是全部,也非原貌,只能是其中的一部分,甚至是一个很小的片断,具有很大的偶然性,而且往往已有了很大的改变。当然,遗址和遗物的完好程度受到种种因素影响,既为它们所存在的环境所制约,也取决于它们本身的质量。例如,由于日本人早就信奉佛教,战乱中一般不会破坏寺庙,所以很多寺院还保留着盛唐时代建筑的整体风格和结构,收藏在寺院中的书籍文书也相当完整。古埃及、古希腊、古罗马的建筑都使用石料,著名的胡夫金字塔,建于公元前 26 世纪,迄今已有 4600 年的历史;位于雅典卫城原址的帕特侬神庙,建于公元前 447—前 432 年;古罗马的大角斗场,建于公元 70—82 年,迄今都已有 2000 年左右,虽历经天灾人祸,这些建筑的主体结构依旧巍然屹立。而中国就找不到这样古老的建

图 1.5.1　秦兵马俑一号坑军阵(局部)

　　1974 年陕西临潼秦始皇陵东陪葬坑出土,由步兵、战车、骑兵及统帅部组成。

筑,中国古代的建筑大多是砖木或土木结构,既容易倒塌,又常常会在变乱中遭焚毁,所以现存最早的木结构建筑山西五台县南禅寺大殿,也只是唐建中三年(782)所建,距今仅1200余年,唐武宗"会昌灭佛"(841—846)时,因地处偏僻才得以幸免。它与山西五台县佛光寺东大殿(建于公元857年)和拉萨大昭寺(建于公元7世纪中叶)同为硕果仅存的唐代建筑,而汉唐宫阙至多只留下房基柱础和残砖碎瓦而已。

其次,遗迹遗址最大的缺陷就是没有人,只有物,它是凝固的过去,而不是活着的过去。而人恰恰是历史活动的主体,这些实物离开了人,也就不成其为历史。近年四川发掘了三星堆遗址,最近又在成都发掘了金沙遗址,都有许多惊人的考古发现。但千万不要以为,这样就能解决一切历史疑问。要真正使这些遗迹遗物起作用,关键还是要复原当时的人在这些环境中的活动,了解他们为什么要制造这些建筑和器具,利用这些建筑和器具干了什么。谭其骧先生说过:"历史好比演剧,地理就是舞台。"(见《〈禹贡〉发刊词》,载《禹贡半月刊》创刊号,1934年3月,图1.5.2)某种程度上,遗址就是舞台,但在上面演什么剧,还是取决于当年生活在这个遗址上的人。在同样的舞台上,同样的条件下,不同的人,甚至同样的人,可以做出完全不同的理性选择,产生完全不同的后果。

所以,如果离开了文献记载,完全依赖于遗迹和遗物,很多问题还是找不到答案,也无法据以复原比较完整的历史。在这一点上,历史学不同于考古学,不是认识了遗迹遗物本身就够了,而是要通

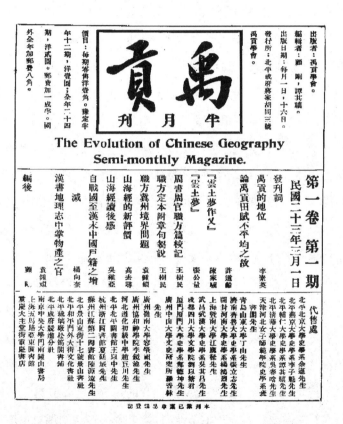

图 1.5.2　《禹贡半月刊》创刊号书影，1934 年 3 月 1 日出版。

过遗迹遗物来认识历史或发现历史。

当然,遗迹遗物所起的作用非常之大,最根本的原因就在于它能够使我们直接面对过去曾经存在的实物。尽管与历史长河中所有曾经存在过的实物相比,能够遗留下来的本来就不多,能够为考古工作者发现的就更是一个不完整的片断,但由于更完整的东西早已不复存在,片断就尤为珍贵了。

通过技术手段,可以对遗迹遗物的若干方面作出科学的鉴定。生物体在死亡后,其组织中吸收的来自宇宙射线的碳同位素 C^{14} 会不断衰变为 N^{14},其半衰期为 5730 ± 40 年,对于遗迹遗物中的植物和动物残体、木材、纺织品等,只要测出 C^{14} 的含量,就可以鉴定它们的年代,但适用范围在 5 万年以内。随着技术的进步,现在已经可以做到几千年的长度中只有几年的误差。即使这样,仅仅依靠遗迹遗物和相应的技术手段也不能将它们完全复原为历史的一部分。

还必须注意,虽然遗址是固定的,但遗物是可以移动的。在甲地发现的遗物,完全可以来自乙地,甚至相当遥远的地方。如中国古代的玉器,很多是用产于新疆和田的玉石为原料的。就是普通的铜和铁,也未必产于当地。先秦的不少青铜器在当时都是"国之重宝",不但世代相传,而且也是敌国掠夺的对象(图1.5.3)。一国的重器因其战败或灭亡而被掠至他国,甚至多次转移的现象也屡见不鲜。越国、吴国铸造的兵器质量高、名气大,越王剑和吴王**柞**就会在战国楚墓中出土。1956年在湖北江陵城北纪南城(楚郢都)遗址的数百座楚墓中曾出土大量兵器,其中在望山1号墓出土的越王勾践

图 1.5.3　司母戊鼎

　　青铜礼器,1939 年河南安阳武官村出土,是商王文丁为祭祀其母"母戊"所铸,重 875 公斤,为目前发现最大的青铜器,现藏北京中国国家博物馆。

剑(图1.5.4)长55.7厘米,剑首向外翻卷作圆箍形,内铸11道极细小的同心圆圈,剑格正面用蓝色琉璃,背面用绿松石镶嵌出美丽的花纹,剑身饰菱形暗纹,近格处有两行鸟篆铭文:"郎王鸠浅自乍甬铤(越王勾践自作用剑)。"虽然埋藏了2400余年,出土时仍寒光闪闪,毫无锈斑。吴王夫差铧(图1.5.5)出土于马山5号墓,器身有八字错金铭文:"吴王夫差自乍甬铧"。此外还出土了"越王州句自乍用铤""鄂君用宝"戈等。难道因为出土了越国、吴国、鄂国的武器,就证明这些楚墓的所在地就是越国、吴国或鄂国的疆域范围吗?同样道理,某地发现某政区的官印或封泥,并不表明该地当时就属某政区,种种偶然因素都可能使这枚印流落他乡。以此类推会得出十分危险的结论:墨西哥可以被当作历史上中国的一部分,因为那里发现的中国瓷器数量甚多;而西安也有属于古代波斯的可能,因为那里出土了波斯银币也是千真万确的事实。前些年有报道说某地农村老太太喂猫的碗竟是真正的元朝青花瓷器。如果按照某些人的逻辑,那么那位老太太的家岂不必定是元代建筑?

正因为如此,对同样的遗迹遗物,不同的人可以做出完全不同的解释,有的莫衷一是,有的却是非立辨。如同样看到中国石器时代的遗物,有的西方学者会认为它们主要与西方的器物相似,应该来源于西方,提出了中国文化的西来说。而中国学者和另一部分西方学者则认为,这些器物虽与西方的有某些相似之处,但存在根本区别,应该产生于本土。全盘西来显然未必正确,但究竟是独立产生还是存在早期的影响,还值得今后进一步探讨。关键的问题首先

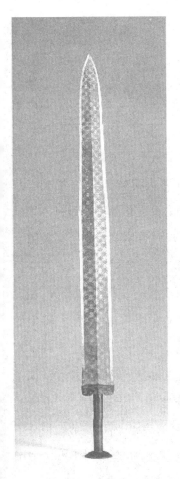

图 1.5.4 越王勾践剑　　　　　　　图 1.5.5 吴王夫差铩

是具体的证据,其次是正确的认识。

瑞典著名的地质学家和考古学家安特生(Johan Gunnar Andersson, 1874—1960)从1914年至1924年在中国任北洋政府农商部矿政顾问期间,曾调查了北京周口店化石地点,成为发现"北京人"考察工作的起点。他在河南渑池仰韶村发现了新石器时代的**仰韶文化**,还在甘肃、青海调查发掘大批新石器时代至青铜时代的遗址,把以上的发现分为齐家、仰韶(半山)、马厂、辛店、寺洼(卡约)和沙井6期,并推测它们的绝对年代。他是较早从事中国新石器时代研究的学者之一,对中国的考古事业做出了重大贡献,但由于受到当时的方法论和考古资料的局限,他对中国史前文化的分期做过不正确的判断,又根据已发现的文化与中亚、西方的相似之处主张**中国文化西来说**。但以后随着考古资料的丰富,安特生对中国文化西来说的观点有所纠正,曾强调中国从仰韶文化经过商代直到今天,在人种和文化上是连续发展的。从今天已有的考古成果看,安特生的"中国文化西来说"无疑是站不住脚的,但这并不能否定安特生对中国考古学的贡献,应该将安特生的观点放在当时的资料和认识条件下来认识。由于中国人一贯以"天下之中""天朝大国""炎黄子孙"自居,加上旧中国长期遭受西方列强的凌辱,所以一般知识分子对"中国文化西来说"有着本能的反感,有的还将这种观点与帝国主义的文化侵略联系起来。在当时的条件下,这种情绪不难理解,但现在我们应该认识到,这不是科学、实事求是的态度。其实,帝国主义虽然也进行文化侵略,但关注的还是现实的利益,并不强调历史与现实、文化与政治的一致性，反而多数倒是被侵略、被殖民者自作多情。西方殖民主义者的殖民地几乎遍及整个非洲，但从来没有人声称非洲文化西来说，倒是有不少西方人承认西方文化中有非洲移民带去的非洲文化的影响，还最早提出了人类起源于非洲之说。同样，日本帝国主义自明治维新后接连发动侵华战争，直到占领半个中国，但也从来没有宣扬中国文化东来说或日本来说，依然承认日本文化受惠于中国文化，天皇即位的诏书照样使用中文，从"明治"到目前的"平成"，所有的年号都还是从中国古籍中找来的。

本来，对遗物、遗址和其他文化遗存的判断有不同意见是完全正常的，有些争论由于双方的证据都不是很充分，短期内是无法做出完全令人信服的结论的，有的可能永远都无法得出结论。但随着考古发掘的扩大、考古研究的深入，还是可以越来越明显，或者在此过程中取得新的成果。但有些人往往会将这种纯粹的学术问题与狭隘民族主义情绪和所谓的"爱国主义"联系起来，或者为了迎合某些现实的需要，故意突出某些观点，曲解史料，甚至伪造证据。这样做不仅违背了学术道德和历史学的基本原则，对中华民族和中国的根本利益只会带来不必要的损害。近年来一些人根据在美洲墨西哥玛雅文化遗址中发现的一些器具，认为它们渊源于中国，坚信周武王灭殷商后，数十万殷人集体渡海东至美洲，建立了新的国家。"印加人"即"殷家人"，而印第安则是"他们念念不忘殷地安阳，见面时互以'殷地安'三字存问"。其实，自盘庚迁殷后，商人一直是称其首都为殷的，安阳是战国后期才在殷墟附近形成的城市，时间约在公元前 3 世纪,离殷商之亡已有好几百年,他们怎么会预见到几百年后有人称他们的故都之地为安阳呢？莫非是用甲骨占卜而知的不成？而且,这位先生可能根本不知道,1492 年,哥伦布为了开辟前往东方的新航路,率领西班牙船队到达美洲时,以为他们来到了印度,所以把当地人称为 Indian,即印度人之意,我们音译为印第安,而不是这些民族的自称,这更说明了这种望文生义胡乱联系的荒诞无稽。有人还根据墨西哥金字塔的照片和山东少昊陵的照片"有极大的相似之处",认为这证实了"中美洲文明主要继承的是太昊八卦太阳历和少昊扶桑金星文明,以及殷商文明",把这称为"墨西哥和中国人的因缘"。可是他们大概没有想到,古埃及的金字塔远比少昊陵的建筑年代早,数量也远比中国少昊陵一类"金字塔"多,那么为什么墨西哥不能从埃及引进金字塔呢？如果墨西哥的金字塔是从中国引进的,那么中国的金字塔又是从哪里引进的呢？再说,现存的少昊陵的建筑时间远比殷商时代晚,而且石砌"金字塔"在中国又绝无仅有,究竟是谁学谁呢？这位先生又说"他们按照故国殷地安阳建立了新的家园拉文塔,建立太阳神庙,把殷商的文化一一搬了过去"。令人费解的是,位于今河南安阳小屯村一带的殷墟遗址早已经过充分发掘,出土的甲骨文数以万计,却从来没有发现什么"拉文塔"或"太阳神庙"这类"殷商文化"的记载,更没有发现任何实物。殷墟已发掘了大量商王的宫殿、陵墓和其他建筑,都是木结构、夯土地基或墙壁,与墨西哥的石建筑截然不同。要说地理条件,殷墟离太行山很近,很容易获得花岗石原材。退一万步说，即使几万年前有人从今天中国的领土到了美洲，那也不能说是"中国人"，因为当时根本还没有"中国人"的概念，至多只能说是中国人的祖先，但不能否认他们也是其他国家人的祖先。即使殷人真的迁到了墨西哥，并且繁衍成了以后的印第安人，这也只是一段远在 3000 年前的历史，并不会增加此后的中国人的光彩。同样，要是中国人没有最先到达美洲，要是印第安人不是殷人的后裔，也不会造成中国人的损失，不会给今天的中国抹黑。

对遗址、遗物和文化特征，我们还应该注意到，人类的早期文化都有一定的共同性，特别是在地理环境相似的地区。但这种共同性并不意味着同源性，如果只是根据一些简单的特征就认定它们的源流关系，往往会犯先入为主的错误。例如，全世界绝大多数语言中，对父亲和母亲的称呼发音都极其相似，都含有 Pa（或 Ba）和 Ma 的语音，尤其后者更为明显。如英语中的 father, mother（正式），daddy, mammy；papa, mama（非正式）；法语中的 Père, Mère（正式），Papa, Maman（非正式）；西班牙语中的 Padre, Madre（正式），Papa, Maman（非正式）；德语中的 Vater, Mutter（正式），Papa, Mama（非正式）；捷克语中的 Otec, Matka（正式），Táta, Máma（非正式）；津巴布韦修纳语（Shona）中的 Baba, Mai；南非祖鲁语（Zulu）中的 Ubaba, Umama；日语中的 パパ（papa），ママ（mama）；朝鲜语中的阿爸吉、阿妈妮；汉语中的爸爸、妈妈；等等。这大概是由于小孩子发这两个音，特别是 ma 这个音最方便的缘故。人类早期文化中一些特征显然也是与其最方便、最容易创造出来有关，因为人类总会具有一些共同的生理特征,如此即便互相隔绝的原始文化也会具有一定的共性,自然不能轻易当作同出一源的理由。否则,像南非祖鲁语对父母称呼的发音类似于"吾爸爸""吾妈妈",是否会有人以此为据来论证南非的祖鲁人是中国人的后裔呢?

6　神话与历史

神话与历史事实在上古时代并没有严格的区别,因为当时人们的观察能力有限,对很多自然现象和社会现象无法理解,所以他们对往事的记忆从一开始就与事实不同,已经带有了神话色彩。加上最早的历史是口耳相传的,在口头传播过程中,必定会产生很多变异,而且这种变异会随着人们的主观感情,越来越走向极端。比如说好人,传播者都是说他好的一面,还要不断夸大,结果越传越好。英雄自然是法力无边,无所不能,再把别人的事迹移到他的身上,最后成了全能的神。由于这种口头传说是在传播中逐步加深的,而且传播者就是认同者,所以大家都很相信。宗教对于早期创始人的传说,就无一不是神话。像耶稣基督、真主安拉、佛祖释迦牟尼都有很多神迹,这些神迹很难说全部出于虚构,就是出于一种宗教的崇拜心理,不断地把创始人的优点、能力无限夸大,到最后就变得不可思议。对于坏人也是一样,人们只传他坏的一面,并且在传播过程中逐渐夸大,《论语·子张》记子贡的话:"纣之不善,不如是之甚也。

是以君子恶居下流,天下之恶皆归焉。"(纣王的不善,没有像传说的那么厉害。这是因为君子厌恶处于下流地位的人,天下的坏事都会归结到他头上。)关于纣王造酒池肉林的说法,东汉的王充早在《论衡·语增》中便指出绝不可信,而是某些人为了突出纣王的罪恶,不惜夸大事实,"闻一增以为十,见百益以为千"的结果。

神话虽然不是历史,但它在某种程度上反映了历史,而且世界上任何民族的古老历史往往都离不开神话。只是各个民族因为情况的不同,神话的发达程度也会不同。一般来说,文字发展得比较早、较早进入文明社会的民族都会比较缺乏成系统的神话,有人认为中国的情况便是如此。按照胡适在《白话文学史》中的意见,中国古代民族因为"生长在温带与寒带之间,天然的供给远没有南方民族的丰富,他们须要时时对天然奋斗,不能像热带民族那样懒洋洋地睡在棕榈树下白日见鬼,白昼做梦"(《胡适文集》第 8 册,北京大学出版社 1998 年)。这也未必尽然,比如寒冷的北欧,同样也有发达的神话。中国神话不成系统的原因,还得另外寻找。

中国神话的一个突出特点,是常会和史实交织在一起,分辨不清哪是神话,哪是史实。比如说大禹治水,到底是神话还是史实?如果说完全是事实,那么早已有人指出,根据黄河中下游的自然条件和地形地貌,绝不可能有持续时间长达数十年的大洪水,再大的洪水最多几个月也就过去了,改道造成的泛滥只能出现在下游局部地区,怎么可能范围如此之广、时间如此之长呢? 现在也有人认为,在距今 1.5 万年前的全新世发生卷转虫海侵,持续 6000—7000 年之久,造成东部沿海广大地区为海水淹没,传说中的这场史前大洪水即是这一史实的曲折反映。可是,如果真是海侵的话,又怎么可能通过大禹的疏导就能将水引走呢?所以大禹治水本身就是一件极可疑的事。再往上追溯,诸如盘古开天辟地、共工怒触不周山、女娲补天、精卫填海、后羿射日等等,也都是神话。但总体而言,中国的神话发展确实不如古希腊那样系统,其中的主要原因,我想是在于中国的地域范围,与古希腊相比,不知要广大多少倍。如果把古希腊和整个欧洲的神话都混在一起,也会出现这种纷繁杂乱的状况。中国的神话,实际上原来有很多,也是比较系统的。那些文字不甚发达的民族,他们的神话便很系统。而汉族的神话,在华夏族不断融合其他民族,形成汉族的过程中,各民族的神话也不断掺杂进来,盘古开天地的神话,就是汉武帝征服岭南之后进入汉族神话系统的。现在我们看到的史书里记载的神话,其实是代表了不同民族对自身历史的各种不同的记忆。如此众多不同来源的神话混杂在一起,当然也就不成系统了。这些神话经过汉族的文字记录、整理,尽量删除对自己不利的内容,将其纳入一个体系里,原始神话便从此消失了。

还有一些国家或地区,宗教过于发达,早期的真实历史就湮没在那些充满宗教色彩的神话中了,比如印度、西藏就是这样,到后来真的历史反而讲不清楚了,但不等于说这里面没有一点历史的痕迹。西藏有一个关于藏族起源的神话,相传远古时有一只受过观世音菩萨点化的神猴,在今西藏乃东县泽当镇的贡布山潜心修炼。后来，这只猴子受罗刹魔女诱惑，与其结为夫妻，不断繁衍，这就是藏族先民的由来。这个神话不仅作为藏族民间的口头文学广泛流传，还记入了藏文经书和史书。这当然只是一个美丽的神话，但最近几十年的考古发现证明，早在旧石器时代，青藏高原大部分地区就有原始土著居民活动，到新石器时代，原居住于甘肃、青海一带的氐、羌人和北方其他游牧部落不断南下，与这些土著居民逐渐融合，发展成为藏族。上述的藏族神话，明显就可以解读出这一发展过程的痕迹，也许这正是受佛教改造后的原始神话对于早期历史的曲折反映。

在中国的汉族地区，由于没有真正的宗教，或者宗教很不发达，实际是多神、泛神崇拜。加上地域辽阔，地区间差异很大，所以产生了很多地区性的**民间信仰**，出现了很多地区性的神话。这些神话往往与地方历史有关，可以看成地方历史的一部分。如发源于福建湄洲岛，广泛流传于台湾和东南沿海地区的妈祖崇拜就是如此。妈祖据说是北宋莆田县都巡检林愿的女儿，为救海难落水而死，被天帝封为海神，专门保佑海上平安。也有史料记载她是唐末福建普通渔家之女。宋朝是否有都巡检林愿其人，林愿是否有这样一位女儿，还是只是渔家之女，她是否有最初的事迹，这些都已无从查考，也没有什么意义。但妈祖这位神祇出现在唐末以后的福建，却有一定的历史必然性，说明当时该地是航海最发达的区域，所以才会有专门保佑航海平安的神祇。如果没有妈祖，也完全可能制造出另外一位神祇来。由于当时出海的都是男子，而在家等候并为他们祝福的则是女性,所以必须制造一位女神,才会对在海上航行的男性产生一种更亲切、更可靠的感觉。这大概是一种世界普遍现象。我曾在智利圣地亚哥(Santiago)附近黑岛(Isla Negra)的诗人聂鲁达(Pablo Neruda)故居中看到数十个他专门收藏的航海女神,原来都是置于船首的雕塑,说明西方也曾经以女性作为航海的庇护神。而妈祖崇拜地域范围的扩大,正是福建籍移民迁居各地的证据。如台湾的人口大多数是福建移民的后裔,妈祖崇拜就是随着福建移民扩大到台湾的。另有一部分福建移民迁入浙江山区,也将妈祖庙建到了他们的新定居地,但因为是山区,保佑航海已经没有实际意义,所以供奉妈祖的天后宫实际成了移民公共活动的场所。而上海、天津也因福建移民的迁入而出现了妈祖庙(天妃宫、天后宫),由于航海已经不是在那里的福建移民的主要职业,所以天妃宫、天后宫实际上也是福建同乡聚会的地方。

在我们国家,有一些神话,现在回过头来做科学的分析,会发现其中包含了很多历史的成分。比如《山海经》里的记载,其中不乏荒诞不经、光怪陆离的说法,像《山海经·海外南经》记"羽民国在其东南,其为人长头,身生羽"(图1.6)。人身上长羽毛当然绝不可能,但仔细分析,这应当是南方少数民族身披羽毛以为服饰的讹传。《礼记·礼运》说"昔者先王……未有麻丝,衣其羽皮"便是明证。东晋郭璞注《山海经》,就将"身生羽"进一步发展,成了"能飞不能远,卵生",完全变成了鸟类。顺便说一句,直到数年前,某流行杂志还发表在印度尼西亚婆罗洲原始丛林中发现卵生居民这类毫无根

图 1.6　羽民国图，采自清吴任臣《增补绘像山海经广注》。

据的报道。这就是一件本来很合理的事情在传播过程中的讹传，以至于完全不合情理。古代严肃的历史学家，往往对这类材料全盘否定，摒弃不用，像司马迁写《五帝本纪》时就认为当时流传的黄帝神话"其文不雅训"，故不予采信。而现今的历史学研究，就应该重新审视这类离奇的神话，研究流传中为什么会遭受这样的误解或曲解？误解或曲解的根源是什么？它与历史真相之间的关系如何？这些问题都很值得研究。

还有一种情况，就是在历史中掺杂了神话，但基本上还是历史。这种情况在专制愚昧的时代相当普遍，如帝王得天下后都要神化自己的出身，都要制造祥瑞来证明自己的行为符合天意，而遭覆灭或被取代的朝代和君主已为天意所弃，上天也会发出种种警示的征兆。例如，《史记·高祖本纪》中就有刘邦的母亲是在大泽中与龙感应而怀孕生下他的记载，有刘邦在没有做皇帝前一系列与众不同的预兆，他停留的地方天上总是云雾缭绕，以至他妻子十分容易找到他的行踪。这些神话当然是刘邦自己或他的亲信编造出来的，但也反映了一部分当时的历史真相。在母系社会的残余还存在时，人们往往知其母而不知其父，先秦这种情况很普遍，所以史书中不止一次可以见到类似的记载。如据《史记·周本纪》，西周始祖后稷的母亲有邰氏姜原（嫄），就是在野外踩了巨人的脚印后受孕的。虽然姜原号称是"帝喾元妃"，但后稷却不知道父亲是谁，可能姜氏本人都已记不清这是她与哪位男子的产物。刘邦的母亲或许也是如此，但当时并不以为耻，反而可以编造出神话来。至于他的头顶天上有云雾缭绕的说法,也明显是受到古代龙崇拜和战国后期至秦朝神仙迷信的影响。对比后世的帝王,虽然也同样制造神话,却再也不会声称自己为母亲野合而生了,因为这已经被视为不光彩了。对上述一类神话,我们很容易加以区别,去伪存真。但即使对其中的伪,也可以看出历史的痕迹,考究这种伪说产生的背景和条件。

7 民间故事与历史

民间故事和神话又有所不同,民间故事一般是指在非官方的途径产生和流传,在流传中又经过传播者的不断加工,经非正式的历史记载保存下来的内容,由于其民间性,我们称之为**民间故事**。

民间故事基本上是一种寄托了编写者或传播者强烈的主观愿望的文学作品,不但内容可以完全杜撰编造,里面涉及的人名、地名、典章制度,也都是似是而非的,这是需要读者特别注意的。如果一定要从历史事实,或者是记录历史的方法来谈民间故事和历史的关系,应该讲这两者是没有关系的。京剧中很多戏都是根据民间故事改编的,中国不少的古典小说,也是文人根据民间流传已久的故事整理加工的,其中就有很多似是而非之处。称谓、职官、地名等往往乱用,前朝的人物可以用后代的称呼,有的名称历史上从来没有用过,完全是作者杜撰的。如果认为这就是历史,就要大上其当了。《三国演义》里很多地名与东汉末年和三国时的实际情形不符,是后世才有的。如该书第 54 回称刘备与东吴联姻，"船到南徐州"，"居于南徐"，其实南徐州一名，直到南朝宋永初二年（421）才出现，治所在今江苏镇江，三国时根本无此地名。该书中的地理方位，也常常是南辕北辙、东西颠倒。第 17 回中叙述袁术与曹操在寿春界口交战，袁术大败后率领残兵渡淮南逃。而曹操攻破寿春后，与诸将"商议欲进兵渡淮，追赶袁术"。小说描绘得有声有色，而其实寿春就在淮河以南，又何须渡过淮河呢？第 27 回写官渡之战时，关羽在曹操军中，闻知刘备在河北，便拒绝曹操的高官厚禄，千里走单骑投奔刘备。小说为了突出关羽的忠勇，说他从许都出发，西北至东岭关，到洛阳，然后东走汜水关，再南下到荥阳，至滑州，敷衍出了"过五关、斩六将"的故事，其实这样的路线，完全违背当时的地理情况，分明直线可以到达的，又何必在河洛平原上绕了个大圈子呢？

又如《金瓶梅》第 33 回潘金莲口中出现"南京的沈万三"一词，沈万三是明初江南巨富，明人的笔记、野史中颇多其事迹的记载；第 55 回太师府赞赋中"九洲四海大小官员都来庆贺，六部尚书、三边总督无不低头"，"六部尚书、三边总督"是明代才有的制度；第 65 回又有"咱山东一省也响出名去了"的话，"山东一省"的概念只有明代才出现，北宋时山东分属京东东路、京东西路管辖，明继承元的行省制，才设山东布政使司（俗称省，元时山东则属中书省辖区）。

之所以会有这种情况，取决于编写、传播民间故事的人的知识水平，他们往往只是粗通文墨，历史知识、地理知识有限，对家乡一带的情况还比较了解，遇到自己不熟悉的内容就只能想当然地胡编乱写了。尽管经过了文人的加工，却还是在不经意间向我们透露了当时、当地的信息。

当然有的内容是作品有意编造的，如家谱（族谱）中先祖的事迹，这类事迹也可以看成是一种民间故事。一般家谱中都会有祖先迁移的故事，其中对本支的始迁祖可能有更详细的叙述。采用的方法，无非是移花接木，夸大拔高，或者根据当时的历史背景编出一些可能的事迹，或者参考同时代其他家谱中的事例稍加改编。

民间故事也可以有书面记录，甚至有比较早的书面记录。当然民间故事最早都是口耳相传，有文人把它记录下来以后，就有两条发展线索了。一个在文人圈里流传，另一个在民间继续流传，发展到后来两者的差距会很大。比如元稹所作的唐传奇《莺莺传》，讲述张生寓居蒲州普救寺，在战乱中设法保护了崔莺莺母女，并对莺莺一见钟情，两人私定终身。后张生赴京应举，为了自身利益而将她抛弃。这基本上是一个始乱终弃的故事，张生的这种行为在小说中还被称颂为"善补过"。而到了元代王实甫创作的杂剧《西厢记》那里，变成了张生应考高中进士，然后与莺莺完婚的大团圆模式，并用赞赏的眼光描写女性对爱情的主动追求，表达了对自由爱情的赞美。这种故事情节与结构的明显改变，就反映了文人阶层和市民社会的不同旨趣。尽管这种才子佳人的情节在后世的小说、戏曲中极为泛滥，以至庸俗不堪，但正如陈寅恪在《柳如是别传》一书中所指出的："相传世俗小说中，才子佳人、状元宰相之鄙恶结构，固极可厌可笑，但亦颇能反映当日社会之一部分真象也。"（三联书店 2001

年)

　　总之,民间故事绝对不等于历史,不能因为它有文学价值或文化意义,就将它当作历史来看待。

　　这里不是要一概否定民间故事的价值,民间故事的情节都很曲折生动,引人入胜,表达民众惩恶扬善的美好愿望,如在旅游景点的建设中,适当引入一些民间故事就可以产生很好的效果。去北京旅游的中外游客,几乎都要去八达岭或慕田峪、金山岭看看,所谓"不到长城非好汉"。无数游客会站在长城上赞叹这"2000 年来的奇迹",有的导游还在诉说着秦始皇的千秋功过。其实,北京附近的长城均是明代修筑的,至多只有 500 余年的历史,与秦始皇毫不相干。河北山海关有孟姜女庙,有人就介绍这便是当年孟姜女哭倒长城的地方。其实秦始皇时的长城远在山海关以北数百上千里,孟姜女在这里不仅哭不倒长城,连长城的影子也看不到。不过既然是旅游,就不必过于认真,不妨姑妄听之。但是我们一定要明白,这和历史完全是两回事。

　　从某种程度上说,民间故事和历史的关系,与神话的情况有一定的类似,就是民间故事太发达了,就没有真正的历史了。我们现在的影视作品有一股"戏说"历史之风,尤其是清宫戏泛滥,如果这种情况持续下去,大家只知道康熙经常微服私访,关心民生疾苦,充当侠义之士,扫荡社会不平;乾隆不仅是位武林高手,还是位多情种子,七下江南就是为了找寻一位女子;慈禧不是那个统治清朝长达 47 年的心狠手辣的独裁君主,也不是挪用海军经费修颐和园、要

"量中华之物力，结与国之欢心"的老佛爷，而是忧国忧民、日理万机的女政治家；还有那个子虚乌有的"还珠格格"，弄到后来真正的历史就会受到影响。尽管编导可以在每部片子开头都打上"本片纯属虚构"的字样，明确告诉观众这不是历史，但问题是这类东西长期影响下去，真实的历史就只能让位于"戏说"了。因为这些影视剧编造出来的情节远比真实的历史内容丰富、情节曲折，更加能够吸引人，真正的历史在一般读者看来，就远不如这些胡编乱造的东西来得有趣。

而且，关键问题是这些影视作品在潜移默化中向观众赤裸裸地宣扬人治思想、等级意识、裙带观念，灌输一种对圣主、明君的依赖心理，似乎只要有一个好皇帝，一切问题都可以迎刃而解，将残酷的专制统治和血腥恐怖的手段当成歌颂展示的对象，这与现代文明社会最基本的民主、法制观念完全是背道而驰的。在所有清宫戏中，康熙、雍正、乾隆等皇帝不仅个个雄才大略，还极具个人魅力和情趣，可惜这绝非历史真相。且不说清军南下和下薙发令后制造的"扬州十日""嘉定三屠"和"留头不留发"使数十百万无辜平民丧生，单说所谓康、雍、乾盛世的文字狱，其数量和残酷程度就远远超过以往任何一个朝代，达到了中国专制社会的顶峰。仅乾隆一朝，发生文字案共计130余起，其中47起的案犯被处以极刑，亲族中男子15岁以上连坐处斩，15岁以下及女眷充军，已死者也要开棺戮尸。搞得文人学士人人自危，要么曲学阿世，要么钻入故纸，从中哪里看得出半点影视剧中描绘的可爱之处！在推翻帝制已百年余的今天,忽然出现美化帝王的风潮,其中的原因实在值得所有人深思。

8 历史还是新闻

古代文字处理的能力、传播的速度有限,所以历史是指过去,而且是指离现在相当遥远的过去,历史和新闻之间的界限比较明确。但到了近代,就出现了新闻和历史之间关系的问题。有一种观点认为,凡是过去的事情都是历史。这种说法过于简单了,其实我们能感知到的一切,等到感知了,都已经成为过去。新闻中报道昨天开的会,那当然已经过去了,就算是现场直播,等你看到画面,听到声音时,这声音与画面本身也已成为过去了,那么是不是整个世界的一切存在都成了历史呢? 这显然是不妥当的,也是不可能的。历史是过去的事,但过去的事并不等于历史。

历史不是一个纯客观的存在,而是人们对以往的一种记录和认识。既然是人们对以往的记录,就不可避免地会带有人的主观性和选择性。要使历史记录更符合事实本身,我们所称的"历史"就应该和"现在"有一定的时间间隔,离记录者、传播者、阅读者都要有一定的时间间隔。如果没有一定的时间间隔,人们所看到的并记录下来的事实不一定就是事实的真相,或者不一定就是事实的最主要方面。因为同一时间内发生的事情太多,即便同一件事情,也有着纷繁复杂的各个方面,写历史不可能把它们全部记录下来,必然有所取舍。没有一定的时间间隔，事情的发展还在继续，我们就无从判断哪一个或哪些方面更具历史价值。

比如我们在体育馆里看体育比赛，这边是平衡木，那里有双杠，另外一个地方是自由体操，一个人是不可能全都看到的，电视直播也不可能同时播放所有的比赛，更何况世界上这样的体育场馆不止一个，有时一些大规模的比赛，如奥运会、世界杯足球赛等，会在不同的体育场馆同时进行。作为历史的撰写，最好是等比赛结束以后，我们根据比赛的结果，确定比赛中哪些应该重点描写，哪些可以只写一个统计数字，哪些则可以完全忽略。这就与新闻强调现场性、时效性截然不同了。这还只是个相当简单的例子，整个人类社会的历史，或者一个国家、一个地区的历史，就更远比体育比赛要复杂得多，所以就要过一段时间，有一定阶段的间隔，形成一个比较稳定可靠的说法之后，我们才能把它作为历史记录下来。

新闻可以是将来编写历史的资料来源，但是新闻绝不等于历史。例如我们现在研究第二次世界大战，当时的大量新闻报道就是很重要、很具体的史料。但另一方面，今天我们也可以发现，其中不少新闻的内容并不符合实际，或者是纯粹出于某种需要制造出来的假新闻。当时或有其必要，出于某种目的；或者是受到诸多局限，不得不如此发布新闻。还有一些新闻内容则是相互矛盾的，我们就需要通过认真研究，并参考其他史料加以分析鉴别。这些在当时或现场是根本无法做到的，只能在有了一定的时间间隔以后才有可能。

至于这个间隔要多久，一般来说至少是一代人。国外有 20 或

30年后解密档案的制度,比如当初许多美国历史学家都在急切地等待2004年的到来,因为到那时,30年前发生的导致当时在任总统尼克松(Richard Nixon, 1913—1994)下台的"水门事件"(Watergate Affair)的所有秘密档案都会公诸于世,美国政治史是否需要改写,就取决于那些解密的内容了。为什么要定20或30年呢,其中的原因大概就是这个时间间隔至少是一代人。经过二三十年时间,上一代人基本上都去世了,或离开政治舞台了,下一代人才可能不受上一代影响,比较客观地接受事实。当然并没有人来严格地规定这一时间间隔,有的特殊情况,例如更重要的档案可能要等50年乃至100年,甚至更久,这样才可能不受外界影响,自由地进行历史的记载和历史的研究。

中国自古以来就有生不立传的传统,一个人还健在的时候一般不给他写传记,要等他去世以后,甚至去世以后过很长一段时间才能写。以前有句话叫"盖棺论定",就是这个意思。比如我们现在来写"文化大革命"的历史,就比当时的人来写要真实客观得多。尽管当时的人亲身经历着那个时代,但正因为他们身处其中,就不得不写"全国形势一片大好,到处莺歌燕舞""无产阶级文化大革命就是好,坚决拥护"一类的违心话,真实的历史反而不可能在他们笔下产生。

历史离开现实要有一定的距离,除了上述时间上的距离,还要有空间上的距离。历史的撰写者和研究者就是这段历史的亲历者,对了解历史真相固然有好处,但如果撰写者和研究者离现场太近了，或者自己就是其中的一员，就很难摆脱自身的影响，反而不容易做到客观和真实。我们经常看到一些人写的回忆录，且不说那些根本没有回忆资格的人所假造的"亲身经历"，就是真有亲身经历的人，也是人言人殊，原因就是他们无法摆脱自我，不能实事求是，因而出现为尊者讳，为贤者讳，为本人讳，为恶行讳这类通病。

在当今传媒相当发达的情况下，传媒的影响越来越迅速、直观、生动。2001年9月11日美国发生的恐怖事件，传媒以最快的速度做出反应，在事件刚发生不久就做了现场连续直播，波音飞机撞击纽约世贸中心大厦的画面，给受众以巨大的震撼。全世界传媒发出了天文数字般的图像和文字，但很快就证明，其中一部分是错误的信息，当然这一时难以避免。如世贸中心的死亡人数，最新的统计减少了上千人，今后可能还会有变化。至于事件背后的真相，目前还不能说已经完全清楚了，只有等待今后的历史来回答了。

不过由于新闻质量的不断提高，传播手段的日益先进，相信未来的历史和新闻的界限会逐渐模糊或缩小，但绝对不会消失。

9　历史信息

前面已经说了图画符号、语言文字、遗迹遗物、神话传说、民间故事等历史赖以存在的手段，如果从广义上讲，这些都是包含着记载过去曾经发生过的一切人与事的信息载体。但**历史信息**的载体除了上面讲到的以外，应该还有更多。而且随着科学技术的发展，新载体还将会更多地被发现和应用。历史信息载体是客观存在的，问题只是我们以前限于科学技术的手段，发现不了或者利用不了而已。

最近一个明显的例子，就是用分子遗传学的方法来研究中国人种的起源，而在以前只能用古人类学方法。长期以来，几乎所有的遗传学家都认为世界上的人种均单一起源于非洲大陆，这与古人类学得出的结论是相矛盾的。据最新的一项对亚洲男性 Y 染色体单核苷酸多态性标记（Single Nucleotide Polymor-phism）的研究表明，东亚的现代人类都起源于非洲，在距今 10 万年前经东南亚进入中国的南方，然后越过长江向北方迁移。而目前已发现的大量早于 10 万年前的本土早期智人（Homo sapiens）化石并非目前生活在该地区的现代人的祖先，他们都已在第四纪冰川期灭绝并为非洲智人所完全取代（Yuehai Ke et al, *African Origin of Modern Human in East Asia：A tale of 12 ,000 Y chromosome*, 2001 *Science* 5519（292）：1152—1154）。这无疑动摇了中国人种的本土起源说。虽然这一结果还有待进一步证实，但毕竟提供了一种新的研究方法。近两年来，全球最优秀的生物学家正在联手进行一项庞大的人类基因组测序工程，根据目前已取得的阶段性成果，不同人种乃至不同物种之间的 DNA（脱氧核糖核酸）的差异很小，这也与此前的推测截然不同。今后，我们也完全可以把基因作为历史信息的一部分，DNA 的检测可以有相当广泛的运用，在遗迹、遗物中只要获得痕量的 DNA，就可以检测出生物的全部遗传信息。

这些早已存在的历史信息,一旦有条件加以利用,就可以丰富我们的历史记载,改变我们的历史观念,纠正我们以前的误解,开发我们以前不重视或无法触及的新领域,更全面、真实地揭示历史真相。如按照一般的说法,拿破仑(Napoléon Bonaparte, 1769—1821)病死于囚禁地大西洋中的圣赫勒拿岛(Saint Helena Island),但一部分历史学家一直怀疑拿破仑是被人谋杀的,却找不到证据。近年通过对他头发的分析,发现其中砷的含量远远超出正常的范围,证实他的确死于慢性砒霜(三氧化二砷 As_2O_3)中毒,为谋杀说提供了有力的佐证。残留在拿破仑头发中的历史信息虽是客观存在的,但没有一定的科学知识和技术手段,就既不知道,也无法利用。

历史信息应当是相当广泛的,我们现在很难预测到底有多少。比如方言也可以成为历史信息的一部分,通过对方言进行语言学的分析,就可以推导出一段移民的历史。杭州方言在整片吴方言区内,是一个非常典型的方言孤岛,仅分布于杭州市城区,范围极小,甚至一到城郊方言就大不相同。杭州方言在语音、词汇和语法等方面都有浓厚的北方官话色彩,如杭州方言具有大量的儿尾词。但北方话中的"儿",是附在前字音末尾,与其合成一个音,起卷舌作用,并非一个独立的音节,而杭州方言却恰恰相反。之所以造成这种情况,是北宋末年宋室南渡,大批北方移民涌入临安(今杭州),受本地方言影响下的产物。另外,民国成立后,原清政府驻军旗下营解散,大批旗人子弟也给杭州方言融入了北方官话的因素。从这种方言的演变就可以推出一段移民的历史。又比如不同人种的面貌、肤色等体质特征,也包含某种历史信息。蒙古人种由于最初生活在草原和半干旱地区,在眼睑上形成具有保护眼睛的眦褶的比例很高,人类学上称作蒙古褶,俗称双眼皮。大部分蒙古人种的初生婴儿臀部由于皮下色素沉积,出现青紫色斑,被认定是蒙古人种所特有的遗传特征,称为蒙古青。这些都是一种信息,可能为将来的历史学研究所用。

对于遗物和遗迹,随着科学技术的发展,我们现在可以从中了解到比以前更多的信息。如美国汉学家艾兰(Sarah Al-lan)开创性地使用显微摄影方法研究甲骨文刻痕,根据笔划的交叉和重叠确定其先后顺序,发现甲骨文契刻时屡屡违反文字结构,甚至连贞人的名字都缺乏惯用笔顺,从而认定主持宗教仪式的贞人自己并不契刻卜辞,而是由文化程度不高的刻手按照底本抄刻的。再如判断不含碳的陶瓷器皿的制造年代,以前只能单纯凭肉眼和经验,现在用**热释光断代**方法检测,就可以比较准确地判断。陶瓷器皿是用粘土烧制的,一般黏土中都含有微量铀、钍和少量钾等放射性物质,还夹有结晶固体颗粒,每时每刻受到各类辐射的作用。当陶器烧制时,高温把结晶固体中原先贮存的能量都已释放完了,此后重新积累能量随时间而增加。放射性愈强,年代愈久,热释光量就愈多,所以只要测出陶器中铀、钍、钾的含量,周围土壤中的辐射强度和宇宙线强度,定出自然辐射年剂量,即可计算出陶器烧制的年代。只要取数十毫克样品,就能快速有效地鉴定陶瓷制品的真伪。大英博物馆曾收藏了一批中国宋代的瓷器,经多位文物专家依据器形、釉色、题款等鉴定，一致认定是真品，但热释光技术出现之后，大英博物馆将这批瓷器用热释光检测，竟发现全是赝品。

天象也是很重要的历史信息，可以用以解开某些历史谜团。《古本竹书纪年》有"懿王元年，天再旦于郑"的记载，郑在今陕西华县一带，所谓"天再旦"，即日出前天已发亮，此时发生了一次大食分日食，天又变黑，不久日食结束，天再次放亮。但以前限于技术条件，尽管了解这条材料，却无法进行推算。还有很多研究者试图通过分析文献记载的武王伐纣时的天象，来精确推算出这一历史事件发生的确切时间，以期达到将中国原有确切公元纪年的年代从公元前841年（西周共和元年）大幅度前推的目的。但是这样的研究最大的困难来自两方面，一是天象的复原相当困难，单靠纸笔演算很不现实，二是这条文献记载究竟是否可靠。现在第一个问题已经解决了，计算机技术的飞速发展，使得天象的复原变得极其简单。只要利用相关的现成软件，输入有关的数据，电脑就会自动计算出这种天象历史上曾经在哪一天几点几分几秒出现过，出现过多少次，各持续多长时间，出现在什么范围。只要排除不可能的情况，就可以确定精确的时间。1988年，美国航天航空局华裔天文学家彭瓞钧利用计算机模拟推定懿王元年的这次日食发生在公元前899年4月21日当地时间凌晨5时48分，食分0.95。1997年3月9日黎明前后在我国新疆北部发生了一次日全食，观测到了天空两次放亮，证实"天再旦"的现象确实是存在过的。现在就只剩下一个关键问题，就是史料本身的可靠与否。中国古人有所谓"天人感应"之说，即认为天象与人事有直接的对应关系,或是对已经发生的人事的谴责或嘉许,或成为未来人事的先兆。据《淮南子·兵略训》记载:"武王伐纣,东面而迎岁,至汜而水,至共头而坠,彗星出,而授殷人其柄",《今本竹书纪年》则称当时"五纬聚房"。岁即指木星,"东面而迎岁",是说武王军队清晨出发时,恰好看见木星出现在东方,这被认为是有利于军事行动的吉兆。彗星由于其形状的特殊,它的出现在古今中外均被视为凶兆,认为是君臣失政、改朝换代的象征(图1.9),《开元占经》里便说"君为祸则彗星生也"(《开元占经》卷八八《彗星占上》)。历代正史的《天官书》《五行志》中,这样的例子非常之多。而"五纬聚房",指金、木、水、火、土五大行星聚集在二十八宿中的房宿位置上,更被后世星占家视为改朝换代的象征。除了武王伐纣以外,史籍中记"齐桓将霸,五星聚箕。汉高入秦,五星聚东井"(《宋书·天文志》),也都有此天象,但据天文学家利用现代天文学方法回推,发现这些记载都是伪造的。武王伐纣是以臣下反叛君上,诸侯挑战中央,在当时就迫切需要理论上对其行动合法性的支持,而在后世的儒家那里,周文王、武王都是被称颂的圣人,儒家又最讲究"君臣父子"的伦理道德,焉知这些天象不是后世为证明殷周革命是顺应天命之举而伪造的?或者,将此前或此后数月乃至数年发生的天象附会在伐纣那些天里?如果后人根据这些伪托的天象特征去考证那一天的确切日期,就永远也考证不出来,即便勉强找到了也必定是错的。

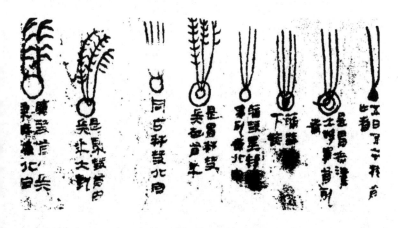

图 1.9　彗星图帛画

1973 年长沙马王堆 3 号汉墓出土，该图为以星、彗、云、气等占验吉凶的帛书《天文气象杂》的一部分，用朱墨二色绘成。每颗彗星下记录不同名称，是世界上关于彗星形态的最早著作之一。现藏湖南省博物馆。

类似的事情在当代也发生过,1969年9月2日,越南民主共和国主席胡志明逝世,而这一天偏巧是越南的国庆日,越共中央经过讨论,决定在讣告中将胡志明的逝世日期推后一天,以避开国庆日。要不是后来越共中央公布了真相,以后的历史就会将胡志明去世的时间推迟一天,因为谁会怀疑官方讣告上的时间呢?

我们现在所掌握的历史信息,都是一些片断,科学技术的发展,就可以把这些片断中隐藏的历史信息提取出来,并高速而有效地联系起来,借此复原历史的真相。

10　未来的历史

未来的历史从本质上讲,与以往的历史并没有多大的区别,但是其表现形式会与以往大不相同。

首先就是历史信息将极大地丰富。我们现在研究过去这100年的历史,能找到的资料不知比此前1000年来传世资料的总和要多上多少倍。那么到了22世纪研究21世纪的历史,信息更会无法想象地丰富。现在大量的照片、录音、录像资料的存在,也是以往任何时代都从来没有过的。即使再发生一次世界大战,史料的保存也比过去容易得多。中国历史上天灾人祸难以计数,尤其是战争期间,书籍更是极易毁于兵燹,明代胡应麟便曾谓书有"十厄"。例如梁承圣三年,被西魏大军围困在江陵(今湖北江陵)的梁元帝下令将宫中收藏的 14 万卷图书全部焚毁，几乎毁灭了当时传世书籍的一半。在印刷术尚未发明之时，书籍只有稿本和少数钞本流传，经过这样一场中国文化史上的空前浩劫，直到隋文帝时，皇家的藏书也仅达到 3 万余卷。而今天就不会再重演这样的历史，现在一套光盘、一个硬盘，甚至一个大容量 U 盘，就可以把一个图书馆的内容都保存在里面，而且可以非常方便地复制，复制件与原件没有任何差别。在这种情况下，资料根本不可能全部摧毁。

随着 20 世纪末网络技术的发展和普及，网络迅速崛起，大有取代传统媒体，成为"第四媒体"之势。网络的兴起，对于未来历史的意义，就在于它打破了话语权力的垄断，产生了记录和表达方式的一次大变革。任何人，只要认识字，会使用电脑，都可以自由地向公众表达自己的见解。作家王小波曾说底层民众是"沉默的大多数"，因为他们没有表达的渠道。网络诞生之后，这种情况就在逐渐改变了。BBS、QQ、博客、微博、微信、网上聊天、脸书、服务器上的电子邮件，这些都是民众思想和感情的最直接表达，也传播了最新、最具体或无法见于其他媒体的信息，即便有人说网上充斥了谎言与谣传，但从中也反映了一种普遍的社会心态。我们今天完全可以预言，未来的历史研究，网络中无比丰富的资料必定会成为探究当代社会、文化、思想等真实状况的绝佳材料。

但是，在历史记录手段日益多样化的同时，也应该看到，进行歪曲、篡改的方法也层出不穷。有些档案的原件已经遗失或销毁，现存的只是复制品。比如中国革命博物馆所藏的安徽凤阳小岗村

1979 年包干到户的生死契约，由于纸张过于洁白崭新，引起了很多人的怀疑。据当事人的回忆和专家的考证，这只是事后为拍摄纪录片所需而补做的复制件，内容与原件也很不相同。除了文字材料外，照片也可以篡改。早在清末摄影术传入之初，就有伪造照片之举了。当年袁世凯为打击政敌岑春煊，知道慈禧平素最痛恨康有为、梁启超，于是贿赂照相师拼接了一桢岑与康、梁的合影秘呈慈禧（事见刘成禺《洪宪纪事诗本事簿注》卷二）。另有一张流传甚广，并曾被各种学术著作收录的光绪帝与康、梁的合影，也已证明是拼接合成的。1976 年 9 月 9 日毛泽东逝世后，于当年 9 月 18 日在北京天安门广场举行追悼大会，在 1976 年 11 月出版的《人民画报》上，站成一排的国家领导人中间开了天窗，缺了四个人，无疑就是王洪文、张春桥、江青、姚文元"四人帮"了（图 1.10）。当时的技术水平不高，让人一眼就看出了破绽，而现在用电脑合成，拼接丝毫不露痕迹，甚至可以无中生有，连专家都很难鉴别。多年前的美国大片《阿甘正传》中，有美国前总统肯尼迪会见阿甘的镜头，就是用最先进的计算机技术合成的，画面天衣无缝，与新闻纪录片无异，如果久远的历史年代之后，不明真相的后人信以为真，以此来研究美国历史，岂不是要大错特错了吗？

其次，在技术飞速发展的情况下，后人获取历史事实或数据可能不需要花太多的时间与精力，而对分析、判断的要求会越来越高。以前的历史学研究，很重要的一项是史料，做学问靠博闻强记，讲究"过目成诵"。据弟子回忆，陈寅恪晚年双目失明后，他还可以随便

图 1.10　1976 年 11 月出版的《人民画报》

指出某句话在哪本书的第几页第几段中。有人说这真是了不得,这是了不得,但随着现代科学技术的发展,检索的手段会越来越便捷,光靠博闻强记,以后就没有什么优势了。今天研究秦汉史,除非刚从某个秦汉墓中出土,其他所有的史料都已公开了,大家都凭着这点史料,体现高下差异的就是见解。在大家习以为常的史料里发现新的问题,这就是见解。而近现代史就不同,有人手里掌握了某要人的日记稿本,别人就无法看到。像这样的优势,今后不能说没有,但是会越来越少。

著名的语言学家王力当年在清华国学研究院撰写毕业论文《中国古文法》,其中有一处说"反照句、纲目句在西文罕见",他的导师赵元任教授就写下批语道:"未熟通某文,断不可定其无某文法。言有易,言无难!"后来"言有易,言无难"六字成了王力一生受用的座右铭。所谓"言有易,言无难",意思是说一件事情"有"很容易,只要发现一条材料就可以这样讲,只要这条材料不是出于后人伪托,就绝对不会错。但如果要说"没有",就不能那么轻易下断言了。中国历代典籍那么多,万一在某本不被注意的书中发现有一则记载,以前的一切结论都要被推翻了。比如以前我们一直认为"历史"一词最早出现在《南齐书》中,不久前才发现《三国志》裴松之注中就已有该词。如果以前说过"历史一词《南齐书》前未见记载",那就错了。

但是,随着古籍电子化的进行,今后所有的存世古籍都会被输入电脑,几秒钟内就可以将全部古籍检索一遍,且绝对不会有所遗漏。在这种情况下，言"无"也会变得很容易。如《四库全书》已由上海人民出版社和香港迪志文化出版有限公司合作出版光盘版，在电脑上查一个词在《四库全书》中的出现情况一般用不了一分钟。但由于《四库全书》在修纂过程中，许多书籍收入时，其中不利于清政府的记载都遭到了篡改，甚至面目全非，另外由于手钞的原因，誊抄时也存在不少脱漏、讹误、衍文，所以对于大部分古籍而言，四库本绝非什么好的版本，因此在引用时，务必要找到更好的版本来核对。台湾"中央研究院"早在 1984 年就启动"汉籍全文资料库计划"，目前已涵盖了二十五史、十三经注疏、先秦两汉诸子、佛藏、唐以前史籍文献、台湾方志档案等，是现今最完备的中文古籍电子资料库(http://www. sinica. edu. tw/ftms-bin/ftmsw3)。海峡两岸的专家学者都在计划将所有汉文传世典籍数字化，到那时，所有人面对着共同的知识、共同的信息，研究水平的高下就靠理解和分析能力、创造性来体现，而不是像今天仍然存在的那样，靠记忆、靠知识，甚至靠垄断某些材料！

11　历史学是什么

有人说过去的事实都是历史，我要加上两个字，过去的事实都可能是历史，但能不能真正成为历史，还要取决于后人如何记录。从这个角度讲，今天我们所看到的一切历史，都有其主观性，因为它都是人所记录的。既然是人所记录的,就不可避免地受记录者本人的思想感情、方法手段的影响。历史事实没有改变,但是记录的人变了,记录的观念变了,记录的手段变了,历史重心就会发生转移。但是无论如何,过去一切的事实都成为历史是绝对不可能的。

中国历史上曾经生活过那么多的人,最后被记载下来的只是极少部分,其余大部分根本没有人去记载。帝王家里的三岁婴儿,就因为做过几天皇帝,当朝就有"起居注""时政记""日历"等记录他的言行,后世的正史还得有"本纪"记载他的事迹。而一个老太监辛辛苦苦在宫里干了一辈子,可能连个名字都没有留下来。如果要研究这个老太监,什么记录都没有,怎么研究呢? 这就是客观事实,尽管看起来很残酷。过去我们常说劳动人民创造了历史,劳动人民是个群体,必须有一个具体的代表人物,没有代表人物的话,那就只不过是一句空洞的宣传口号而已。

人们都希望穿越时间隧道,能够回到过去,但到现在为止这还只是个科学幻想,我们真正能做到的主要还是阅读历史文献,通过这种方法了解过去。所以我们现在所看到的历史事实,都已经经过历代历史学家或者历史记载者的选择、加工。比如我们研究的移民史,如果要把历史上发生的所有人口迁移都写进去,写一辈子也写不完,必须有所选择。所以我在《中国移民史》(福建人民出版社1997 年)第一卷中将**移民**定义为"具有一定数量、一定距离、在迁入地居住了一定时间的迁移人口",有人会问为什么要规定一定的数量、距离和时间? 我当然只能选择其中达到一定规模的人口移动来记载,否则我就记不胜记了。距离和时间的道理也是一样。任何优秀的历史学家,他的记载总是有限的。1957年开始的"反右派"运动,据说全国共划了55万"右派",有人若试图撰写一部真正的"全史",不要说旁的,所有"右派"的名字能搜集全吗?所以全也是相对的,像这些被湮没的历史恐怕永远也不可能进入我们研究的视野。现在留下的记载还是历史记录者主观的产物,不可能有纯客观的、全面的历史。假如现在用100部摄像机去将今天一天上海发生的事全拍下来,难道今后的历史学家就该事无巨细,全部写入历史吗?当然不可能,必然会有所取舍。

说到底,历史究竟是什么呢?对于这个问题,我想,用最简单的一句话说,**历史**不仅是指过去的事实本身,更是指人们对过去事实有意识、有选择的记录。而对于历史的专门性研究,就是**历史学**,简称为**史学**,也可以称之为**历史科学**(但并不排除历史与历史学中的人文因素),它不仅包括历史本身,还应该包括在历史事实的基础上研究和总结历史发展的规律,以及总结研究历史的方法和理论。

历史的类型

子曰:"吾犹及史之阙文。"是知史文有缺,其来尚矣,自非博雅君子,何以补其遗逸者哉!盖珍裘以众腋成温,广厦以群材合构。自古探穴藏山之士,怀铅握椠之客,何尝不征求异说,采摭群言,然后能成一家,传诸不朽?

——(唐)刘知几《史通·采撰》

孔子说过:"我也经常遇到历史记载中的缺漏。"可见历史记载中的缺漏由来已久,如果不是知识广博、见解高明的学者,怎么能弥补史料的遗漏与散失呢?珍贵的皮袍是由很多狐狸腋下的皮条缝合的,高楼大厦是由种种建筑材料构成的。自古以来探索历史奥秘的人,立志著述的人,又有哪一个不是广泛征求不同的说法,大量收集各种记载,然后才能形成独特的见解,留下千古流传的不朽论著?

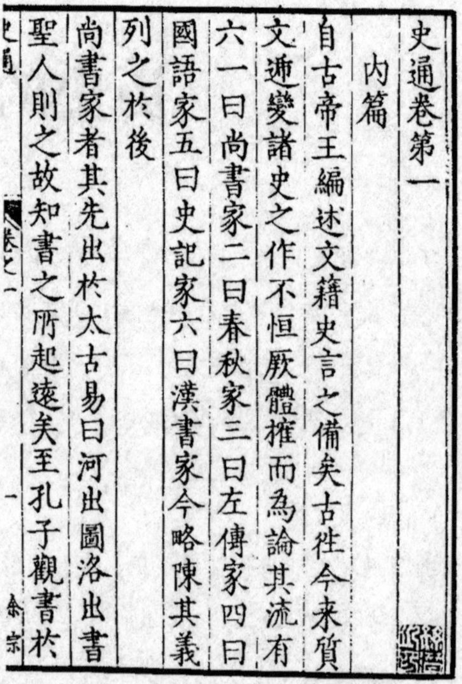

史通卷第一

内篇

自古帝王編述文籍史言之備矣古往今来質文遞變諸史之作不恒厥體榷而為論其流有六一曰尚書家二曰春秋家三曰左傳家四曰國語家五曰史記家六曰漢書家今略陳其義列之於後

尚書家者其先出於太古易曰河出圖洛出書聖人則之故知書之所起遠矣至孔子觀書於

史通　卷之一　一

图 2 《史通》书影，明万历五年(1577)张之象刊本。

刘知几(661—721)，字子玄，彭城(今江苏徐州)人，唐代史学家。曾长期担任史官，因不满当时史馆制度的混乱而辞职，撰写《史通》以明其志。《史通》是我国第一部史学理论著作，对唐初以前的史书编纂进行了系统的总结，具有开创性意义。

到目前为止，以记录历史的形式而言，主要还是通过文字，再辅以照片、图画等资料。这种记载方法历经数千年而未改，但随着科学技术的进步，保留信息方式的多样化，在可以预计的将来，完全可能会有通过声音、图像，甚至多媒体记载的历史。但不论记载形式如何变化，其表现的内容都是共同的，都应该是历史本身。

应该说明，我们这里所说的历史，是指经过历史学者收集、整理、加工、编撰成的历史记载或叙述，而不是不加整理的原始记录。随着科学技术的发展，原始记录的手段已经越来越先进，成本越来越低。全息摄影技术可以将一次集会用三维图像全部记录下来，使此后的观众能从各个角度全方位观察到这次集会。今后的记录技术不仅能闻其声，观其形，甚至还可能嗅其味，与身临其境几乎没有差别。但即使如此，也并不意味着历史记载不会再起作用。因为除了专门研究人员或特别有兴趣的人以外，一般人没有必要，也不可能重复观察以往发生过的事实。即使有此需要或兴趣，一般也会有所选择。例如对一次聚会，尽管有全息的、全方位的记录，但人们的注意力总是集中于主席台或聚会的主角，或者有特殊意义的参加者和会议的总体气氛，而不可能是每一位参加者。而且，在作原始记录时，摄像、录音、转播、记录等人员肯定也会有所选择和取舍，不可能将镜头或注意力用于每一位参加者，其实这已经是一个加工的过程了。

中国传统史学对于历史的分类，主要是按照历史记载的形式，即史书的体裁，如**纪传体**、**编年体**、**纪事本末体**、**政书**、**类书**等等。这种分类法固然可以包括绝大多数传统的史书，但还有少数书就归不进哪一类，所以并不十分科学。同时这样的分类过于讲究记载的形式，对其内容与实质的区别却并不明显。

我们的想法是可以根据不同的标准将历史分为几个系列，主要有这么几种：

时间系列：通史、断代史、阶段史等

空间（地域）系列：世界史、国别史、地区史等

内容系列：综合史（总史）、专门史、资料汇编、年表、历史地图等

人物系列：个人、血缘群体、地域群体、专门群体等

另类历史：文学、艺术、宗教、神话、音乐、戏剧、影视、民间故事等

1　时间系列

历史本身是一个时间的序列,根据时间的序列就可以将历史划分成不同的类型。在时间范围上,从古到今全部包括在内的,可称为**通史**,记述一定时期的历史则是**断代史**或**阶段史**。这里要注意的是,通史的上限应该是从研究对象产生之后或留下记录开始,如"中国道教史",当然只能从道教产生写起,包括它产生的环境和条件,对有关的因素可以作必要的追溯,但不可能也不应该没有时间上的上限。又如"中国思想史",应该包括整个中国的全部历史阶段存在过的思想,原始社会的先民当然有他们的思想活动,但没有留下基本的史料和信息,就暂且无法探究了。目前至多只能通过对尚处原始状态民族的调查来做一些合理的推测。

现存中国历史上第一部通史,是司马迁的《史记》,从传说中的五帝,一直记到作者生活的汉武帝太初年间,共 3000 余年的历史。而所谓断代史就是以一个朝代为始终的历史。中国历来很注重朝代,在世界上或许不是普遍性的,但在中国却是始终适用的,因为从夏、商、周开始直到清朝,朝代可以覆盖全部历史年代。受中国影响及曾经属于中国文化圈的邻国也是如此,如朝鲜、越南、日本等。

"二十四史"中除《史记》以外,其余均为断代史。东汉班固所作的《汉书》,叙事始于汉高帝元年(前 206),终于王莽地皇四年

(23)，是整个西汉一代的断代史，也是中国第一部断代史。当然对开始阶段一些人物的叙述，肯定会早于该朝代，如对刘邦的记述还追溯到他在秦朝的经历，其他人物也是如此。其后的《南史》，虽然包括宋、齐、梁、陈，《北史》包括北魏、东魏、西魏、北齐和北周，新、旧《五代史》包括梁、唐、晋、汉、周，但南朝、北朝和五代同样被视为一个大的朝代或阶段。这些史书除了前面几部是出于私人之手，得到官方认可之外，其余大多是在一个朝代灭亡之后，由后继的朝代组织修撰的。从司马迁写《史记》，班固作《汉书》以后，就形成了一种制度，一直到民国建立以后成立史馆编写《清史稿》，也是遵循这一惯例。这成为中国史学的一个特色。

但是，断代史以朝代为始终有不科学的地方，最大的问题就在于很多历史上的变化并不完全是与朝代起讫相一致的。如清初张廷玉等人奉旨纂修的《明史》，起自洪武元年（1368），迄于崇祯十七年（1644）。之所以下限断在崇祯十七年，是由于该年李自成率部攻入北京，崇祯皇帝在景山自缢，明朝的中央政权灭亡。但此后很长一段时间，中国南部很多地区都还在南明弘光、隆武、永历三个政权的相继控制之下。一直到大陆本土的南明政权覆灭后，占据台湾的郑成功仍奉南明永历年号为正朔。严格地讲，至少要到永历政权灭亡，明朝的历史才正式结束。当然作为朝代的划分，总得有所取舍，将1644年定为明朝的结束也未尝不可，问题是对明朝残余的史实应该有记载的地方，如果放在清朝的历史中，往往就会受到种种影响，不能集中地、如实地得到反映。

阶段史和断代史实际上并没有本质的区别，阶段史的所谓"阶段"，既可以大于一个朝代的时间，如中古、秦汉、宋元；也可以小于一个朝代的时间，如晚明、清末；还可以跨越一个朝代的时间，如明末清初、近代。就阶段而言，主要有两种类型，一种是按固定时间单位划分的，另一种是按历史发展过程划分的。

前者如以100年为单位的世纪，始于西方人按照耶稣诞生的那年为公元1年算起，以后渐成惯例。在公元2000年前后，新千年、世纪末、世纪之交、跨世纪等词的使用频率很高，还有人预言未来100年是中国世纪或东亚世纪等等，"世纪"一词几乎天天见诸传媒，似乎已成为最时髦的词汇之一，好像过了2001年元旦，整个世界就要为之一变似的。其实世纪不过是计年的方法而已，若耶稣早生或晚生若干年，跨世纪的时间便会提前或推后，世界难道就与现在大不相同了？历史发展与纪年方法怎么会有必然的联系？何况耶稣的生年实际上是出于后人的推测，据西方的宗教史学家研究，如果历史上确有耶稣其人，据《圣经·路加福音》，他出生于罗马帝国人口普查的公元前7年，而据《马太福音》，耶稣则应该出生于古犹太阿罗大王（King Herod the Great）去世的公元前4年，不管孰是孰非，总之都不是在公元元年。

在辛亥革命以前，中国只有干支纪年、帝王在位的年代或年号纪年，没有百年一度的世纪，也就没有现代的世纪概念了。古来多少"跨世纪人物""跨世纪事件"和与"世纪"有关的一切，当时的人们是没有丝毫感觉的。既不会有"世纪末"的恐惧，也不可能有"跨世纪"的荣耀。其实,就是在西方世界,在普遍采用公元纪年的公元6世纪之前,人们也没有"世纪"的概念。古埃及的法老、巴比伦的君主、希腊的先哲、罗马帝国的伟人,多少风流人物,不是照样活跃在历史的舞台上吗?

很多人总觉得世纪之交应该是一个什么"转折点",至少有点不同寻常。我们姑且把"世纪之交"定在上一世纪的最后10年和下一世纪开始的10年,看看能从中国历史中找出点什么规律。可是查阅史书的结果却令人失望,从有比较确切纪年开始的公元前841年(西周共和元年)算起,此后的27个世纪之交中,称得上发生巨变的似乎只有6次,即:

① 公元前3世纪与前2世纪之交是秦汉之际,秦始皇去世,陈胜、吴广揭竿而起,楚汉相争,西汉建立并巩固。

② 公元前1世纪与公元1世纪之交正值西汉末期和王莽代汉之初。

③ 2世纪与3世纪之交,东汉实际崩溃,三国鼎立的局面形成。

④ 3、4世纪之交是西晋后期,经历了"八王之乱","五胡十六国"已经开始。

⑤ 9、10世纪之交是唐朝覆灭,进入五代十国。

⑥ 19、20世纪之交发生了甲午战争、戊戌变法、义和团运动、八国联军入侵等一系列大事,实际已是清朝覆灭的前夜。

因为公历是将推测的耶稣出生那年定为公元1年,所以如果当初耶稣出生推后了50年,那么"世纪之交"就会出现唐朝的安史之乱、北宋建立、元即将统一、明清之际、西方列强叩开清朝大门、太平天国运动、中华人民共和国建立这样的大事，但前面列出来的事也就沾不上边了。由此可见，历史与世纪没有什么关系，当然更不会有以 100 年为周期的规律了。

正因为固定时间单位的阶段不符合历史规律，往往会割裂历史，所以我们更多采用的是第二种，即顺乎历史的阶段。这种阶段就不是人为地划分的，而是与历史发展过程密切相关。如"鸦片战争时期""抗日战争时期"等等。这些阶段都是以一个重大历史事件为标志，以比较完整的历史过程为始终。

也有以某个人的生存或活动年代为一个历史阶段的。比如西方有"荷马时代"，就是以生活于公元前 9 世纪至 8 世纪的古希腊盲诗人荷马的生活年代为阶段的。再如西方史学家常将西班牙国王菲利普二世（Felipe Ⅱ）在位期间（1556—1598）的 16 世纪后半期作为一个完整的时代加以考察，称之为"菲利普二世时代"。中国有所谓"康乾盛世""同光中兴"，也是把康熙和乾隆、同治和光绪连在一起作为一个特定的历史阶段。

但是，与用朝代相类似，用阶段作为历史考察的时段也有其缺陷。由于历史的演进不是单一直线的，也不是均衡发展的，不会完全和时间一致。因此，对于不同的历史考察对象，阶段就应该有所不同，不可能都按同一个标准划分。现在老是将"鸦片战争"作为中国迈入近代的开端，将"五四运动"作为中国现代史的起点，这些结论当然对于某些领域或者大多数领域是正确的，但并不适合于一切专门史。如对研究人口史而言,鸦片战争对中国人口变化就没有多大的影响,人口变化的重大阶段发生在太平天国时期。当太平天国运动发生时,中国人口已经达到了空前的 4.3 亿,而此后最剧烈的战争和破坏发生在中国最富庶、人口最稠密的地区,如长江三角洲、安徽南部、江西、湖北等地,因而造成了惊人的损失,全国人口减少约 1 亿。所以太平天国战争无疑是中国近代人口史的一大转折点,其意义要比鸦片战争大得多。而对于文学史而言,中国新文化运动的开端是胡适于 1917 年 1 月在《新青年》发表《文学改良刍议》,而不是 1919 年的五四运动。

其他如经济史、社会史、宗教史、艺术史等专门史,1840 年的鸦片战争、1911 年的辛亥革命、1919 年的五四运动等政治史上的重大事件,就未必一定可以用来作为这些专门史的分界线。各种专门史应该根据所记载或所研究的历史本身探讨客观规律,来确定它们特有的历史发展阶段,而绝不能生搬硬套。

阶段史研究在当代相对较多,但传统史学家中也有编写阶段史的,比如南宋李心传所著《建炎以来系年要录》,记载南宋第一个皇帝高宗一朝的史实,就是阶段史著作,体裁上则是编年的。因为对于整个宋代,宋室南渡是影响深远的事件,开创了南宋的历史。这一阶段开始于建炎元年(1127),终于绍兴三十二年(1162),所以以"建炎以来"为名。李心传是当代人记当代事,所记时限不是整个宋朝,而是其中一个阶段。

以研究对象的发展断限的阶段史,自然比纯粹按皇朝兴废断限的断代史更加科学,但如果编纂通史时,过于强调各方面的断限就难免顾此失彼,所以一般只能沿用一个比较通行的阶段。

中国长期以来之所以断代史最发达,除了政治方面的因素外,史料方面的考虑也是一个主要原因。中国历史的一个显著特点是,每一个朝代都留下了浩如烟海的文献记录,据美国汉学家费正清(John King Fairbank,1907—1991)在《美国与中国》(世界知识出版社1999年)一书中的估计,公元1750年以前,用中文印刷的书籍,比起全世界所有用别种文字印刷的书籍的总和还多。这还不包括存世的大量未经刊印的日记、书信、档案、手稿、钞本等等。我们可以毫不夸张地说,在现代以前,用中文记录的文献比世界上任何一种文字记录的文献都要多得多。这些中文文献中有很多是以朝代为记载时限的,如历代的正史、实录、诗文总集等,便于后世的学者将一个朝代作为整体来研究,自然最适合于断代史。

2　空间系列

第二个历史的系列是根据空间来划分的。

时间和空间,是历史的两个最重要的要素。时间概念是时代、阶段,空间概念则是地域、区域。空间可以大到整个世界,也可以缩小到一个洲、一个国家,或者一个地区,甚至更小的一个村落或一个街区。研究者根据实际的需要,以空间内部的共同性和与外界的差异性为标准来划定研究的地域。

我们之所以能够将某个地域作为考察对象,应当是它作为一个整体,与周围有着显著的不同,而内部各部分则存在着共同点。这种共同点可以是自然的,也可以是人文的,也可以是自然与人文两者结合的。

对于空间的取舍并不是任意的,而是要根据历史研究的需要出发。从理论上讲,研究对象具体到每一个个体是最好的,因为任何两个个体间都存在差别。比如说"男人"这个概念,男人中有老有少,同样年龄的男人还有健康状况和性格气质的差异,更会有相貌上的区别。但从研究的实际讲,不可能每个个体都成为研究对象。空间也是一样,无疑空间划得越小,研究便越精确,空间扩大必然不得不忽略掉各部分之间的一些细节差异,但是研究的实际情况决定了研究者不可能去关注没有代表性的极细小的区域和极琐碎的差异,必须进行概括,否则就无法进行研究了。

由于区域的划分是出于记载或研究的需要,不是任意的,也不是越小越好,所以在全国性的研究中,一般可以以现今一个省的范围作为一个区域。现在的省区划分,基本上是继承明清的制度,在建省之初,必定是由于这片区域具有一些共同点,所以才将它们划归在一起。建省之后,在同一个地方政府的管理之下,经济、社会、文化上也会渐趋相同。除非出于统治者的特殊需要,很少会将两个完全没有共同性的地区划在一起。比如中国是个很大的地域概念,内部存在诸多差异，但这是一个国家，历史上长期处于一个高度中央集权的专制政府统治之下，这就是共同性。长江流域，则是一条长江把它们联系在一起，这也是共同性。以前一直把今天的江苏南部、浙江北部和上海市辖区合称为"吴越"，之所以要把吴和越连在一起，就是因为历史上以今苏州为中心的吴国和以今绍兴为中心的越国在疆域上彼此连接，自然条件相似，经济文化、风俗习惯上相近，很难将它们截然分开，所以就合称为"吴越"。从这种概念出发，吴与今湖北、湖南的楚就不属同一个区域。但若以长江为标准，吴和楚就同在一个区域内。总之，根据不同的需要，可以划分为不同的区域，但是任何划归在一起的区域一定有某一方面的共性，内部毫无共性的区域是不存在的，或者说是不合理的、错误的划分。

3　内容系列

这里所谓的"内容"，就是指历史事实。但"事实"并不限于事件，而是包括诸如制度、数字、观念、思想、风尚等具体和抽象的、物质和精神的各个方面。我们有意回避使用"事件"一词，是为了不使读者产生误解——即使不构成任何"事件"的普通人的日常生活也是历史事实。由于人物已单独列为另一系列，不在其内。

综合史（总史）的任务是全面、系统地记述特定地域内政治、经济、文化、科技、社会、民族、军事等各个方面的历史，凡是曾经存在而又可能记载或复原的事实,都属于综合史的范围。**专门史**是记载或复原特定地域某一方面的历史著作,与综合史相比只是内容范围上的区别。综合史和专门史是相对而言的,专门史也还可以再细分。比如文学史是专门史,而文学史又可以分出诗歌史、骈文史、散文史、小说史等等。同理,科学技术史也可以细分为化学史、物理学史、生物学史、地理学史等。综合史和专门史与时间序列和空间序列相交叉,就会产生很多历史学科门类。如中国通史就是以中国为研究地域的通代的综合史,中国物理学史则属于通代的专门史。断代史里面可以有综合史,也可以有专门史。如"清代的西藏"是研究清代西藏地区的政治、经济、宗教、文化、对外关系等的综合史,"宋代江南经济史"则是以江南地区为研究范围的断代专门史。我们可以用下表来表述这些类型和它们之间的关系:

通史系列及举例①

时间 空间	通代	断代	阶段
世界	全球通史	②	15—18世纪的物质文明、经济和资本主义
国别	中国通史	剑桥明代史	春秋史
区域	陕西通史	清代的西藏	菲利普二世时代的地中海和地中海世界

① 本表及下表列出的著作只是作为类型的例证,并不表示作者对该书内容和水准的评价。

② 断代的概念不适用于世界史,故此处空缺,下表同。

专门史系列及举例

空间 ＼ 时间	通代	断代	阶段
世界	世界文明史		第二次世界大战史（1939—1945）
国别	中国法制通史	清代学术概论	意大利文艺复兴时期的文化
区域	中国长江流域开发史	宋代江南经济史研究	近代华北农村社会变迁

史学理论包括历史学理论、方法论、史学史等，是对历史学本身的发展过程及其有关的思想、理论、方法、流派、人物、著作、事件等方面的研究，也是历史学的重要组成部分。但这里讨论的是历史学所要记载或复原的内容，或者说历史学应该研究的范围，所以上表没有包括史学理论。

除了综合史和专门史以外，历史的内容序列中还有资料汇编和工具书，两者也都可以根据时间、地域分成很多类型，这里就不再一一举例说明了。

资料汇编有两种，一种是编者仅仅搜集、整理史料，按照一定的体例重加编排成书，另一种是在搜集整理的基础上，还加以编者的考证、评述。前者如中华书局陆续出版的《中国近代史资料丛刊》，按事件为专题将档案、电报、奏折等汇编在一起，选编者不加一语；后者如《陈寅恪先生编年事辑》《吕思勉先生编年事辑》，按时间顺序选编其日记、书信、诗词及他人回忆文章，加上选编者的说明与评论。前者与后者一样，也反映了编者的主观意识。比如为了研究

"文化大革命"，可以将"文革"时期的"中央文件""最高指示""梁效"和"罗思鼎"等写作班子的批判文章、"两报一刊"(《人民日报》《解放军报》和《红旗》杂志)的社论、领导人讲话、当时的报道、外国人的评论等选编在一起，出版一本《文革资料汇编》，虽然编者一个字都没写，但对材料的取舍、选择和编排方式也可以体现编者的思想倾向和主观意识。可以肯定，不同的编者完全可能编出不同的资料汇编来。除非在资料很少，毫无选择余地时；或者编者要将资料一网打尽时；但在编排和处理时还是会有一定的倾向性的。朱正先生曾写过一篇文章《赦免麻雀的"说法"》(载《随笔》2000 年第 4期)，全文作者并未发多少议论，只是按时间顺序逐条列举中央文件中关于麻雀的"说法"，从 1956 年的《全国农业发展纲要(草案)》中归入"四害"，要"在一切可能的地方，基本上消灭"，到 1957 年《全国农业发展纲要(修正草案)》中改为"在城市里和林区的麻雀，可以不要消灭"，到 1960 年 4 月人大正式通过纲要时，"四害"中的麻雀改成了臭虫，当时的副总理谭震林在大会报告中解释"粮食逐年增产了"，已不需要打麻雀了。朱正文章紧接着马上引用中共中央于 1960 年 5 月发出的《关于调运粮食的紧急指示》，文件称："近两个月来，北京、天津、上海和辽宁省调入的粮食都不够销售，库存已几乎挖空了。如果不马上突击赶运一批粮食去接济，就有脱销的危险。"文章至此，已无需作者再费笔墨，仅仅列出这些文件就足以说明事实真相和作者态度。舒芜先生对此文极为推崇，认为有"无一字无来历"的乾嘉考据遗风，誉之为"戴(震)、段(玉裁)、钱(大昕）、王（鸣盛）之妙"。如果是"文革"期间选编"文化大革命以来农业战线的伟大成就"，某些文件肯定不会编入。如果换一个人来选编，就可能未必采用这样的编排方式。

从严格的学术意义上说，资料汇编不是历史著作。比如王庸1938年出版的《中国地理学史》一书，他自己便说："本书基本上是史料的汇辑，是历史的下层工作而不能算是历史著作。"但他利用当年在北平图书馆（现国家图书馆）工作的机会，将馆藏的旧地理图籍全部翻拣一遍，对每一部、每一种都下了一番细致的考核工夫，从中披沙拣金，整理归纳出对于研究地理学史有用的史料，为后来的研究者创造了条件。这就远比那种空泛的口号式文章，对学术的贡献要大得多。

年表可以列为工具书，它是历史的一种独特形式，即按照年代顺序将历史纪年、事件和人物编排成表格。司马迁《史记》中的《十二诸侯年表》《六国年表》《秦楚之际月表》《汉兴以来诸侯王年表》等，为存世最早的年表。由于历史最强调时间性，这样逐年、逐月甚至逐日地编排一些史实，不仅简洁明了，查检方便，而且相互之间的时间关系也一目了然，具有其他任何形式都不可比拟的优点，故而为后代不少正史所采用。广义的年表包括所有按时间顺序编排的表格，如世系表、职官表、人物表等，尽管它们未必都逐年排列或精确到年，但至少在同一类中还是以时间为序的。《汉书》《新唐书》《宋史》《辽史》《金史》《元史》《明史》都有年表，但还是有不少正史没有年表。针对这种情况，清代乾嘉学派的学者做了大量工作，补

做了很多年表。如万斯同《历代史表》、钱大昕《后汉书补表》、周嘉
猷《南北史表》、洪饴孙《三国职官表》、齐召南《历代帝王年表》等
等。《清史稿》就增设了许多表,如《诸臣封爵世表》《大学士年表》
《军机大臣年表》《部院大臣年表》《疆臣年表》《藩部世表》《交聘年
表》等。这一方面说明《清史稿》编者十分重视年表的作用,另一方
面也是由于民国去清朝不远,各种资料齐备的缘故。

在使用年表时,尤其要注意纪年的问题。中国最早的纪年方法
是**干支纪年**,即 10 个天干和 12 个地支排列组合,每 60 年一个循
环。以后增加了以帝王在位的年数纪年,从元年(一般为即位的次
年)开始,逐年累计到去位。最早的**年号**始于汉武帝元鼎元年(前
116),当时据说在汾水旁获得一只宝鼎,被认为是一种吉兆,因而设
置年号,从此成为惯例。现在史书所见汉代此前的年号,都是后来
追加的。1912 年中华民国建立时虽然已改用公历,但仍然保持纪
元,称中华民国元年,到 1949 年为中华民国三十八年。退位后留在
故宫中的溥仪小朝廷继续使用宣统的年号,伪满洲国用过大同和康
德两个年号。1949 年 10 月中华人民共和国成立,完全采用公历纪
年,中国的年号纪年正式结束。但台湾地区一直沿用中华民国
纪年。

在明代以前,同一皇帝在位时往往不止一个年号,常会以顺应
天象、庆贺吉兆等理由而改元,有的皇帝改元异常频繁,如唐高宗李
治在位的 34 年用过 14 个年号,而武则天在位的 21 年间用了 17 个
年号。新皇帝继位后,一般都从第二年开始使用新的年号,但也有

当年就改的。这种情况下，这个元年就不是从正月开始，加上前面一位皇帝用的年号，一年中就会有两个年号。如果这两位皇帝在这一年还改过年号，那么一年就会出现三个年号，甚至四个年号。例如东汉灵帝中平六年（189）四月，少帝刘辩继位，改元光熹，至八月改元昭宁，九月献帝刘协继位，改元永汉，到十二月又称中平六年，这一年中使用过的年号就有四个。有的割据政权改元更频繁，如十六国时的西燕慕容冲更始二年（386）二月，段随改元昌平，三月这一个月中三易其主，分别改元建明、建平、建武，到十月又由慕容永改元中兴，这一年西燕共用过六个年号。在分裂时期，各个政权使用自己的年号，同一年间就会有多个年号。如与西燕这一年同时使用的还有东晋太元十一年、北魏登国元年、前秦太安二年和太初元年、后燕建兴元年、西秦建义二年、后凉太安元年和后秦建初元年，总共有 13 个年号。历史上使用最短的年号不到一个月，而最长的年号康熙长达 61 年。

明清两朝，一位皇帝只用一个年号，所以一般就用年号来称呼皇帝，如乾隆皇帝，反而不大用他的庙号"高宗"、尊号"法天隆运至诚先觉体元立极敷文奋武钦明孝慈神圣纯皇帝"（简称纯皇帝）和姓名爱新觉罗·弘历。唯一的例外是明英宗朱祁镇先后用过正统和天顺两个年号，但那是因为他在位的时间也是分为两段。清朝咸丰皇帝长子载淳于咸丰十一年（1861）七月继位后改元祺祥，但到十月又改元同治，以明年为同治元年，所以祺祥实际上没有使用过，只是预铸了祺祥年号的铜钱。

值得指出的是,皇帝、皇后(太后、太皇太后)的**尊号、徽号、庙号、谥号**虽然同属一人,但不同时间有不同的称呼,不能乱用或混用。皇帝生前可以有尊号和徽号,尊号还可以由简而繁,不断增加,但只有死后才会有谥号和庙号。现在有的“历史剧”或“历史小说”中大臣当着皇帝的面称他为“太宗皇帝”“神宗”,实在是笑话,皇帝在世时谁敢议论他死后用什么称呼? 又有谁敢当面用死人的称呼来称皇帝? 帝、后有了尊号后,臣子还要不断地给他们加颂扬褒美的词作为徽号,唐宋以后渐成惯例,往往每有喜庆吉兆就要增加,清朝每有大典都要给皇帝加徽号,对已故皇帝的谥号也要追加,清朝开国皇帝努尔哈赤最早的谥号是 14 字“承天广运圣德神功肇纪立极仁孝”,康熙时加“睿武弘文定业”六字,雍正时加“端毅”二字,乾隆时加“钦安”二字,共 24 字。到嘉庆时,大概觉得再加下去没完没了,就规定了制度,列朝皇帝已加到 24 字、皇后已加到 16 字的便不再追加,所以其他皇帝都是 22 字或 20 字。由于这类尊号、徽号几乎用遍了颂词,每个皇帝大同小异,已是毫无意义的文字游戏,所以除了用在正式文书中外没有什么用处,就是当时人一般也都用简称,如慈禧太后尊号全称是“慈禧端佑康颐昭豫庄诚寿恭钦献崇熙皇太后”,一般仅称“慈禧太后”,或“慈禧皇太后”。在她死以前,16个字已经用满,颂词已用尽,所以死后就将尊号当作谥号。

年号出现后,干支依然流行,所以往往是年号与干支混合使用。特别是明清两代,有的年号延续时间很长,由于当时人一般都很熟悉干支,两者混用比用数字更符合习惯,如万历十五年(1587)可称万历丁亥,光绪二十六年(1900)可称光绪庚子。除了康熙在位长达61年,出现过两个壬寅(元年、六十一年)外,其他年号都不超过60年,所以不存在混淆的问题。

由于年号是皇权的象征,所以除中原皇朝外,分裂割据政权、边疆或少数民族政权大多也使用年号。古代的朝鲜、越南、日本也仿照中国,长期使用年号。日本更沿用至今,目前的天皇继位后使用"平成"年号,是当今世界唯一保持年号纪年的国家。朝鲜在金日成当选为朝鲜劳动党总书记后规定,以金日成出生的1912年为主体元年,今年(2015)为主体104年。

年号一般均为二字,但也有极少数的多字年号。其中三字年号为王莽的"始建国",梁武帝的"中大通"和"中大同"。四字年号略多一些,主要集中在唐宋两代,武则天一人就占了三个,"天册万岁""万岁登封""万岁通天",宋太宗有"太平兴国"、宋真宗有"大中祥符"、宋徽宗有"建中靖国",唐宋之前四字年号仅有东汉光武帝的"建武中元"和北魏太武帝的"太平真君"两个。唐宋以后中原皇朝就没有多字年号了,而雄踞西北,与宋、辽、金鼎峙的西夏皇朝,频繁使用多字年号。除了六个四字年号外(延嗣宁国、天祐垂圣、福圣承道、天安礼定、天仪治平、天祐民安),其至还有两个六字年号:夏景宗的"天授礼法延祚"和夏惠宗的"天赐礼盛国庆",应该是历史上最长的年号。

年号用字和意义的选择都要符合吉利、赞颂、祈求、美好的要求,所以一些字和词被频繁使用,有的年号被用了不止一次。最多的是"太平"，八次；其次是"建武"，七次；再次是"中兴""永平""永兴""永和""建平""建兴"，六次；而"太安""太和""甘露""永安""永康""建元""建始"也都有五次。元朝先后两次用"至元"作年号。对这些常用的年号，必须查清具体所指，才能正确换算为相应的公元年份。

还应该注意，在 1912 年之前，中国没有采用过公历纪年，都是使用中国的**农历**。不少人将农历称为阴历，实际并不准确。因为中国的农历并非单纯按月亮的运行计算，而是一种**阴阳混合历，**即既按月相的盈亏决定每个朔望月的长度，又按太阳的视运动周期决定每个回归年的长度，并按年对月进行加闰调整。要将农历折算成现行的公历（即阳历），必须注意两者的不重合性。由于农历的正月初一最早可开始于公历的 1 月下旬，也可晚至公历的 2 月下旬，所以每年的首尾都会与公历的一年不同。有些历史事件发生在农历的十一月或十二月，很可能已经是公历的下一年。如前面第一章所述的梁元帝江陵焚书一事，发生于承圣三年十二月甲寅（初二）晚，按公历，这一天已经是公元 555 年 1 月 10 日，尽管承圣三年的大部分是在 554 年。

现在通行的历史年表年代存在很多不确切之处。许多年表中将西汉起始年定在公元前 206 年，其实这是完全错误的。前 206 年是刘邦始建汉王国之年，当时的汉王国只是项羽分封的 18 个王国之一，西楚霸王项羽才是当时的天下最高统治者。所以汉王元年，绝不等于是汉朝的起始年。此后经过四年的楚汉战争，刘邦击败项羽夺得天下,才即位称帝,所以公元前 202 年,才是汉朝的起始年。司马迁的《史记》在《六国年表》记事至秦亡之后,继以《秦楚之际月表》,表中自陈胜起义至项羽入关杀秦王子婴,记事用秦年月,此后则分列项羽所封天下诸侯,首为"项籍自立为西楚霸王","为天下主命",至汉"杀项籍,天下平,诸侯臣属汉",汉王乃"更号皇帝"。可见司马迁是认为自公元前 206 年正月起至公元前 202 年二月,是项羽为天下主的四年,那时还不是汉朝。但到了班固的《汉书》,他不赞成司马迁将汉室"厕于秦项之列"的观点,将"起于高祖,终于孝平王莽之诛,十有二世"的 230 年作为西汉的起迄。这是以汉为上接周秦的正统,以项羽、王莽为闰位的不符合历史实际的正统观念。东汉以后的史家都受制于这种正统史观,因而西汉始于高祖元年即前 206 年的错误纪年法,得以长期广泛流传。

清朝是被发生于公元 1911 年的辛亥革命所推翻的,因此说清朝终止于 1911 年,似乎不会有什么问题。其实不然。辛亥革命始于旧历辛亥八月十九日的武昌起义,即公历 1911 年 10 月 10 日,但清帝退位则在辛亥十二月二十五日,此日在公历已是 1912 年的 2 月 12 日。所以记述清朝的迄年,只能说是宣统三年即辛亥年,却不能说是公元 1911 年。实际上清朝在 1912 年还存在了 1 个月又 11 天。

另一种重要的工具书是**历史地图**。如果说年表强调历史的时间性,那么历史地图则强调历史要素的空间性。对于历史地图,以前不太重视,其实它对于历史研究非常重要。历史地图起到的作用,就是把特定的历史事件或形势都放入一个空间范围内,放在一个特定的地理环境之中,直观地反映历史。

很多历史规律,光研究文字不容易看出,标注在地图上就一目了然了。例如,将秦朝至清朝鸦片战争前的疆域画成地图,然后加以比较,就不难发现,尽管这 2000 余年间中国的疆域在不断变化,但总的趋势是越来越扩大、稳定和巩固,最终形成了清朝统一后的极盛疆域,也为今天中国的领土奠定了基础。又如,古今地名的变化很大,不少古地名今天已经不再存在,或者已经改了名,甚至已改了多次名。当然我们也可以通过查阅其他工具书,如历史地名辞典等来弄清楚,但在历史地图上查对不仅能知道这个地名在什么地方,还能了解相关的形势和其他地理要素。我们知道北宋靖康之乱时,康王赵构离开首都东京开封府(今河南开封)后,先在南京应天府(今河南商丘)继位,在金兵追击下逃往扬州,最后以杭州为“行在所”(临时首都)。在地图上可以查到,当时的南京在今天河南商丘,而今天的南京当时称江宁府。这样就不但记住了这些地名,还明白了当时的形势,勾画出了一条开封—商丘—扬州—杭州的线路。如果我们进一步观察,就不难发现,这些地点之间当时都有河流或运河连接,是一条很便利的交通路线。

历史地图还能提供一些重要的自然地理要素,使我们能够将历史事实放在特定的历史地理环境中去考察。如我们一定能注意到中国古代的首都存在着由西向东,又由南向北移动的趋势,从西安、洛阳而开封,由南京而北京。原因当然很多,但从地图上可以看到,这些城市都是靠河流或运河与农业发达的东南地区相联系的,从东南输送粮食都是逆流而上,运输困难。早在西汉时,首都所在的关中(大致相当今陕西关中平原)就得依靠关东(泛指太行山、函谷关以东地区)的粮食供应,隋唐后江淮和江南逐渐成为全国粮食和生活必需品的主要产地,离开了这些供应,朝廷就很难支撑。随着对东南地区的依赖性越来越强,水运条件就越来越重要。北宋时的开封靠汴渠连接江淮之间,但在南宋的地图上,汴渠已基本淤塞。南宋时出使金国的官员北上时,已经在汴渠故道上行车了。明初朱元璋虽然定都江宁(今南京),但也知道首都偏南、离北方军事要地太远的缺点,一直想迁都北方,先后考察过西安和开封。当西安因过于残破、交通不便被否决后,朱元璋将希望寄托在开封,却发现汴渠已无法恢复,原有河道太浅,无法解决大批粮食的运输,只得作罢。而明成祖之所以能迁都北京,南北大运河的存在是决定因素之一。但运河的自然地理条件也决定了它同样存在着先天不足:由南到北要越过海拔40米左右的山东,而这一带恰恰是水量不足的地方,要将运河水位逐级升高40米,又逐级降低40米,不仅要耗费很大的人力物力,而且很难保证有足够的水量。天气稍旱,就会出现运河与当地农业生产争水的现象,而为了确保运河的畅通,明清统治者都采取弃农保运的方针,往往连山泉的水都得引入运河,向北京运送粮食的船队不过,周围的水源就绝不能动用。运河还得穿过黄河,而黄河又经常闹水灾,决口改道也多次发生。治黄和保运往往有矛盾,在这种情况下,为了保证运河的畅通,统治者宁可暂停黄河堵口和恢复故道,或者听任水患延续。

历史地图一定要有明确的时间概念,严格说来,一幅地图上所显示的应该是同一时间的内容,至多只能是不长的一个时期。如果将不同年代的内容混杂于同一幅地图上,就会给读者以误导。"文化大革命"中编成和出版的内部本《中国历史地图集》,为了证明今天中国一些边疆地区自古以来就是中国领土不可分割的一部分,不惜将历史上一个政权尽管不是同时却都曾经占有过的东南西北领土集中到一幅地图上,拼凑成从未存在过的"极盛疆域"。例如其中的唐朝总图,显示出唐朝的最大疆域东起今朝鲜半岛,直到黑龙江与乌苏里江入海口、库页岛(萨哈林岛),西至咸海之滨,北起西伯利亚,南到越南北部。但实际上,唐朝从未同时拥有过这样大的疆域,而且达到最远点的时间都非常短暂。例如,控制咸海以东是在龙朔元年(661),但到麟德二年(665)就撤到了葱岭,实际只维持了三年。而那时还没有灭高丽,东部的边界仍在辽河一线。开元三年(715)唐朝又扩展到葱岭以西,但东部的安东都护府已退到辽西。天宝十年(751)怛罗斯一仗败于大食(阿拉伯帝国),唐朝的疆域又退回到葱岭。北方的疆界自灭薛延陀到仪凤四年(679)突厥再起也只有32年时间,唐朝就又撤至阴山山脉以南了。总章元年底(669)灭高丽后置安东都护府,但到咸亨元年(670)其治所就从平壤迁至辽东,不久又迁至辽西,高丽故地基本丧失。这样的地图如果没有详细的说明,或者读者不注意分析,就会产生一个虚假的印象。

历史上疆域的盈缩、政区的变革、治所的迁移、地名的改易是随时在发生的,在传统的印刷地图条件下,无法将不同年代的诸多内容绘在同一幅地图上,也不能将历史时期地理要素的全部变化都用分幅地图表示出来,这种以静态地图来表示历史地理动态的矛盾是无法得到解决的。但在采用**数字化地图**(digital map)和**地理信息系统**(GIS, Geography Information System)后,只要有足够的信息量,编出逐年以至逐日的历史地图并没有技术上的障碍,严格按照历史时刻显示历史要素的空间分布是完全可以实现的。目前,复旦大学历史地理研究中心正在和美国哈佛大学(Harvard University)、哈佛燕京学社(Harvard-Yenching Institute)、澳大利亚格林菲斯大学(Griffith University)、数字化文化地图集行动计划(ECAI, Electronic Cultural Atlas Initiation)等机构合作,在世界各国数十位专家学者的支持下,启动了"中国历史地理信息系统"(CHGIS, China's Historical Geography Information System)项目的研制计划,预计将用十年或更长的时间完成。到那时,这类电子地图和相应的数据库将会很方便地通过网络传播和运用。

4　人物系列

除了空间与时间两个要素外,历史的主体是生活在时空范围中的人,历史就是由过去所有生存过的人及其活动所构成的,时间和空间只是人类活动的存在形式。没有人的时空是自然科学,如古生物学、古地理学等研究的范畴,对于历史研究是毫无意义的。

历史是以人为基本的元素来记载的,记载的对象有个人也有群体。由此,历史的人物序列可以分为两大类,一类是个人的历史,另一类是由个人所组成的群体的历史。

个人的历史可以是个人的传记,也可以是个人某一时期言行的记述,如传记、墓志铭、神道碑、年谱、自传、日记、回忆录、诗文、笔记、书信、公文、档案、报道、音像资料等等。无论是他人所作,还是本人所记,对其真实性都必须作认真的研究,甚至对其真伪也得先进行仔细的鉴别分析。如果没有任何文字资料,也可以找寻这个人留下的其他信息,如照片、绘画、器物、活动遗迹等。如果这个人连间接的信息都没有留下,那就没有办法通过历史来反映,尽管他(她)的确存在过。

群体的类别就极其繁多了。首先是血缘的群体,比如同一家庭、家族的成员。历代正史在某人的传记后,常常会附上其子、其孙或其兄弟的传记,在《汉书》中,苏武的传记就是附在其父《苏建传》之后的。诸侯王传、皇子传、公主传、宗室传等,也都是以血缘为纽带的。尽管同一家族成员的事迹未必有联系,但他们至少有血缘和家族的共同性:籍贯、家庭背景、父祖辈的经历等。将他们写成合传既能节约篇幅,又可以使人产生更深刻的了解。

家谱(族谱)则记载了更大的血缘群体,一般会包括很多世代内的全部男性家族成员和部分女性成员,尽管多数人的信息相当简单,但数量之多,只有明朝的黄册一类户籍登记才能与之相比。虽然迭经战乱,特别是"土改""大跃进""文革"等政治运动,家谱已经受到了毁灭性的破坏,但存世数量仍相当庞大。目前收藏于海内外各大图书馆、博物馆及私人手中的中国家谱,估计至少在4万种以上。近二三十年来,家谱作为一种历史文献,受到了历史学界的高度重视,成为除正史、方志、考古资料之外最重要的资料来源。特别是在区域史、专门史的研究中,如果正史缺载,方志又过于粗疏,家谱往往能填补空白。如有些人物、事件、制度、诗文作品等,对全国或一个地区甚至一个县来说,都还不足记录,但对于一个家族来说却已值得大书特书了,这类资料往往只能在家谱中寻找。

历代**正史**和**方志**(图2.4)中虽然有大量户口统计数,但在大多数情况下并没有包括全部人口,即便是其中的**"丁"**,也不是全体成年男子数。从理论上说,"丁"是指符合法定服役年龄、身体正常、不享受优免特权的男子。但实际上,中国历史时期绝大多数户口资料中的"丁"已不是上述理论定义,而只是一种纳税单位,与实际人口数字毫无关系。尤其是在明清官方统计数据中,很多地方志中"丁"数会出现半个,甚至小数点后15位的数字,据清道光《肇庆府志》卷三《舆地》八《户口》,广东肇庆府在雍正九年(1731)至嘉庆二十三年(1818)征丁135597丁6分7厘8毫8丝3忽7微6纤8沙4尘6埃4渺9漠5末7逡8巡,这样的数字自然无法用于人口学研究。很多国内的学者尽管承认"丁"不是全体成年男子数,却往往将"丁"视作可以依据一定比例折算的人口单位,据此来推算人口总数,实际上是步入了歧途。因为明清时期官方统计资料中的

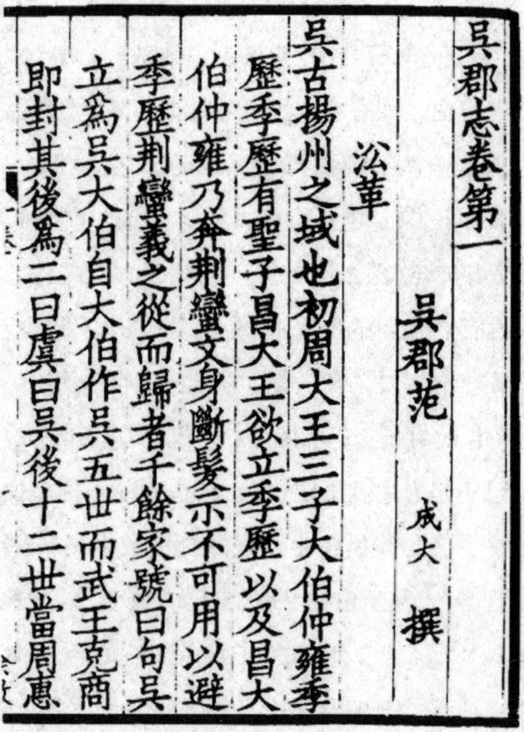

吳郡志卷第一

吳郡范　成大　撰

沿革

吳古揚州之域也初周大王三子大伯仲雍季
歷季歷有聖子昌大王欲立季歷以及昌大
伯仲雍乃奔荊蠻文身斷髮示不可用以避
季歷荊蠻義之從而歸者千餘家號曰句吳
立爲吳大伯自大伯作吳五世而武王克商
即封其後爲二曰虞曰吳後十二世當周惠

图 2.4　《吴郡志》书影，宋范成大撰，明重刻本。

"丁"和"口"根本不存在任何比例关系,时任加拿大不列颠哥伦比亚大学(University of British Columbia)教授的何炳棣(Ping-ti Ho)早在 1959 年出版的《明初以降人口及其相关问题(1368—1953)》(*Studies on the Population of China 1368—1953*, Harvard University Press, 1959;中译本,三联书店 2000 年)一书中对此就已作了严密论证。西方国家对历史人口的研究,主要依靠一些教区的受洗、墓葬登记等,日本使用收藏于寺庙中的"宗门改账"(当地居民每年必须到寺庙登记家庭的全部人口,表明没有改信政府明令禁止的西洋"邪教"),主要原因就在于这些资料基本上能包括统计区的全部人口。而在中国,除了家谱以外,至今还没有发现更好的史料。

一般来说,一部家谱应该记载该家族全体成员的姓名、出生年月日、婚姻状况(婚龄、配偶)、子女(其中女性情况一般只登记到出嫁时)等,据此就可以计算出这些人口的平均预期寿命、出生率、死亡率、性别比、有偶率、初婚年龄、生育率等等现代人口统计学所必需的基本数据。因为修谱的目的本来就是要显示本族的兴旺发达、源远流长,以此告慰祖宗,昭示后代,所以对本族人口绝不会故意遗漏,也不可能随便虚报。而官方的户口资料,各地出于逃避赋役等等原因,隐匿、漏报、少报等情况比比皆是,家谱中的人口数据与之相比,无疑就完整真实得多。但传世的家谱大多是清代和民国时期修的,明代的已经不多,此前的极为罕见,所以家谱资料一般只能用于研究 16 世纪以后的情况。而且对其女性与未成年人口的缺漏还没有有效的弥补办法。

除了人口统计资料外,家谱中还有古代社会各方面的记录,为我们了解历史提供了一条新的途径。如经济方面,家谱中有该家族的田产数量、分布、收益,有时还有具体的数字和契约文书;文化方面,记录了该家族的家庭教育、科举、人才、技艺以及有关的著作、诗文;制度方面,记录了该家族的组织系统、族规、婚丧礼仪制度、管理方法等,其具体、详细的程度是其他来源的史料所无法比拟的。近年来的一些社会史、区域史、家族史研究,充分发掘了有关家谱中的资料,取得了令人瞩目的成果。

但是,必须看到,家谱所记载的内容,从本质上说都属于观念层面、制度层面或家族上层,与实际情况往往会有很大的差距,更难代表家族的底层、内部的实际。一般的家谱无不扬善隐恶、夸大溢美,甚至移花接木、假冒附会。比如现在报刊常会刊载这样的消息,在某部家谱中发现某位名人的序跋,不见于此人的文集,属于重大发现云云,其实,相当大一部分家谱的名人序跋,都是假托伪造的,有的则完全是从其他家谱中抄来的,只是将主语改变了一下而已。

家谱中对先人的爵秩功绩往往夸大其词,将虚衔写成实职,把捐纳当作功名。而且,无论忠奸贤愚、士农工商,一入谱传,无不尊师重教,文风蔚然,诗礼传家。连一些史有明文的靠刮地皮致富的贪官,记入家谱的往往也是诗酒风流、乐善好施的嘉言懿行。近年来一些研究人员热衷于所谓"儒商"研究,他们往往是根据家谱资料得出这样的结论,颇值得怀疑。试想,要是贾政和高老太爷修家谱,能把《红楼梦》和《家·春·秋》中的内容写进去吗?如果根据贾政和高老太爷所修家谱中的资料研究荣国府和高公馆的历史,得到的能是历史的真相吗?

　　家谱中还有一些追溯先祖的内容,无不是将某些著名的历史人物作为自己一宗一族的始祖,甚至远溯到三皇五帝,但只要仔细考察所记的世系,就可知道这些都是极其荒唐而绝不可信的。南宋时竟有个叫林洪的人,自称是林和靖的七世孙,当时便被传为笑柄。众所周知,林和靖隐居杭州孤山,一生不娶,"梅妻鹤子",这都是有大量当时人的记载为依据的,哪里会有子孙?没有一种秦氏的家谱自称是南宋秦桧之后,但《宋史·秦桧传》明载秦桧有子秦熺,侄子秦焴,秦熺又有子秦埙、秦堪,莫非其后裔全死绝了不成?只不过是秦桧在历史上名声太臭,其子孙耻于明言而已。旧时修谱者有一本必备的书叫《尚友录》(通用的有明万历四十五年廖用贤编),该书以韵为纲,以姓为目,记载各姓的来历、郡望以及自上古至宋代出过的名人及其籍贯和主要事迹,修谱时随便挑选一个做祖先,然后设法将本家族与他联系起来。当年上海大亨杜月笙发迹后,嫌自己出身卑贱,发迹前是个卖水果的小贩,便请名士杨度为自己修家谱。开始杨度选择了唐朝宰相杜如晦为其先祖,杜月笙认为名字晦气,于是杨度又换成杜甫,杜月笙也便成了杜甫的后裔了。由此可见家谱这方面内容的编纂是何等随意!这本来应该是常识,可现在的一些新闻媒体,以及极个别的研究人员,不知是缺乏常识还是别有用心,热衷于公布此类所谓"重大发现",如报载某地一老人是三国时孙权的第几十几代孙,唯一的证据只是一本民国时编纂的《东吴孙大帝谱牒》,家谱中的先祖世系本来就不可信,更何况是这么晚近的材料!

还有一些特殊的家族群体并不是以真正的血缘关系维系的,而是通过人为的方法和程序模仿真正的血亲关系而制造出来的**拟制血亲关系**。在唐五代时期,这种拟制血亲关系相当普遍,成为一时的风尚。

一种是皇帝为了表彰或笼络臣下,赐以"国姓"(皇帝的姓),有时还同时赐一个名字。安史之乱期间,奚族人张忠志归降朝廷,被赐姓名李宝臣;董秦因夜袭史思明军营立功,被赐姓名李忠臣;唐末沙陀族首领朱邪赤心随唐将康承训击败庞勋,被唐僖宗赐姓名李国昌;拓拔思恭因破黄巢有功而被赐姓李氏。一旦被赐以国姓,其直系亲属也随之改姓,在理论上与皇族就是同宗关系了。此外唐代有大量少数民族的首领内附,也往往被赐姓。如李怀光是靺鞨人、李抱玉是西域人、李光弼是契丹人、李茂勋是回纥人、李正己是高丽人,这些情况在阅读史料时都应注意,否则就会出现疑惑,为何少数民族首领割据的局面都成了李氏家族的一统天下?

另一种则是唐五代割据军阀收养义子,且数量惊人。安禄山就有义子8000人,田承嗣有3000人,王建有120人,以此作为巩固势力、笼络人心的一种手段。后唐明宗李嗣源本是无姓的沙陀族部民,小名邈佶烈,因骁勇擅战为唐末军阀李克用赏识而收为义子,赐姓名李嗣源,即帝位后又更名为李亶。南唐国主李昪年幼时为徐温收养,改姓名为徐知诰,昪元元年(937)废吴帝杨溥自立后又复姓李。柴荣本是后周太祖郭威的内侄，后被收为养子，继承帝位。

　　这种拟制血亲关系实际上是一种政治关系。为了既得的政治利益，这种关系随时可以中断或更换。如前面提到的李宝臣，本为范阳奚族，是范阳将张锁高的义子，故名张忠志，随范阳节度使安禄山入朝，安禄山叛乱后，他从朝廷潜回范阳，被安禄山收为义子，又改姓安。等到叛乱平定后又归附朝廷，又被赐姓名李宝臣。

　　同样，在既得政治利益的巨大诱惑下，即便是真正的血缘关系，也会因矛盾严重激化，以致父子相残、兄弟反目的现象比比皆是。乾化二年(912)，后梁太祖朱温(朱全忠)病重，欲传位给义子朱友文，其亲子朱友珪获悉后，率兵发动兵变，杀死朱温后称帝。南汉中宗刘晟弑兄自立，唯恐其众多同父异母兄弟争夺帝位，将他们全部诛杀，并将他们的女儿纳入后宫。故而欧阳修在《新五代史·义儿传序》中感叹道："世道衰，人伦坏，而亲疏之理反其常，干戈起于骨肉，异类合为父子。"正是针对这种情况而发。金庸曾在《书剑恩仇录》中描写乾隆皇帝实为内阁学士、浙江海宁人陈元龙之子，与雍正之女同日降生。雍正为增加与其他皇子争夺皇位的筹码，将两个婴儿互换。乾隆即帝位后，数次下江南正是为调查自己的身世。小说还虚构乾隆与以反清复明为主旨的天地会总舵主陈家洛是亲兄弟，以增加戏剧冲突。其实这种说法在清末就流传极广，但却绝非事实。最有力的证据是乾隆为雍正的第四子，此类举动根本毫无必要。另据日本东洋文库藏孤本《海宁渤海陈氏宗谱第五修》，陈元龙共育有二女一男，最小的儿子生于康熙三十四年(1695)，比乾隆大 17 岁,更不要说年长的两个女儿了。可见此传说纯属无稽。即使他们真的存在这种血缘关系,也早为政治关系所隔断。此类传说不过为了满足传播者一种低级的猎奇心理,从中获得一种阿 Q 式的虚妄的心理满足感,似乎如此一来,大清的天下又成了汉人的了。

地域群体是指具有共同地域性的人群,比较多的是在同一个地区出生的人群。但我们必须注意,古人传记或自述中的籍贯大多是祖籍,或者只是**郡望**,即该姓家族中最显赫一支的发祥地,未必是他真正的出生地。尽管中国有安土重迁的传统,但这主要是指占人口绝大多数的从事农耕的农民以及单纯的地主,而有相当地位或作为的文武官员、文人学者等人,一般不可能一直住在穷乡僻壤,大多活动于通都大邑,他们的后人出生或成长在外地的可能性就更大。即使是在社会安定时期,这些人的流动性也比一般百姓大得多。如秦汉以来在首都任职的官员和各地的行政长官多数不是本地人,有的离开原籍已不止一代,但除了某些特殊情况,他们一般不会改变自己原来的籍贯。东汉时出现了好几位籍贯是西北边郡的知名学者,但实际上除了个别人以外,他们都是在首都洛阳等地居住或接受教育。明清时也有不少生长在京师的人物,籍贯却还是南方的祖籍,南方对他们的影响只是血统和家庭的传统,但北京对他们的影响却起决定性作用。前不久翻阅《绍兴名人辞典》,竟发现了慈禧太后时权倾一时的太监李莲英的大名,但仔细一看,原来他只是祖籍绍兴,本人出生于直隶河间府大城县。否则说一口绍兴话是当不了太监的,至少不可能成为慈禧的心腹。

自魏晋门阀制度盛行以后，高门世族成为士人立命进身的基础，各姓人士无不标榜本族的郡望，王氏必称太原，谢氏必称陈郡，杨氏必称弘农，赵氏必称天水，等等。因此，已在京师任职数代的大族，必然还要以郡望所在为籍贯。像唐代的韩愈自称"昌黎韩愈"，其实他是河南河阳人（今河南孟州市），昌黎只是其郡望而已。而且，在这种制度的影响下，一些人进身无门，不得不冒用他族的郡望，甚至伪造世系。这些人的籍贯就更与他们的出生地无关了。

科举必须在原籍报考，但由于各地的文化水平和科举名额不同，或者因其他种种原因不愿回原籍报考，有的人就冒用籍贯，在其他地方参加考试。一旦考上后就不便再改回去了，所以只能就此改变籍贯。

在社会发生动乱，出现大规模的人口迁移以后相当长的时期内，籍贯和出生地、居住地完全脱离的现象就更为普遍了。如从4世纪初西晋永嘉之乱开始的人口南迁至少持续了100多年，移民累计超过200万。但直到6世纪后期南北统一时，这些定居南方已一二十代的士大夫们都还在使用北方原籍。在这种情况下，以籍贯为基础的统计数据可以说完全不反映实际情况。如见于《南史》列传的728个人物中，北方移民及其后裔有506人。但如果我们根据他们的籍贯统计，那么南方籍的人物只有222人，似乎即使在南朝，南方的人才也少得很。但实际上，这506人中真正生长在北方的是极少数，其他大多数人早已在南方定居，当然是南方的地理环境而不是北方的地理环境造就了其中的各种人才。

时下颇为流行的人才地理研究,统计某地历史上出现过多少进士、状元、宰相、诗人等等,讨论其分布的地域特征,都是以人物的籍贯为统计指标或确定其地理位置的唯一依据。但正如前面所说,这种方法不仅存在很大的误差,甚至完全不能反映实际情况,由此得出的结论自然也就没有可信的基础。

除了同一出生地之外,在同一地方活动,或者在同一地方结成某一个利益集团,这些群体也都是地域性的。像北人南人、关内关外、山东山西、关东关西等等,都是这种具有明显特征的地域概念。刘邦依靠的是江淮一带的政治势力,所谓"丰沛故人",即他故乡丰县、沛县一带的人。这些人都是从一开始就辅助刘邦,或者很早便投奔他的,他们有共同的地域特点,也有共同的政治利益,对西汉的建立和巩固具有很大的影响。例如,刘邦即帝位后建都洛阳,一方面固然是由于秦朝故都咸阳已完全被毁,另一方面也是由于洛阳比较靠近这批人的故乡,所以只有像张良这样具有长远的战略眼光、又为刘邦所信用的谋士才能说服他迁都关中。唐代也有类似情况,陈寅恪在《唐代政治史述论稿》(上海古籍出版社 1997 年)一书中指出,李渊的政治事业从关中起家,将相大臣基本上都是关陇人,形成所谓的"关陇集团"。而在社会上,山东士族仍享有声誉和势力,这就形成了两种社会力量的冲突。陈寅恪以关陇、山东两大政治集团的升降消长对唐史做了全新的诠释。而宋代,籍贯在北方和籍贯在南方的官员在政治上矛盾极深,形成两大对立的政治集团,北人寇准为相后,"恶南人轻巧",曾对真宗说:"南方下国人不宜冠多士。"(《续资治通鉴长编》卷八四)在科举上压制南方人。

明清以来,朝野都喜欢用籍贯来称呼某个政治人物,如分宜相严嵩(江西分宜人)、李合肥(李鸿章)、张南皮(张之洞)、翁常熟(翁同龢)、袁项城(袁世凯),甚至连姓都不用,如项城即指袁世凯。这类称呼的出现可能有其他原因,但一旦形成风气,就成为一种地域政治的标志。根本的原因还在于这些人的政治行为和政治抉择受他们各自的个性气质影响极大,而这种个性气质往往具有很强的地域性,并且以他们为中心形成一个个地域集团。近代以湖南人曾国藩为首的湘军集团和以安徽人李鸿章为首的淮军集团,基本上是以同乡及宗族关系维系在一起的利益群体。

专门群体就更多了,可以按照性别、职业、身份、政治归属、学术渊源等等结合为各种群体。司马迁作《史记》时已经列有专传,用以集中记载某类人物,如《游侠列传》《酷吏列传》《日者列传》(占卜者)等,这一传统为以后各种正史所继承。如《宋史》中有"隐逸""外宦""佞幸""奸臣""叛臣"诸传,其他正史也多大同小异。比较有名的清雍正六年(1728)成书的《史传三编》,又名《高安三传合编》,分为《名儒传》《名臣传》和《循吏传》,就是从史书中摘抄历代著名的儒生、大臣、循吏的小传,编辑成书。

较早的专书则有西汉刘向所编的《列女传》,这是第一部专门记载女性群体的史书,共记 105 位妇女的事迹。据《汉书·刘向传》,刘向目睹当时的社会风气崇尚奢侈淫靡,而汉成帝的皇后赵飞燕和昭仪卫婕妤出身微贱,他认为这有违礼制,"故采取《诗》《书》

所载贤妃贞妇,兴国显家可法则,及孽嬖乱亡者,序次为《列女传》,凡八篇,以戒天子"(所以搜集了《诗经》《书经》中所记载的贤惠的王妃和贞节的妇女,将国家兴旺发达、家族声望和地位提高可以作为榜样的,以及由于不尊礼法、不守妇道导致国家动乱和衰亡的,编辑为《列女传》,共有八篇,以便作为皇帝的警戒)。

刘向的《列女传》中尽管也有不少后世所谓的"贞节烈女",但"列"字在他那里的本意只是"诸""众"之意,犹如《列仙传》《列国志》的"列"字,是各类有影响的或值得记载的妇女的传记,只要才行高秀者均可收入。而到了后世,"列"字完全成了"烈"的通假字,专指"节烈"之意,贞节与否成了入选的唯一标准,《列女传》演变成了《"烈"女传》。尤其明清以后不计其数的续修《列女传》以及正史、方志中的《列女传》,千篇一律,无不如此。《明史·列女传序》中说:"盖晚近之情,忽庸行而尚奇激,国制所褒,志乘所录,与夫里巷所称道,流俗所震骇,胥以至奇至苦为难能。"(最近一段时期人的心态,忽视平凡的行为而追求新奇激烈的做法,国家制度所表彰的,地方史志中所记载的,以及民间所称赞的,普通百姓所感到震惊的,都以最新奇最痛苦的事迹为难能可贵)光是夫死不嫁,甚至未嫁守节等行为已经不能满足民众的心理需求,非得是以截发、毁容、断指、剜喉、割肉、服毒、投水、自缢、自刎、挖目、绝食等极端残忍的方式自残、自虐、自杀以示自己的坚贞的,才能列入史传,而且愈是骇人听闻,便也愈是为族人、士绅、官员们(当然都是男性)所津津乐道、交口称赞,获得皇帝的旌表。比如无锡成氏,因为夜发大水,家人仓促间未及穿衣就爬上屋顶避难,成氏说:"哪有男女光着身子在一起还能活下去的呢?"宁可留在屋内被水淹死。安陆陈氏一生守节,临终前嘱咐子女不要由男子来抬尸,后来家人遗忘,让男子去抬,气绝多时的陈氏竟然复活。丹阳于氏,兵乱时让丈夫杀了自己,丈夫不忍心,她对丈夫说:"你不自己动手,想留我下来让那些乱兵奸污吗!"鸡泽李氏,在战乱中抛弃了自己的女儿而携其年幼的侄儿逃难。东莞王氏,被自己的丈夫卖给他人,竟然也会为这样的丈夫投水殉节。诸如此类,不一而足(以上均见《明史·列女传》)。我们在阅读这类史料时必须注意,正因为贞节烈女太少,统治者才会大力提倡,这和鲁迅在《我们现在怎样做父亲》一文中说的:"历来都竭力表彰'五世同堂',便足见实际上同居的为难;拼命的劝孝,也足见事实上孝子的缺少。"都是一样的道理。

尽管这些行为在今天看来无疑极端荒唐愚昧,但这些材料对于我们研究历史并非毫无意义,从中可以窥见由宋至明,男权思维操控下的主流意识中重男轻女、"女人祸水"论、男性对女性绝对的性独占权等观念已经发展到了极点。直到今天,这些意识在某些人当中还颇有市场。晚明以来,一方面是充斥于正史、方志中无数贞节烈女的事迹,另一方面,却涌现了大量以情欲为主题的市井小说,专以叙床笫之事为能事,这正反映了晚明男女关系渐趋松弛,人性觉醒,世风为之一巨变。这与西方历史上的"文艺复兴"时代颇有类似之处,后者常为中国的历史著作倍加赞誉,而前者却被贬为"亡国之相",不知何以厚此薄彼如此?

　　记载儒学各流派人物的著作称为"学案",最早的学案体著作是南宋朱熹的《伊洛渊源录》,记北宋理学家周敦颐、程颢、程颐、邵雍四人及其门人弟子的言行事迹。此后最著名的学案是清初黄宗羲所撰《明儒学案》。该书分明初、明中、明后三个时期分述诸家学派,先以小序、小传扼要介绍学者生平、经历、著作思想及学术传授,然后辑学者语录,附以作者按语,共评价明代208位学者的学术思想,为研究明代学术思想史提供了丰富的史料。从黄宗羲撰《明儒学案》后,各种专门史大量涌现,中国史学不再局限于政治史,故梁启超称誉此书为"史家未曾有之盛业也"(《新史学·中国之旧史学》)。此后黄宗羲又撰写《宋儒学案》和《元儒学案》,未及完稿就去世了。全祖望在其遗稿基础上合并、续写,完成了《宋元学案》,共记宋元两朝400余年的学者2000多位,还列有学案传授人物表,可以据此了解研究各学派之间的师承影响等相互关系。民国初年以徐世昌名义主修的《清儒学案》,则是记清代儒学的著作,共收清代学者1169人。

　　此外还有专业群体的传记汇编,如清代阮元编的《畴人传》,介绍从黄帝到清中叶天文学家、数学家243人及西方天文学家37人的生平事迹及科学成就,是中国历史上第一部科学家传记,被称为"天下奇书"。对画家、书法家、艺术家等也有类似的专门合传。

5 另类历史

以上讲的,都是比较正规的历史,除此之外,还存在着一种"另类"历史。

所谓**另类历史**,是指某些作品本身不是严格的历史著作或史料,但其中包含着某种历史信息,间接地反映了历史的内容。《续玄怪录》是唐人的志怪小说,其中"辛公平上仙"一段故事,记洪州高要县尉辛公平于旅舍遇到阴间迎驾的籍吏,目睹有人向皇帝献上长尺余的金匕首,皇帝当即"头眩",然后左右"莫不呜咽群辞,或收血捧舆"等等,陈寅恪将其与韩愈的《顺宗实录》相互参照,发现实为"假道家'兵解'之词,以纪宪宗被弑之实"(《顺宗实录与续玄怪录》,见《金明馆丛稿二编》,三联书店 2001 年),由此揭露出一段宫闱隐秘。后来卞孝萱进一步考证出小说作者李复言即参与永贞改革的李谅,论定其中所写乃顺宗为宦官所杀的事实。常人只知明代宦官专权,殊不知明朝的太监气焰再嚣张,终不过是皇帝纵容下的家奴而已,所以刘瑾、魏忠贤一旦得罪了皇帝还会被杀。而唐安史之乱爆发后,太监李辅国因拥立肃宗继位有功,被任命为兵部尚书,从此宦官掌军几乎成为惯例。由于十余万神策军(中央禁军)和大部分藩镇的兵权都掌握在太监手中,反而是皇帝一旦得罪了太监,即或囚或废,甚至连皇帝的性命也会难保。唐中后期几乎所有皇帝均为宦官拥立,顺宗、宪宗、敬宗、文宗都是由于试图打击太监势力而被杀。文宗生前曾向学士周墀感慨自己受家奴的挟制,还不如亡国之君周赧王、汉献帝的处境,当场流下了眼泪(见《新唐书·仇士良传》)。

元人的杂剧,讲述前朝故事,这里面有的是基于史实的虚构,有的则完全是想象的产物,总之基本上都不是信史,但是元人杂剧中反映的元人的思想观念、世态民风,往往比剧情本身所写时代的内容还要多。元朝是蒙古族入主中原而建立的,实行民族歧视政策,将各民族分为四等:蒙古、色目、汉人、南人,从法律上明确规定前两类人在政治、经济上的优越地位。蒙古尚武轻文,建国后长期废止科举考试,汉族文人(特别是北方原金朝统治区的)丧失了进身之阶,地位一落千丈,几乎处于社会最底层,故有"九儒十丐"之说。他们看不到前途和希望,带着对社会的满腔怨恨投入杂剧创作中,目前存世的元人杂剧,几乎全是汉人创作的。《王粲登楼》中的王粲、《窦娥冤》中的窦天章、《拜月亭》中的蒋世隆、《谢天香》中的柳永、《渔樵记》中的朱买臣等,都是这类失意文人的写照。尽管剧作者通常会安排高中状元一类的大团圆结局,也不过是他们无奈的自慰而已。元朝政治黑暗、吏治腐败,据《元史·成宗本纪》,仅大德七年(1303),七道奉宣抚所罢赃污官吏就达 18473 人,获赃 45865锭,审冤狱 5176 事,元杂剧中大量公案戏、包公戏、侠义戏,正是这一现象的反映。王国维曾盛誉元杂剧:"元剧自文章上言之,优足以当一代之文学。又以其自然故,故能写当时政治及社会之情状,足

以供史家论世之资者不少。"(《宋元戏曲史》第 12 章"元剧之文章",上海古籍出版社 1998 年)

但是要注意的是,文学作品中的史实,通常以间接的、夸张的、局部的、变化的等诸多形式来表达,研究者要善于从中提取真实的历史信息,而不能将人名、地名、情节、程度等一一对号入座。比如《聊斋志异》卷三《陈云栖》写陈云栖、盛云眠二人在名为道观,实为变相娼寮中混迹多年,却能够一直保持贞操,以处女之身先后嫁给真毓生,这是个极落俗套的故事。清末朱彭寿调任宜昌后,记起这则故事中提及真毓生为彝陵人,其父其子都曾中举,特地购得《宜昌府志》,在科第表中却遍寻不见,因此批评蒲松龄"其文笔固极典雅,至叙事则皆凭空结撰","何以弄此狡狯,无端指一地名,致二百余年后,犹令好事如余者刻舟求剑,甘受其绐"(《安乐康平室随笔》卷四)。其实,这则故事中的人名、地名固然出于杜撰,但故事中的真毓生可以同时娶两个女子,陈、盛两人却必须为同一个男子保持贞操,这极好地反映了当时信奉多妻主义、处女情结的文人的性心理。梁启超曾针对文学作品与历史的关系有过一段极精辟的见解:"中古及近代之小说,在作者本明告人以所纪之非事实,然善为史者,偏能于非事实中觅出事实。例如《水浒传》中鲁智深醉打山门,固非事实也,然元、明间犯罪之人得一度牒即可以借佛门作逋逃薮,此却为一事实。《儒林外史》中胡屠户奉承新举人女婿,固非事实也,然明、清间乡曲之人一登科第,便成为社会上特别阶级,此却为一事实。此类事实,往往在他书中不能得,而于小说中得之。须知作小说者无论骋其冥想至何程度,而一涉笔叙事,总不能脱离其所处之环境,不知不觉遂将当时社会背景写出一部分以供后世史家之取材。"(《中国历史研究法》第4章"说史料",东方出版社1996年)

所以小说绝非信史,但可以把它看成作者所处时代和作者本人思想、实践的反映,就像当代的小说,从来也不会是事实的照搬,但如果是好的小说,就能够比较好地反映当时的社会背景,对于了解当时的历史不无参考价值。关键就在于研究者采取何种立场,如何解读。比如说民间关于《三国演义》的故事、唐僧西天取经的故事、"杨家将"的故事、《水浒传》的故事,如果听了以后就认为这些故事可以补充三国的历史,或者补充唐代、宋代的历史,那就完全错了。这些故事所反映的其实就是故事产生时代的社会状况。《西游记》描写唐朝玄奘法师历经艰险赴西天取经的故事,历史上确有其人其事,但历史学家从来不会用《西游记》来作为《大唐西域记》的佐证。倒是《西游记》中车迟国王崇信虎力大仙、鹿力大仙、羊力大仙三个妖道,比丘国王以小儿心肝做药引炼制长生不老丹药等崇道贬佛的情节,明显就是影射明中后期皇帝宠信道士,炼制房中方药等史实。嘉靖年间,道士邵元节、陶仲文等以红铅(童女经血)、秋石(男女童尿)炼制方药进献,以此而位列三公六卿(明沈德符《万历野获编》卷二一),一时士大夫也纷纷仿效。《金瓶梅》是从《水浒传》中作为支线的西门庆、潘金莲的故事演绎而成,号称写的是宋徽宗时事,实际上却也是反映了晚明的社会状况。明沈德符《万历野获编》卷二五云:"闻此为嘉靖间大名士手笔,指斥时事,如蔡京父子则指分宜

(严嵩、严世蕃父子)、林灵素则指陶仲文、朱秾则指陆炳(严嵩死党),其他各有所属云。"当然,《金瓶梅》毕竟只是小说而非史书,未必如沈氏所言那样可以一一对号入座,但小说中的原清河县破落户财主西门庆,靠了开生药铺、放高利贷发了财,与当地官员、管理皇庄的太监等相勾结,成为地方上的头面人物,其后趁当朝太师蔡京寿诞之机,送上20杠"金银段匹"的巨额贿赂,做了他的干儿子,随即以一介平民一下子成为执掌一省刑狱的山东提刑所理刑正千户,这正是晚明君主昏庸、首辅专权、太监得势、贪污成风、政治腐败的真实反映。《金瓶梅》一书最为前人诟病的是其中夹杂的大量性描写,被贬为"天下第一淫书",其实这样的描写在当时却是一种风尚,文人士子并不以谈性为耻,鲁迅便说:"自方士进用以来,方药盛,妖心兴,而小说亦多神魔之谈,且每叙床笫之事也。然《金瓶梅》作者能文,故虽间杂猥词,而其佳处自在。"(《中国小说史略》)我们从中可以窥见晚明这一面临转型的时代社会生活真实的一面。

艺术品也可以反映历史,历史学家今天研究一件古代的艺术品,除了其本身的艺术价值以外,更注重于研究它的历史价值。如我们今天研究秦兵马俑的衣饰、兵器等,就可以补正史之缺。由于兵马俑完全按真人、真马同等比例制造,我们甚至可以用体质人类学的方法,研究秦代人的体质特征,并与当代人进行比较研究(图2.5.1)。再如石窟艺术,新疆克孜尔石窟壁画中画的是全裸的飞天、伎乐和菩萨,到敦煌莫高窟就全都穿上了裙子,至多半裸其上身,到了洛阳的龙门石窟就穿上宽袍大袖的衣服了。这就反映了印度佛教艺术

图 2.5.1 秦兵马俑·武士俑

向东方传播时,逐渐被中国化的过程。越是接近汉文化中心,这种中国化的作用就越显著。这一历史过程,一方面说明中国文化有吸收外来优秀文化的一面,但另一方面也显示由于中国文化自身很强大,外来文化一旦进入就会被加以改造,以适应汉民族的审美情趣,否则就无法存在。

这个历史过程,在音乐、绘画上也有反映。唐朝是中国历史上少见的能以较开放的心态对待外来文化的时代(虽然与现代意义上的开放观仍有很大的距离),吸收的外来音乐就比较多。像琵琶、胡琴等西域乐器,在整个唐代都很流行,并融入中国文化,成为中国民乐的主要组成部分(图2.5.2)。西域于阗(今新疆和田)人尉迟乙僧将印度犍陀罗艺术的凹凸画法带入中原,利用色彩深浅晕染,造成明暗对比,使画面呈现极强的立体感。唐段成式的《酉阳杂俎》里说他为长安奉恩寺普贤堂所作壁画,"身若出壁""逼之摽摽然",与中原原有的白描技法迥异,为唐代绘画注入了新的活力,影响了其后吴道子等一大批画家。这种艺术传播的过程,对于我们理解盛唐的文化,理解唐朝的对外政策,都是有帮助的。

电影电视是近百余年间涌现出的一种新的记录手段,从历史学角度而言,影视作品其实只有两种,一种是纪录片,另一种是虚构作品。纪录片应该讲完全是历史的记录,尽管影像可以进行剪辑,但总还是第一手的原始资料,不属于这里讲的另类历史。我们这里讨论的另类历史中的电影电视,是指其中的虚构作品。它对于历史的功能其实与文学非常相似。影视剧中讲述的故事,尽管不是生活中

图 2.5.2　唐三彩骑驼乐舞俑

1957 年西安鲜于诞诲墓出土，藏中国国家博物馆。骆驼上有男乐舞俑
五人，中立者为胡人形象，举手且歌且舞。所用乐器，除琵琶外，均已缺失
不存。

的真人真事,而是经过了一定的艺术加工、概括,我们自然不能把它当作历史,但它却反映了一个时期普遍存在的社会心态。如美国电影《克莱默夫妇》和《金色池塘》能够获得奥斯卡奖,反映了当时美国社会对职业妇女与家庭关系、老年生活的关注。中国 20 世纪 90 年代以来,以婚外恋为题材的影视剧大量涌现,如《来来往往》《牵手》《一声叹息》等,在这些片子中,第三者一改以往遭批判的荡妇形象,成为温柔可人、善解人意,最终受伤害的一方,而它们极高的收视率也反映了大部人对这一观念的认同,其实这是社会转型期婚姻、家庭出现的新问题、新情况的反映。

除了上述精神层面的内容,还有物质层面的。比如某部影视剧中反映的一种生活的场景,这个场景在当时是写实的,但若干年后这种现象不复存在,我们要研究这一种现象,说不定就要依靠这部影视剧了。像 1999 年张艺谋执导的影片《我的父亲母亲》中,有招弟母亲叫来补碗匠修补打碎的瓷碗的特写镜头,由于社会对这种行业不再有需求,这门手艺正在消亡,当最后一批补碗匠亡故之后,后人要想了解补碗的具体过程,可能这部影片中的镜头就成了第一手资料。鲁迅的小说《风波》中也曾提到补碗,但看文字总觉得不甚了了,照片则是平面和间断的,无法让我们了解其具体的连续过程,而影视作品就恰恰填补了这项空白。

总之,影视剧本身并非历史的再现,但影视剧中客观上保留下来了一些真实的内容,在一般人看来只是提供休闲娱乐的影视作品,历史学家就可以将这些内容提取出来,成为研究的资料。

但是，文学艺术作品和历史之间的关系不能无限地夸大，它们不能代替历史，否则就是对历史的误解。现在有些"历史散文"或者"学术散文"，自称就是在书写历史，实际上至多只能说是在抒发自己对历史的情感。如果真要用文学手法表现历史，在史料不充足的情况下可以对某些情节进行一定的合理想象，但基本的历史事实是不能违背的。比如有的文章描写纪昀（晓岚）的书房中放着一部《四库全书》，作者大概根本不知道，乾隆三十八年（1773）《四库全书》修成，共收书3503种，多达79337卷，因其卷帙浩繁，当时并未刊印，只誊抄了七部，分藏于北京内廷文渊阁、京郊圆明园文源阁、沈阳故宫文溯阁、承德避暑山庄文津阁、镇江金山寺文宗阁、扬州大观堂文汇阁、杭州西湖文澜阁，至今学者所能利用的，也只是文渊阁钞本的影印本。纪晓岚虽身为总纂官，他家中也是不可能放着一部《四库全书》的。就是乾隆皇帝赐给他，他的书房中也放不下。这种情节就是出现在历史小说中也是不妥当的，何况自称为"历史散文"？如果说纪晓岚书房中放着一部《古今图书集成》，虽然这并没有充分的史料依据，但还是比较合理的，因为在《清世宗（雍正）实录》中确有将《古今图书集成》赐给大臣的记录。而且《古今图书集成》只是一万卷，家里也放得下。

近几年来文坛出现一股历史小说热，一时人人争说，洛阳纸贵。最早有姚雪垠的《李自成》，再有二月河的《康熙大帝》《雍正王朝》，唐浩明的《曾国藩》《张之洞》等。本来这些都是文学作品，是小说，但个别人在读者和媒体的赞扬下全然忘记了自己的小说家身份，俨然以历史学家自居,强调所写内容事事都有历史依据,甚至比历史学家还讲究。真的如此,还叫什么小说? 不是成了传记吗? 文学和史学是两回事,写小说和写传记也是完全不同的,不能把两者等同起来。写小说就是要大胆想象虚构,因为史料记载毕竟有限,有的还自相矛盾,连历史学家都莫衷一是,要是就按少量靠得住的史料写,恐怕连起码的情节都编不起来,即使写出来也不会好看。其实,《三国演义》《水浒传》中有多少是三国、北宋的史实? 但这并不妨碍它们成为中国古典小说(而非史书)中的精品。而真正想学习历史的人,为何不去读史书,而非得去看某人的历史小说?

　　现在有很多非历史专业人士大谈历史问题,这几年陈寅恪热中诞生的一批“陈寅恪研究专家”,大部分都是非历史学者,他们研究陈寅恪不提他的《隋唐制度渊源略论稿》,不提他的《唐代政治史述论稿》,以及他研究甲骨文、敦煌文书、突厥学、佛教史的论文,而言必称他的《柳如是别传》。这本书题目就写得清清楚楚,只是一部别传而已,写得再精彩,其价值和他的其他史学著作还是有差别的。更何况该书由于夹杂了作者过多的感情色彩,影响了作者的判断,史料中一切对柳如是(图2.5.3)的不利之辞,如有大量野史记柳如是有不少面首,一旦厌倦,便或逐或杀,陈寅恪一概斥为“诬枉”。其实柳如是以一红颜少女嫁钱谦益这样一位六旬老翁,有些记载看来未必全是造谣。这在晚明本是常见现象,并不足为奇。该书不少论述也有所疏失,如第五章“复明运动”论黄毓祺案便有明显的硬伤,已为众多方家指出。另外,该书明显烦琐冗长,有些与柳如是毫

图 2.5.3　柳如是手迹

柳如是(1618—1664)，名是，字如是，号河东君，吴江盛泽人。早年为吴中名妓，后嫁明末文坛领袖钱谦益。

无关系的内容也一并归入，且篇幅不小，完全可以删去或另外独立成文。所以我曾对研究生说过，此书一些部分属于高级技巧，可以当作研究历史的方法来学，却不能说一定有多少意义。我猜想一味吹捧的人可能没有读懂陈寅恪的其他史学论著，或者根本就没有看过，显然他们没有资格谈陈寅恪的学术。我们应该崇拜大师，学习大师，但这都是建立在了解和信服的基础上的。对于自己不了解的专业或领域，例如一位外国的自然科学家，就得依靠权威的、严肃的介绍。否则，人云亦云，跟着一帮外行瞎起哄，说不定就会上了别人的当，或者只是成全了一些妄图借大师之名成自己的名、以某"学"发家的人。陈寅恪被称为史学大师，自然是当之无愧的，但称他为大师不是为了给他一顶桂冠，更不是为了编造他的神话，而是要真正了解他的学术成就和贡献，包括不足和缺憾，并给予客观的评价。

我们将历史按时间、空间、内容、人物和另类划分类型，与传统按体裁划分并无矛盾，只是希望能覆盖全部历史著作，因此有时这些类型是相互交叉的，或者同时兼备的。随着历史科学的发展，或许今后还会有新的类型产生。

为什么要了解历史

史学者,学问之最博大而最切要者也,国民之明镜也,爱国心之源泉也。今日欧洲民族主义所以发达,列国所以日进文明,史学之功居其半焉。

——(近代)梁启超《新史学》

图 3　梁启超像

梁启超(1873—1929),字卓如,号任公,别号饮冰室主人。广东新会人,近代知名学者、思想家,戊戌变法领袖之一。1902 年发表《新史学》,全面批判中国旧史学,倡导"史学革命",对中国史学发展起了巨大推动作用。一生著述宏富,编为《饮冰室合集》,计 1000 余万字。

对于历史学家、历史研究人员和历史专业的学生来说,这不是一个问题。但对其他人来说,自然免不了会提出这样的问题。为什么我们要将时间和精力花在学习和了解历史上?已经逝去的历史对我们真有用处吗?

我们不妨先看看下面这些例子:

1 董狐的力量

据《左传》宣公二年(前607)的记载,晋灵公荒淫暴虐,由此引发了晋国一场内乱。在内乱中,晋灵公为将军赵穿所杀,当时赵盾任正卿。内乱平息后,晋太史董狐记下“赵盾弑其君”,并在朝廷公开出示。赵盾认为这不是事实,董狐反驳说:“子为正卿,亡不越境,返不讨贼,非子而谁?”(你是正卿,逃亡时尚未走出国境,返国后又不惩治凶手,不是你又是谁呢?)赵盾对此也无可奈何。孔子听说此事后，赞扬董狐为"古之良史也，书法不隐"。而另一位未留下姓名的齐太史，就没有董狐那样幸运了。据同书襄公二十五年（前548），齐庄公因与大臣崔杼的妻子私通，被崔杼指使手下杀死，另立齐景公为国君。事后，齐太史直书"崔杼弑其君"，被崔杼杀害。继任的太史两个弟弟仍如此记录，也先后被崔杼杀害。其三弟不畏死亡的威胁，仍秉笔直书，崔杼没有办法，只能放了他。南史氏听说太史都死了，唯恐齐国的历史中断，准备去续写，走到半路，听说已经有人如实记载了，这才放心回去。

这两个事例，说明历史意识产生之后，它就有了非常巨大的力量，统治者可以不害怕他生前的行为，残酷暴虐，为所欲为，但他知道历史的记录将长久地保留下去，一旦载入史册，善举为后世传颂，恶行为千载唾弃。所以，像董狐、齐太史等史官，哪怕牺牲生命也要坚持自己的价值观念，而统治者畏惧自己的恶行被记录下来，千方百计地加以阻挠，甚至采用非常的手段。

以前在解释历史的这种特殊力量的时候，往往过于强调道德的作用，认为统治者畏惧道德的谴责。道德的力量固然很强大，但这是对于君子而言的，历史上的昏君、暴君哪个会有一点道德感，他们为什么也不让史官据实记录？这恐怕更多还是与当时人敬畏天命、相信因果报应等观念有关。

据《尚书·金滕》记载，武王在克商后二年得了重病，周公便设坛向先王的在天之灵祷告，愿意以自身代替武王去死。史官把祷文写在典册之上，藏于"金滕之匮"（用金质绳索捆束的柜子）中，次日武王随即病愈了。成王继位后，周公摄政，由于管叔和蔡叔等人制造周公阴谋篡位的谣言，成王对周公有所误解。就在这一年秋天，"天大雷电以风"，庄稼倒伏，国人大恐。成王和大臣们在惊慌中穿上祭天的衣服，打开"金滕之书"，才知道祈求代死之事，深为周公的忠诚所感动，认为雷电和大风都是上天的警示，于是亲自出城迎回周公。此时风向转向，把倒伏的庄稼吹正，这一年依然是大丰收。这个例子说明当时的人对于上天是极其敬畏的，对于书面记载的畏惧心理，也是和这种观念相联系的。古人认为冥冥之中，上天在主宰着一切，而文字是与上天沟通的手段，只要记录保留下来，上天自然就会知道，后人也终究会知道。即便贵如帝王，掌握世间至高无上的权力，也难逃上天的惩罚。

萧齐末年，齐雍州刺史萧衍乘乱起兵，迫使齐和帝将皇位禅让于他，继位为梁武帝。萧衍最初把齐和帝贬为巴陵王，本来打算以南海郡为巴陵国安置他，大臣沈约告诫萧衍"不可慕虚名而受实祸"，于是便杀了和帝。此后沈约"梦齐和帝以剑断其舌。乃呼道士奏赤章于天，称禅代之事，不由己出"（梦见齐和帝用剑割断了他的舌头，于是请道士来用红笔向上天写了一道奏章，说明禅位的事并非出自于他。见《梁书·沈约传》）。武帝听说此事后大怒，接连四次派遣中使责骂沈约，结果沈约惊惧而卒。这中间反映的古人心理，值得深深玩味。即"奏赤章于天"之举，确实可以向上天传达某种信息，沈约想借此向上天表白，减轻他的罪责，而武帝担心上天若听信沈约的一面之辞，自己就要受到上天的惩罚，故而大发雷霆。

杀和帝是否违背君臣伦理,要受到道德谴责,并不重要,他们担心的是上天是否知道并因此施加惩罚。我们从中可以看出古人对上天深深的敬畏之情。如果是一个完全不相信上天、不相信存在来世、不相信任何规律的独裁者,他是不会惧怕历史的。像法国国王路易十五(Louis XV,1710—1774)那样,"我死后,哪管那洪水滔天"(après moi le déluge!),他就绝不会惧怕历史。

正因为历史有着如此巨大的力量,大部分君主行事不得不有所顾忌。司马光《涑水纪闻》中记载,宋太祖赵匡胤有一次正在后花园中用弹弓打雀取乐,有大臣称有急事求见,宋太祖立即召见。不料听完汇报,上奏的都是些平常之事,很是扫兴,质问为何小题大做,扫了他的雅兴。大臣说即便是这些小事,也比弹雀要紧。宋太祖当即恼羞成怒,用手中的柱斧柄打落了他两颗门牙。大臣拾起牙齿揣入怀中,宋太祖见了更加生气,问:"汝怀齿欲讼我耶?"(你留下牙齿想去告我的状吗?)他说:"臣不能讼陛下,自当有史官书之。"(臣子我不能去状告陛下,但自然有史官记下此事)太祖听了,怒气顿消,感到自己此举失当,马上好言抚慰,并赐以金帛以示歉意。

按照中国的历史传统,即便连皇帝本人,也是无权阅读当朝的**起居注**的。据说古代史官应该将皇帝的言行和活动随时记录下来,投入一个密封的容器,等皇帝死了,才能由专人打开,取出记录作为修史的根据。史官的记载不是给皇帝看的,而是留给后人修史用的。像宋太祖这样的人物,在历史上算得上开明的君主,他对历史毕竟还多少怀有一定的畏惧,不时检点自己的言行,尊重史官的独立性。而历史上另一些暴君、权臣,则完全依靠政治强权来迫使历史符合自己的意愿。前秦国主苻坚,其生母苟太后与将军李威有私,苻坚为掩盖这段宫廷丑闻,不顾制度调阅了起居注和有关簿记,其中果然有苟太后与李威隐秘关系的记录,他恼羞成怒,将这些原始材料全部焚毁。而执笔史官均已去世,事情才就此作罢。东晋孙盛所著《晋阳秋》一书中,如实记载了桓温北伐为前燕大败之事,桓温阅后大为恼怒,强令孙盛修改,孙盛誓死不从,后来是他儿子私自修改才了事。幸亏孙盛事先已将《晋阳秋》誊抄了两部寄到前燕,后人才知道这段历史的真相。

2 《春秋》笔法

董狐的故事,一方面可以说是历史的进步,但另一方面,也可以说是开了一个恶例。后世学者在齐声赞颂董狐不畏权贵、秉笔直书之余,却忘了几个基本事实。据《左传》的详细记载,当时,"晋灵公不君,厚敛以雕墙,从台上弹人而观其辟丸也。宰夫胹熊蹯不熟,杀之,寘诸畚,使妇人载以过朝"(晋灵公违反为君之道,加重征税用来彩绘墙壁,从高台上用弹丸打人而看他们躲避弹丸的样子。厨师烧熊掌不熟,就杀了他,放在畚箕里,让妇人用头顶着走过朝廷)。赵盾作为正卿,看到这种情况忧心忡忡,屡次进谏,晋灵公非但不听,反而怀恨在心,派刺客去暗杀赵盾。暗杀未遂后,又假意设宴招待赵盾,实际埋伏下甲士,被赵盾侍从提弥明看出破绽,拼死突围而出。在这种情况下,赵盾只得潜出国都避难。因此,说赵盾弑君完全不符历史事实。连《左传》的作者都称赞赵盾为"古之良大夫也",叹息他如果在晋灵公被杀时已越过国境就可免除弑君的恶名。而且,董狐对晋灵公的无道之举不置一辞,而只记下"赵盾弑其君"五字,指责忧心晋国前途命运的赵盾,只能是一种混淆是非,一味"为尊者讳"的举动。董狐所关心的,根本不是忠实记录历史,而只是维护君臣统治秩序。否则,杀晋灵公的明明是赵穿,他为何要写作赵盾呢?

这种书写历史的方法,在孔子的《春秋》(传统的说法是孔子所作,但后世也有很多人表示怀疑,认为他只是整理者)一书中表现得最为突出,因此后世称之为"春秋笔法"。按照《春秋公羊传》的解释,"《春秋》为尊者讳,为亲者讳,为贤者讳"(闵公元年),也就是说在记录历史时遇到尊者、亲者、贤者,都应该采用"隐恶扬善"的曲笔,尽量多记有益的事情,不利的即使无法完全舍弃,也应加以隐讳。《论语·子路》所记载的一则小故事很好地体现了孔子的这一思想。叶公告诉孔子,他们那儿有一"直者",其父偷了一头羊,那人去告发了他。孔子则说真正的"直者"不应当如此,"父为子隐,子为父隐,直在其中矣"。只有父子相互隐恶才是"直",否则便会破坏长幼尊卑的伦理次序,这实在不是客观的历史态度。另一方面,《春秋》将明善恶、寓褒贬作为历史的首要目的,对于同样的事件,往往用不同的字来表达作者的态度,不发议论而将褒贬寓于叙事之中。这两者的结合,就形成了后世所谓的**"春秋笔法"**。

后世正统史家将此抬得很高,称誉为"一字之贬,严于斧钺,一字之褒,荣于华衮"。比如《春秋》僖公二十八年(前632)记"天王狩于河阳",所谓"狩",即冬季狩猎。其实当时周天子根本不是去狩猎,而是去参加春秋五霸之一的晋文公召集的诸侯会盟了。本来按照周朝的制度,各诸侯国每年都必须到国都朝觐周天子并进贡各地方物,但到了春秋末年,王室衰微,周天子根本不被各诸侯放在眼里,反而要去参加诸侯的会盟。《春秋》一书的作者,对于这种礼崩乐坏的局面是不满的,他不愿意接受周天子名存实亡的事实,所以用一个"狩"字为周天子加以隐讳。通过一个"狩"字,也表达了作者的政治理念,认为天子去见诸侯是不合礼制的。《左传》记孔子所言:"以臣召君,不可以训。"这样写是"言非其地也,且明德也"。《春秋》一书中类似的例子还有很多,《春秋公羊传》和《春秋穀梁传》对于《春秋》经文中用字的"微言大义",都有极详尽的解说。司马迁认为孔子作《春秋》的主旨是"贬天子,退诸侯,讨大夫"(《史记·太史公自序》),从以上的例子来看,《春秋》对周天子非但毫无贬斥之意,反而尽量维护其尊严,故而《汉书·司马迁传》删去了"贬天子"三字,应该更接近于孔子的本意。直到1900年八国联军攻入北京城,慈禧携光绪帝仓皇逃至西安,当时的史书还称之为"庚子西狩"(在庚子年到西部去游猎),也是上承《春秋》笔法的余绪。

这只是事情的一个方面,而另一方面,《春秋》作者只能将自己的褒贬好恶通过一两个字词的选择来体现,也是迫于现实的政治压力,无法自由地表达自己的见解。孔子所在的鲁国,以及他周游列国所拜访的国君和贵族,想的都是争霸称雄,扩大自己的势力范围,怎么可能愿意去尊重周天子的权威呢?所以终其一生,除了曾短暂担任过并无实权的鲁国司寇外,孔子的政见并不为当权者所用,最后只能回到鲁国,从事教育与著述。春秋时代的政治现实对他的压力,使他不可能自由地表达,再加上《春秋》一书本身就是鲁国的官史,他不可能按照自己的价值观念自由地撰写,就只能采取这种比较隐讳的方法。如果作者本人不在鲁国,也不担任太史的职位,那他完全就可以直截了当地记载,可以公开指责某个诸侯国不守制度,而不必采用这种隐讳的手段。如果他处在一个周朝强大的时期,王权很强,就更没有必要用这种方法。正因为王室衰微,他感到痛心疾首,却又无能为力,甚至要自由地表达这种情绪都不可能,才会出现《春秋》这样的作品。《春秋》只是特殊时代的畸形产物,正如梁启超所说:"《春秋》之作,孔子所以改制而自发表其政见也。生于言论不自由时代,政见不可以直接发表,故为之符号标识焉以代之。"(《新史学·论书法》)

春秋笔法在中国历史上影响很大,当然从积极方面来看,我们固然可以说它维持了中国知识分子的价值观念,但总的来说,其消极作用是主要的。此后中国史学中不顾历史事实,随意地取舍、任意地拔高或贬低,甚至不惜篡改历史的种种不良习气,都是从《春秋》那里继承下来的恶习。唐代史学家刘知几就曾激烈抨击"春秋笔法","观夫子修《春秋》也,多为贤者讳。狄实灭卫,因桓耻而不书;河阳召王,成文美而称狩。斯则情兼向背,志怀彼我,苟书法其如是也,岂不使夫君子靡惮宪章,虽玷白圭,无惭良史乎?"(我看孔子修《春秋》,多采用为贤明的人隐讳的办法。狄人明明灭了卫国,因为要掩盖卫桓公的耻辱而不作记载;河阳之会明明是由诸侯召见周王,却在文字上美化为外出狩猎。这样一来感情就完全不同,意向也不分你我了,要是史书的记载都是这样的话,岂不是让君子不用害怕制度和法律,虽然已在白圭上留下污点的人,在优秀的史官面前也可以问心无愧吗? 见《史通·惑经》)尽管《春秋》采取这种笔法是迫于无奈,体现了作者的良苦用心,但是从尊重历史客观性角度来讲,这种态度是不容原谅的。

3　太史公的地位

历史上,太史的职位往往是由一个家族世袭的,像前述齐太史被杀后,继任者都是他的弟弟。司马迁的祖上,也长期担任过周代的太史。之所以要世袭,就是为了保证历史记录的延续性。因为太史的职责不仅要求他根据现存的资料来编纂历史,还要求很多重大事件能够亲身经历。

公元前 110 年,汉武帝征服南越,平定西南夷,国力达到极盛。在这种形势下,汉武帝决定在泰山举行封禅大典。**封禅**对古代帝王而言,是一项极重要的政治活动。所谓"封",即在泰山顶上筑坛祭天;"禅",即在泰山南面的梁父山上辟基祭地,表明自己是顺应天命来统治人民。从春秋到秦始皇,封禅仪式举行过多次,但在汉朝是第一次举行,所以在当时是最隆重的祭祀典礼,武帝还因此特地把年号改为"元封",表示"是岁始建汉家之封"(《史记·太史公自序》)。司马谈作为太史公,对于这样重大的事件,无论从他的职权,还是从他的信念来讲,他都是应该参加的,但由于他当时因病滞留在周南(今河南洛阳附近),没有能够参加,以致病情加重,最终"发愤而卒"。直到临终前,还深以为憾,对赶来探望的儿子司马迁说:"今天子接千岁之统,封泰山,而余不得从行,是命也夫,命也夫!"(现在皇上承接千年以来的大统,封祭泰山,我未能从行,这是命运啊,是命运啊!)他还嘱托司马迁要继承自己的事业和著述理想,撰写出一部能与《春秋》媲美的史书来,司马迁虔诚地接受了这一遗命。元封三年(前108),司马迁继承父职,担任太史,利用丰富的皇室藏书,"绌史记石室金匮之书",开始着手撰写这部中国史学史上伟大的作品了。

在汉代,太史令的品级很低,根据《汉书·百官公卿表》的记载,俸禄只有六百石,仅与县令相当。但同时,他的地位又很高。从他的职权上讲,他负责记载一个皇朝的历史。从道义上讲,他必须对这些历史的记载负责。司马迁正是怀着这样一种强烈的使命感开始了《太史公书》(《史记》原名)的撰写。就如《太史公自序》中所说:"先人有言:'自周公卒五百岁而有孔子。孔子卒后至于今五百岁,有能绍明世,正《易传》,继《春秋》,本《诗》《书》《礼》《乐》之际.'意在斯乎! 意在斯乎! 小子何敢让焉。"(先父曾说过:"自周公逝世,经五百年后有孔子。孔子逝世到现在又有五百年了,应该是到了有人能够继承盛世,修正《易传》,续写《春秋》,探求《诗》《书》《礼》《乐》的本原的时候了。"他的意思就在这里吧! 他的意思就在这里吧! 我怎么敢辞让呢?)

但是,天汉二年(前99),正踌躇满志,以续写《春秋》为己任的司马迁遭受了平生最重大的一次打击,因为替兵败后投降匈奴的李陵辩护,他得罪了汉武帝,被逮捕入狱,定为死刑。按照汉律,死刑犯有两种办法可以免死:一是用50万金来赎罪,二是以宫刑代替。司马迁家室微寒,获罪后亲友避之唯恐不及,根本拿不出这么多钱来赎罪,而宫刑,也即腐刑,是割去生殖器的刑罚,在司马迁看来,"诟莫大于宫刑""最下腐刑,极矣"(《报任安书》),这是所有刑罚中最卑贱的一种,不仅是对个人肉体的残酷摧残,更是对个人尊严的极大侮辱,对于崇尚气节的士人来说,宁愿一死也绝对不能接受。但司马迁在这一生死抉择之间,最终还是选择了接受宫刑。这并不是他贪生怕死,他的心迹,在后来写给朋友的信中(《报任安书》)有过详细的表露:"所以隐忍苟活,函粪土之中而不辞者,恨私心有所不尽,鄙没世而文采不表于后也。"(我之所以默默忍受着痛苦,苟且活命,被掩埋在粪土中也不躲避,只是遗憾我还有未完成的心愿,万一在屈辱中死去,就不能将我的文字流传到后世)他这里所谓的"私心",就是要继承父亲的遗志,写出一部"究天人之际,通古今之变，成一家之言"的史书来，"仆诚已著此书，臧之名山，传之其人，通邑大都，则仆偿前辱之责，虽万被戮，岂有悔哉！"（我正是想写成这样一部书，收藏在名山之中，流传给理解它的人，流传到大中城市，那么我此前蒙受的羞辱就得到了补偿，即使被杀一万次，又有什么值得后悔的呢！）正是在这样坚定的信念支持下，司马迁才忍辱负重，为了完成他的历史使命，接受宫刑这样的奇耻大辱。

《墨子·明鬼》记载作者见过周、燕、宋、齐等国的《春秋》，孟子也见过"晋之《乘》、楚之《梼杌》、鲁之《春秋》"（《孟子·离娄下》），从司马迁的《史记》中也可以看到，春秋战国以来，各个诸侯国都设有太史，都有自己的国史，比如司马迁在写《秦本纪》时就采用过秦国的国史《秦记》。更直接的例证是西晋太康二年（281），汲郡（今河南汲县）一个名叫不準的人盗发战国魏安釐王（一说魏襄王）墓，在墓中发现大量用蝌蚪文写成的竹书，共计数十车，这些竹书后为官府收得，晋武帝命当时著名的学者荀勖、和峤、束皙、卫恒等人整理考证，其中有《竹书纪年》12篇，就是魏国的史书。由此可见，当时历史的记录权、阐释权并不为一个大一统的专制政权所垄断，各个诸侯国都有自己的史书。久远时代中国的历史能为今天我们这些后人所知，正是依赖这些大大小小，留下或者根本未能留下姓名的太史们所做的贡献。司马迁只是其中最著名的一位而已。如果没有吸收此前各国的太史们留下来的记载，他也是不可能写出《史记》这样一部千古不朽的著作的。

司马迁一方面是历史学家，另一方面，他有很高的文学水准，将其强烈的个人情感投注到他所描写的人物身上。就正面的影响来讲，他的《史记》既是伟大的史学著作，也是杰出的文学作品，叙事曲折离奇，人物形象生动，有非常大的吸引力，而且具有鲜明的个人情感，鲁迅就称颂《史记》为"史家之绝唱，无韵之离骚"（《汉文学史纲要》）。但是从负面的影响来说，在过于追求文学化的情况下，往往就会偏离历史的事实。因为添加个人的感情以后，实际上就把孔子作《春秋》时"明邪正，别善恶"的目的又往前推了一步。书写历史之前，史家心中就怀有这样的目的，这对于客观叙述历史未必有利。因为个人的情感毕竟是有局限的，谁也不能保证情感不受蒙蔽和滥用。从严格的历史要求来讲，要抛弃一切主观成见，尽可能客观地记述。虽然这一要求实际未必能做到，但至少主观上应该有这样一个出发点。否则个人的情感掺入了历史写作，以为自己就是历史功罪的终极裁决者，无疑就会严重影响史书的客观真实。

　　魏收撰写的《魏书》就是一个突出的教训。据《北齐书·魏收传》的记载，魏收撰写《魏书》时，"夙有怨者，多没其善。每言：'何物小子，敢共魏收作色，举之则使上天，按之当使入地。'"（以往与他有怨的，往往不记载人家的好事。他常常说："那些人是什么东西，敢给我魏收脸色看？我抬举他们可以捧上天，贬斥他们可以打下地。"）因此被当时人攻击为借修史酬恩报怨，贬之为"秽史"，当然也有人考证北齐去北魏不远，勋贵子孙想让其父、祖入史，不能一一得到满足，便群起而攻之。可能魏收未必真是要肆意歪曲历史，但是有一点可以肯定，魏收在撰写历史过程中掺杂了过多的个人感情、个人好恶，以致影响到他记载历史的客观性。

历史的文学化倾向并非始于司马迁，在此之前最典型的例子是前述《左传》宣公二年（前607）的那条记载，晋灵公对赵盾怀恨在心后，派了一名刺客前去刺杀。刺客潜入府邸时正值清晨，他看见赵盾将朝服穿戴整齐，准备上朝，因时间尚早，正坐着闭目养神。刺客见到赵盾对上朝如此恭敬的态度，心里非常惭愧，觉得杀害国家的忠良，是对国不忠，可是违背晋灵公的命令，又是对君不信，不知怎么办才好。这样反复思想斗争之后，实在想不出解决办法，于是便头撞槐树而死。其实这个例子逻辑上很成问题，这个刺客触槐而死前，赵盾根本毫不知情，等赵盾发现他时，他已经死了，那么此前的心理活动他又告诉了谁呢？刺客心存愧疚、触槐而死的说法只是赵盾方面的一面之辞，而且整个故事情节过于离奇，太像小说家言，很难让人相信是信史。为什么不可能是赵盾的卫士发现后把他杀了，然后编造出这种故事来，甚至是刺客正要行刺时突发心肌梗塞而死呢？这都是完全可能的事情。如果此人活着回去报告，说我看到赵盾对国家忠心耿耿，不忍心下手，这倒还可以相信，但他当时就死了，又没有第三者可以作证，我们凭什么相信赵盾方面的一面之辞？但是这样的故事大家却觉得很合理，因为符合民众对于善恶忠奸的价值判断标准，迎合了老百姓普遍的心态，认为忠臣的道德力量足以感化一个冷酷无情的杀手，所以这个故事就千古一律，很少有人去怀疑其真实性。

这样的例子《史记》里更多，司马迁经常会记载他没有经历过的事情,也不提供史料的依据,让人不得不怀疑其记录的真实性。比如《史记·魏公子列传》中记隐士侯嬴和信陵君密谋窃虎符救赵之事,事后侯嬴为报答信陵君的知遇之恩,随即自刎而死,那么司马迁是如何知道两个人私下在密室中的谈话内容的,又如何能将他们之间的对话栩栩如生地描绘出来?白居易的《长恨歌》中记述唐玄宗和杨玉环之间在长生殿的对话,且称是"夜半无人私语时",也会给人以类似的疑问,但文学作品允许合理的想象和虚构,而史学作品就不能如此随意。

《史记》中还有的话读起来极具文学色彩,但恰恰最重要的时间、数字、细节都成问题。《史记》在记述史事时,常有追溯前事的插叙,通常以"初,……"开头,追溯几年,甚至几十年前的事情,后世史书纷纷仿效。这"初"到底是什么时候,可能司马迁当时明明知道,但他仅仅为了文辞统一而略去,却导致后世永远也搞不清楚这些年代。《史记·货殖列传》中有一段相当著名的话,原文为:"故关中之地,于天下三分之一,而人众不过什三,然量其富,什居其六。"班固的《汉书·地理志》亦采此说,后世学者多深信不疑,作为研究秦汉关中经济地位的第一手材料而频繁引用。其实,1/3 也罢,3/10 或 6/10 也罢,都只是一种文学化的语言,并不是建立在确切的数量基础上的。而且,有充分的证据表明,这些数字与事实相距甚远。按照秦末汉初的疆域推算,关中占全国的 1/3 尚大致符合,但人口的差距就非常大。据我在《西汉人口地理》(人民出版社1986 年)一书中的估计,元始二年(公元 2 年),整个三辅、凉州、益州(已超过关中范围)的人口占全国总数不足 17%,更何况该数字与司马迁或此前时代相比,因有人口大批迁入,应该已有所提高。至于财富要占天下的 6/10,就更没有数量依据了。关中的富人虽多,也不过集中在三辅,数量毕竟有限。而在农业社会中,主要的财富离不开土地和粮食,国家的收入也主要来自农业生产。西汉时关东的人口长期占总数的 70% 左右,在粮食自给情况下,每年至少向关中输出 400 万石,由此可以肯定,当时的财富当然主要集中在关东,而绝不会在关中。

不过,司马迁毕竟是一位史学大家,尽管由于《史记》中的文学倾向导致这样那样的失误,但他在总体上还是把握恰当的。但汉末以降,骈文大兴,讲求对偶,注重辞藻,以致史学作品也受到这方面的影响。"其为文也,大抵编字不只,捶句皆双;修短取均,奇偶相配。故应以一言蔽者,辄足为二言;应以三句成文者,必分为四句。弥漫重沓,不知所裁。"(他们写文章时,一般都成文不用单数字,造句必定要成双,句子要长短均衡,奇数偶数相配。所以本来一个字说得清的,动不动加为两个;应该以三个句子成文的,必定会分成四句。转弯抹角,重复拖沓,不知道如何删节。见刘知几《史通·叙事》)这种将史学文学化,重描述,轻计量的倾向,给中国史学发展带来了无法估量的损失。讲到灾荒或战争,都说"十室九空""十不存一",是不是人口真的损失了 90% 呢? 说到某地人口繁盛,都是"烟火万家""户口倍增",难道就是有 10000 户人家,人口翻了一番吗? 其实这些都是一种文学化的套语,谁要照这些说法去作计量,那只会受骗上当。

　　司马迁之后的史官,也都是怀着一种历史使命感来完成史书的编纂工作的。东汉的蔡邕,因为董卓当年对他有知遇之恩,在董卓被王允诛杀后,伏尸痛哭,鲁迅誉之为中国历史上少有的敢于"抚哭叛徒的吊客"(《华盖集·这个与那个》),结果被王允视为董卓同党而处死。蔡邕在临刑前请求王允不要杀他,愿意以黥首刖足(在面上刺字、砍去双脚)的肉刑代替,以便让他把已付出 20 余年心血的《汉史》完成。在现在某些人看来,这或许只是蔡邕想活命的借口,但实际并非如此。早在蔡邕下狱之初,就有很多人纷纷来劝说王允不要杀他,杀了他汉朝的历史就要中断了。因为史书的编纂有很强的专业性,不是一般人能够胜任的,但王允固执己见,以致造成文化史上无法挽回的损失。

　　东汉以后,一方面专业的史官继续存在,另一方面,随着文化的普及,除了天文历法仍为政府所垄断以外,其他专业知识已下逮于一般社会平民,故而私人修史大量涌现,史官的地位慢慢降低。史官从历史修撰的垄断者降为管理历史资料、档案的小官吏。特别是从班固开了先例以后,历朝历代多是挑选文辞优美的文人来编纂历史,像刘宋的范晔(《后汉书》)、梁代的沈约(《宋书》)、萧子显(《南齐书》)、宋代的欧阳修(《新唐书》《新五代史》)、明代的宋濂(《元史》)都是著名文人,甚至文坛领袖,而非专职的史官。史官的作用只是撰写起居注、实录等,为修史者提供资料。

4 《资治通鉴》：历史的"资治"作用

北宋元丰七年(1084)十一月,经过近19年的努力,司马光和他的助手们终于完成了一部长达354卷的历史巨著。在呈报给皇帝的表文中,司马光希望这部书能使皇帝"鉴前世之兴衰,考当今之得失,嘉善矜恶,取是舍非,足以懋稽古之盛德,跻无前之至治,俾四海群生,咸蒙其福"(以前朝的兴盛和衰落作为借鉴,考察当今政治的得失,嘉奖善事,惩处恶行,坚持正确,抛弃错误,那就足以发扬古代的盛德,达到前所未有的最高水平的治理,使四海的百姓都获得幸福)。宋神宗以其"鉴于往事,有资于治道",命名为《资治通鉴》(图3.4)。

可是,不久继位的哲宗和以后的徽宗辜负了司马光的苦心,并没有吸取这部书中所提供的历史经验和教训,更没有赢得"稽古之盛德"和"无前之至治"。在《资治通鉴》问世42年后,金朝大军兵临开封,宋朝失去了半壁江山,徽宗和他的儿子钦宗都当了俘虏,"四海群生"遭遇的不是福,而是无穷的祸。但《资治通鉴》的价值并没有随着北宋的覆灭而丧失,相反,随着时间的推移,越来越受到历代统治者的重视。

如果说此前中国历史的传统只是不自觉地把历史作为统治的借鉴,那么到了司马光写《资治通鉴》,就把历史的地位提高到了极点。这倒并非是司马光以前没有人具有这种意识,只是司马光比较

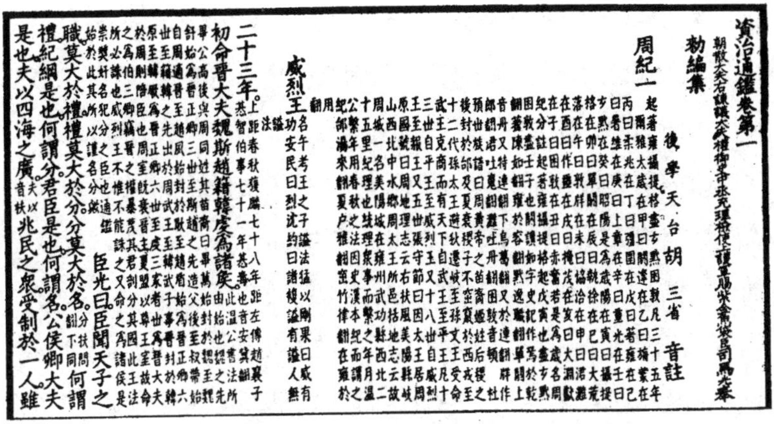

图 3.4　《资治通鉴》书影，清胡克家据元刊本翻刻。

自觉地意识到了这一点，并在其撰写的过程中得以体现。《资治通鉴》紧紧围绕"资治"这一中心取材，"专取关国家盛衰，系生民休戚，善可为法，恶可为戒者，为编年一书"（专门挑选事关国家兴衰，与百姓利益密切相关，可以树为榜样的好事，应该当作警戒的恶行，编成《编年》一书），突出历史对政治的作用。甚至一个简单的时间起迄，也要赋予特别的政治含义。

相传孔子作《春秋》，之所以终笔于鲁哀公十四年（前481），是由于该年春哀公狩猎时捕获一头麒麟，当时认为麒麟是一种极罕见的祥瑞，是圣王出现的标志，孔子认为其时周王室衰微，君臣之道沦丧，不应该出现这样的祥瑞，故而终笔于此。而《资治通鉴》是秉承《春秋》的历史精神而撰写的，但在时间上并没有紧接《春秋》，而是从相距78年的周威烈王二十三年（前403）写起，司马光就有其特别的用意。公元前453年，原晋国大夫魏斯、赵籍、韩虔三家瓜分了晋国，周天子非但不能加以制裁，反而被迫接受既定事实，于前403年封他们为诸侯，君臣名分从此大乱。这里值得注意的是，司马光此处并未以公元前453年的**"三家分晋"**为起点，而将周天子立三晋大夫为诸侯之年作为《通鉴》的开端，是别有深意的。司马光以"臣光曰"的形式，对此事有长篇的议论，这是全书第一篇史论，开宗明义，鲜明地表达作者的政治态度。他强调君臣名分就像天尊地卑那样不可改变，只要名分尚存，国家就不会灭亡。而周威烈王自坏纲纪，才最终导致了周朝的衰亡。正如元胡三省为《通鉴》所作注释所言："《通鉴》始于此，其所以谨名分欤！"《通鉴》叙事终于五代，一方面是以下便涉及本朝,他不便发表自己的意见,另一方面,也有极深刻的现实意义。唐末五代,天子大权旁落,藩镇军阀拥兵自重,连北宋开国皇帝赵匡胤自己,也是以后周殿前都点检的身份,发动陈桥兵变,迫使恭帝逊位而继帝位的。故而宋建国后,吸取这一历史教训,采取一系列措施防止将领拥兵自重,加强中央集权。司马光于五代终笔,正可与开篇三家分晋相呼应。

通过《资治通鉴》的写作实践,中国历史的泛政治化倾向,就更加程式化、理论化,并形成一种固定的传统。此后,所有的史书都是以"资治"为中心,只能根据政治统治的实际需要来取舍史料、解释史料,按照统治者所认可的价值评判标准来撰写历史,历史的唯一作用就是为统治者总结经验、提供教训,历史学从此成为专制王权的附庸。顾准对此曾有过极精辟的评论,他说:"所谓史官文化者,以政治权威为无上权威,使文化从属于政治权威,绝对不得涉及超过政治权威的宇宙与其他问题的这种文化之谓也。"(《希腊思想、基督教和中国的史官文化》,见《顾准文集》,贵州人民出版社1994年)所以,古代史书里所要总结的"道",都是纵横捭阖之术、驾驭臣下之道,而非探讨自然规律、社会规律。顾准由此出发,指出中国传统社会落后的必然性,确实值得深思。

5　古为今用

直到今天,我们依然重视《资治通鉴》一类的历史著作,其中一个重要的原因,是它们不仅给人们提供了历史事实,而且明确地表达了作者对历史的看法和他所总结的历史经验,可以为今天所用。当然今天我们常常讨论的"古为今用",应该远比司马光时代更广泛,不再局限于政治一方面,其他如经济、文化、教育、科技、军事等等都可以,服务的对象也不再是一小部分统治者,而是今天的各色人等。由于时代不同,我们不会完全同意他们的见解,或者只能将他们的看法作为批判的对象,但是有一点,即后人都可以从历史中获得教益却是不变的。

从这个意义上而言,历史的"古为今用"本身没有错,对于一般的非专业人员,没有必要去了解和学习对其毫无意义的信息,除非他自己有浓厚的兴趣,在了解和学习的过程中可以带来精神愉悦,当然这也算另一种实际功用。而大部分的青少年,包括中小学生、非历史学及相关专业的大学生,他们学历史只是增加知识、满足兴趣、陶冶性情,既没有必要,也不应该让他们把时间花在非常琐碎的历史细节和有重大争议问题的讨论上,只要告诉他们一些基本史实或学术界公认的观点就可以了。

但是我们应该注意,"古为今用"这个口号不是为历史学家的工作提出的目标。"古为今用"追求的是现今的实际效果,一旦历史学家将历史研究的目的局限于此,单纯为了"古为今用"而进行研究,那就非常危险了。

"古为今用"中的"用"本身是一种价值判断,并不是绝对客观的,随着主体的不同会发生转变。同样的事实和观念,对于这一部分人来讲极具价值,对那一部分人就可能毫无意义。既然某一事物究竟有没有"用",不同的人会有截然不同的判断,那么历史学家应该根据谁的标准来判断呢? 如果历史研究唯一的目的就是古为今用,那么在研究之前首先必须确定研究命题的有用与否,但是,在进行研究以前是很难正确判断哪个命题有用,或一个命题的哪一方面的实际功用更大。而且,随着人的认识与社会需要的变化,有用和无用也完全是相对的。从来没有绝对的有用,也没有绝对的无用。

敦煌文献 在发现之初,国内收藏家注意的多是书法优美的手书经卷(图 3.5.1),对账册、契约(图 3.5.2)一类不屑一顾。当年敦煌文献自甘肃运往北京的途中,沿途官员纷纷盗取,都是挑选这类经卷。而今天人们无疑早已意识到,后者对于历史学研究具有更大的价值。又如中国的道教有外丹黄白术,即用丹砂(硫化汞 HgS)和贱金属炼制黄金(炼制而成的实为黄色的氧化汞 HgO、一氧化铅 PbO 或二硫化锡 SnS_2 等),又由黄金万世不朽,推论服食金丹能够使人躯体不朽,得以享受永生。在今日稍具化学常识的人看来,这种行为当然是极端愚昧无知的。道藏中常见某人服仙丹白日羽化升天之事,实际上均是汞、砷、铅等重金属急性中毒而导致的迅速死亡。但英国著名的科学史家李约瑟博士(Dr. Joseph Needham)在其巨著《中国科学技术史》(*Science and Civilisation in China*,直译为《中国的科学与文明》)中,就对道士炼丹活动给予了高度评价,认为中国的炼丹术通过阿拉伯人传到西方世界,发展为炼金术,成为近代化学的起源。在欧洲历史上产生了翻天覆地变化的火药,也是中国道

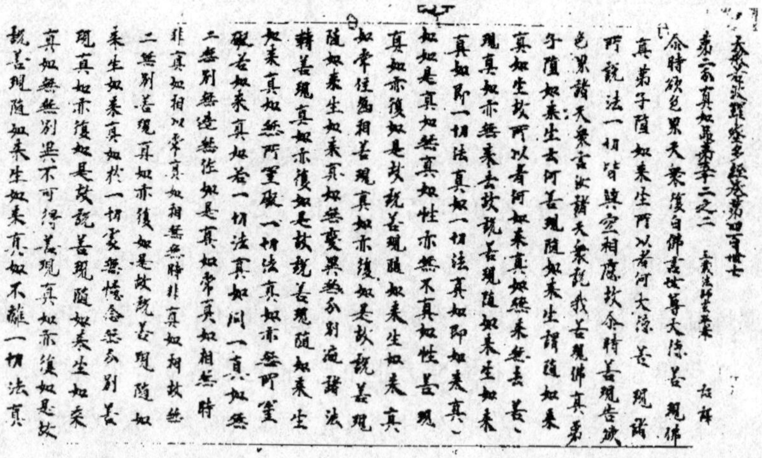

大般若波羅蜜多經卷第四百卅七　三藏法師玄奘奉　詔譯
弟二分真如品第十二之二
爾時欲色界天衆復白佛言世尊大德善現佛
真弟子隨如來生所以者何大德善現諸
所說法一切皆與空相應故爾時善現告欲
色界諸天衆言汝諸天衆說我善現佛真弟
子隨如來生云何善現隨如來生謂隨如來
真如生故所以者何如來真如無來無去善
現真如亦無來去故說善現隨如來生如來
真如即一切法真如一切法真如即如來真如
如如是真如無真如性亦無不真如性善現
真如亦復如是故說善現隨如來生如來真
如常住爲相善現真如亦復如是故說善現
隨如來生如來真如無變異無分別遍諸法
轉善現真如亦復如是故說善現隨如來生
如來真如無所罣礙一切法真如亦無所罣
礙若如來真如若一切法真如同一真如無
二無別無造無作如是真如常真如相無時
非真如相以常真如相無時非真如相故無
二無別善現真如亦復如是故說善現隨如
來生如來真如於一切處無憶念無分別善
現真如亦復如是故說善現隨如來生如來
真如無無別異不可得善現真如亦復如是故
說善現隨如來生如來真如不離一切法真

图 3.5.1　俄藏敦煌文书，Φ-32 唐人写本《大般若波罗蜜多经》。

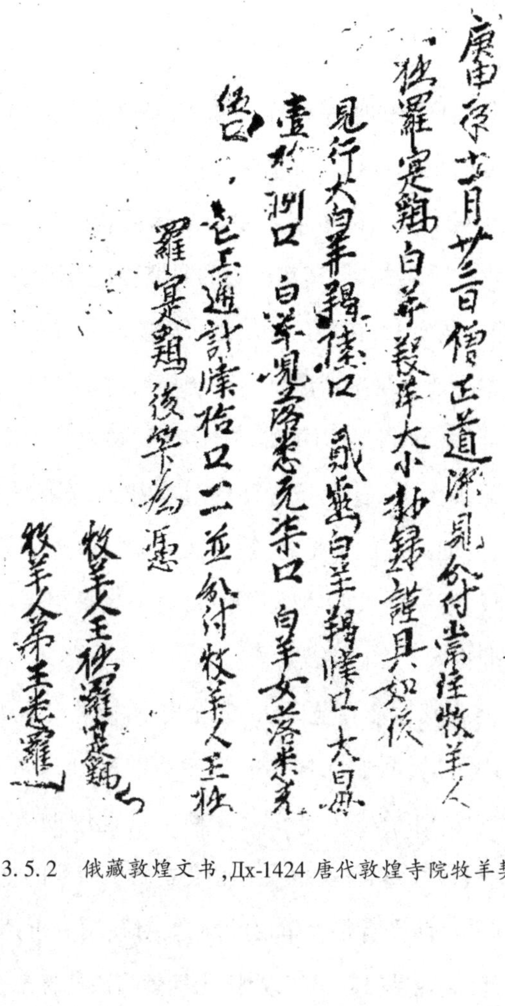

图 3.5.2　俄藏敦煌文书,Дх-1424 唐代敦煌寺院牧羊契。

士在炼丹过程中偶然发明的。因此,对于专业研究者而言,绝对的无用几乎是不存在的,只是个人的选择或兴趣爱好的差异。有些研究的价值要很长时间以后才能显示出来,或者同样的内容对不同的人会有不同的价值。

如果我们一味片面强调"古为今用",将是否符合现实需要作为评判历史研究价值的唯一标准,历史研究就会变成为某些利益集团或观念服务的工具。我一直主张,应该把**历史研究**和**历史运用**区分开来。现在很多人往往习惯于用历史运用者的目的来要求历史研究者,这是完全错误的。其实历史的研究不应当存在有用与否的问题,即便有一些研究,在可预见的将来确实找不到实际用处,但这种研究的过程可能会形成或验证一种历史研究的方法,或者是一种逻辑思维的训练。如某个历史细节的考证、某人的生卒年月一类,本身可能并无多大意义,但是考证的过程却训练了研究者挖掘史料,分析史料的能力。就像足球、篮球运动员的体能训练,可以增加体能、训练灵活性一样。但这样的题目,对于只是想了解历史、增加知识的非专业人员,就未必需要了。

政府部门或其他非专业人员,完全可以根据实际所需,有取舍地学习和使用历史,我们同样不能用专业的标准来苛求非专业人士。"古为今用"对于将历史作为一种工具运用的人来讲并没有错。一位历史教师,不可能,也没有必要把历史研究的全部内容传授给学生,尤其是目前尚有很大争议的问题,对缺乏分析判断能力的中小学生而言,反而容易引起思想混乱,当然就应该选择最合适、最重要的内容传授给他们。了解某个人的历史、某个地区的历史,也同样应该根据受众的需要,把最具代表性的内容告诉他们。出于这样的目的,历史运用者通过其主观意识选择、剪裁史料就不可避免了。比如在某人的悼词中可以不提他生前的某些过失或错误,但在写他的传记或对他作全面研究时就无法避免。如果介绍一座城市的发展史,而对方只有 5 分钟的时间,就只能把最重要、最恰当的内容告诉他;如果有 50 分钟的时间,就可以增加一些细节,甚至不妨告诉他研究中存在的空白和争议;如果对方是中小学生,那就要多讲述一些正面内容,而可以不提这个城市发展过程中的教训;但如果对方是个大学生,那就可以多讲一些争议和失误等方面的内容。

古今中外,任何一个国家、社会都会根据现实需要对历史加以取舍利用,这并非中国特有的现象。试想当美国总统接待来访的英国君主,在谈及两国交往的历史时,是不是一定要从独立战争讲起,是不是一定要讲当时如何反抗英国殖民者的斗争呢?那就不一定了。一定要提到时,大概也是一语带过。这种选择任何时候都是需要的,不可避免的,但这样做,并不等于否认这段历史的存在。在研究美国和英国的关系史,或者研究美国独立战争史时,无论是美国的历史学家,还是英国的历史学家,都必须尊重历史事实,才能作出正确的结论。

当前对待历史最大的弊病,就是混淆了研究历史与运用历史之间的界限,脱离历史事实,一味强调古为今用,采取实用主义的态度。影射史学就是这种弊病的产物。

6 影射史学及其遗风

我们常把历史比作一面镜子,则历史研究者的工作,就是擦去蒙在镜子上的灰尘,使镜子更加光洁,使镜中的影像尽可能与历史事实一致。至于旁人要从这影像中读出什么微言大义来,与研究者是毫不相干的。而"文革"中流行所谓**"影射史学"**,就完全不同了。为了使影像符合自己预先设定的形象,就在镜子上抹上颜色,或者破坏镜子的平面,使人们照不到自己的原貌。"古为今用"和"影射史学"的差别就在这个地方。

正确的古为今用,只是在历史所能提供的范围里,做一些主观的选择,对历史事实进行取舍,但绝不会歪曲、篡改既定的事实。像司马光在写作《资治通鉴》时,发现原始记载互为抵牾,便另撰《资治通鉴考异》三十卷,详加辨析,说明取舍的理由。对于异说,也记于《考异》一书中,以备后人查考。而影射史学,则是先入为主,带着自己的目的去寻找甚至制造对自己有利的"史实",对于不利于自己的材料,要么绝口不提,要么歪曲篡改,用自己的目标来重新"创造"历史。这样,历史就真的成了"任人打扮的小姑娘"(据说为胡适语)了。

"文化大革命"中,"四人帮"及其御用文人凭空捏造历史上所谓"儒、法两条路线的斗争",无限地拔高法家,贬低儒家,凡是法家都是爱国的,儒家都是卖国的;法家都是维护统一的,儒家都是主张分裂的;法家爱护劳动人民,儒家主张残酷镇压等等。并且由此将历史上一切政治斗争,乃至文学流派上的分歧都归结为这两条路线的斗争,甚至连李商隐的无题诗也成了"法家作品"。

在他们的笔下,中国历史上每一个时代的兴亡,从先秦一直到明清,都要套用儒法斗争的公式。为了符合他们的定义,便将秦始皇塑造为人民利益的代表,是杰出的法家,而赵高则是儒家路线的执行者,篡夺了领导权,妄图复辟奴隶制,这才引发了秦末农民起义。儒法斗争贯穿中国历史,不仅继续到现在,还要影响到将来。

江青当年大肆吹捧的所谓奴隶起义领袖"柳下跖"(盗跖)就完全是虚构的产物。盗跖最早见于《庄子》一书,该书《盗跖》篇记载盗跖当面痛斥孔子,称所谓"圣人才士"不过是"矫言伪行,以迷惑天下之主,而欲求富贵焉",并历数儒家称颂的尧、舜、禹、周文王、武王等古代圣王的罪行,称"其行乃甚可羞也"。这当然只是庄子假托的用来讽刺儒家的寓言,因为其中似是而非的内容与自相矛盾之处很多。比如其中说:"孔子与柳下季为友。柳下季之弟,名曰盗跖。"柳下季即《国语·鲁语上》中的展禽,又名柳下惠,柳下是他的封邑,惠是死后的谥号,他是鲁庄公、僖公时人,距孔子出生至少也有100余年,根本不可能与孔子为友。而且,根据周代制度,贵族男子排行最末的名季,那柳下季怎么会还有个弟弟呢? 即便他真有一个弟弟,在宗法制度严格的周代社会,再怎么落魄也不可能沦落到去做奴隶的地步的。所以盗跖是否确有其人还是个问题,"四人帮"的御用历史学家们，出于"评法批儒"的需要，非但肯定这个寓言中虚构的人物，而且编造了很多根本不存在的事迹出来。1974 年开始，全国掀起一场研究和调查盗跖的热潮，各地找出来的盗跖活动地竟然达几十处之多，谭其骧先生就说过："人都不知道在哪儿呢，怎么会有遗迹？"

用这种方法来研究历史，其唯一的现实目的便是打击政治对手。凡是不符合他们的路线的，就扣上一顶"当代大儒"的帽子。众所周知，"文革"后期，"批周公""批宰相"就是用来针对周恩来的。为了将儒家与宰相联系起来，便杜撰出孔子曾当过鲁国的代理宰相，一上台便要复辟奴隶制。其实，孔子从未当过宰相，《左传》定公十年（前 500）记载，该年夏，定公在夹谷会见齐侯，"孔丘相"。据晋杜预的注释，所谓相即相礼，主管两君相会的礼仪，根本与后世的宰相无关。《孟子·告子下》也记载："孔子为鲁司寇，不用，从而祭，燔肉不至，不税冕而行。"（孔子担任鲁国的司寇，不被重用。当他跟随国君去参加祭祀时，祭肉却没有送到，孔子连官帽也没脱就走了）可见孔子这个司寇所拥有的职权实在很有限。《史记·孔子世家》中称孔子"由大司寇行摄相事"，经清代学者梁玉绳、崔述等人考证，"大司寇"的"大"字为司马迁妄加。所谓"摄相事"，所指也不过是代替鲁国权臣季氏为定公的相礼而已，相当于后世所谓的"司仪"。说孔子要复辟奴隶制，也同样没有任何证据。孔子只是针对春秋时期周天子大权旁落于诸侯，诸侯权力又尽在大夫的普遍状况深感不满，提出要"克己复礼"，恢复"礼乐征伐自天子出"的状况,与奴隶制并无直接的关系。而且,《孟子·梁惠王上》记孔子说:"始作俑者,其无后乎!"表明孔子是坚决反对人殉的。

影射史学不是中国才有,也不是到了"文化大革命"才有,古今中外歪曲历史的情况历来都存在,只不过到了"文化大革命"把它推到了极致。古代同样也存在影射史学,有些文人对现行的政策、方针不满,但当时没有言论自由,不存在直接表达不同观点的途径,只有通过影射历史来发泄自己对现实的不满。清朝建国之初,大量明末遗民纷纷投入"反清复明"的行列,等到清朝统治基本稳固,武力推翻其统治已不切实际时,在政治高压下,这些遗民中的诗人文士只能在其著述中以隐讳的方式,诸如引用孔孟之语强调"夷夏之别"、以"身体发肤受之父母"来反对薙发、用"明朝"(zhāo)暗指"明朝"(cháo)等等,来表达"反清排满"思想。清初最著名的文字狱之"庄廷鑨《明史》案",株连甚广,使很多无辜者惨遭杀戮。但庄氏编修的《明史》不用清朝年号,只用南明年号,其倾向性也很明显。不过另一方面,还有很多纯属统治者神经过敏。本来很平常的一句话,无端地就被指为影射攻击。像乾隆年间的"王锡侯《字贯》案",王锡侯仅因在其所编字典的凡例中列出康熙、雍正和乾隆的名字,便被指为"大逆不法,为从来未有之事,罪不容赦"。其实该书中列举皇帝姓名,作者本意是为提醒不知者避讳,却因此丢了脑袋,并株连亲族,实在太冤枉了。文字狱中最荒唐的要算"冯起炎呈词案",冯是山西临汾县生员,父母早亡,以教书为业,因家贫年已三十还未娶妻。他看上两个姨表妹,又无力迎娶,竟然异想天开,做起"奉旨完婚"的美梦,投书乾隆,要皇帝为他做媒。呈词中这一段非常可笑:"(臣)尝到臣张三姨母家,见一女可娶而恨力不足以办此。……又到臣杜五姨母家,见一女可娶而恨力不足以办此。……若以陛下之力差干员一人,选快马一匹,克日长驱到临邑,问彼临邑之地方官:其东关春牛厂长兴号中果有张守汴一人否?诚如是也,则此事谐矣。再问东城闹市口瑞生号中果有杜月一人否?诚如是也,则此事谐矣。二事谐则臣之愿毕矣。"被指为"色令智昏","意欲上渎天聪,此光天化日之下,胆敢狂悖至此,实属目无法纪"(乾隆四十八年直隶总督袁守侗奏折),被流放黑龙江给披甲人为奴,那就更是莫名其妙了。

影射史学的致命缺陷在于,历史是不断发展变化的,绝对的重复是不存在的,影射史学表达的实际上是一种**历史循环论**的观点,将过去的史实和今天的现实挂起钩来,把古人和今人做极不恰当的比附,而看不到现实绝非过去的循环或重复,因为时间、地点和条件都发生了改变。影射史学本身实际上是专制政治下,学术泛政治化后历史成为政治附庸的产物;或者是在政治高压下,不存在充分的言论自由,不得不掩盖自己的真实思想,才使用这种办法。影射史学不是中国历史学一个好的传统。

影射史学的时代当然已经过去,但时至今日,有些人还是习惯于在历史和现实之间作不恰当的比附,甚至为了现实的需要歪曲历史。在他们的眼中,似乎今天的一切都可以在历史中寻找到对应的部分。例如,对改革开放以来的新气象、新进步,往往要用古代的清官、好皇帝、改革家来比附。其实,历史上除了确实存在过屈指可数的几位清官、好皇帝(且不说其中不乏某些好事者制造的假象)以外,绝大多数人不可能超越时代的局限,君主专制体制下造就更多的只能是暴虐残忍的帝王和贪赃枉法的官僚。不依赖于制度的创新,而寄希望于抽象的个人道德,是极其危险的。

明朝和清朝前期,地方官员根本没有办公经费,而按照惯例,幕僚、随从的报酬等却都得在官员自己的俸禄中支付,而俸禄又低得出奇,所以官员们依靠正常的俸禄根本无法过上舒适的生活,低级官员更连养家活口都有困难。现在家喻户晓的清官海瑞(图3.6),生前的最后二年多任南京右都御史,其俸禄已经是明朝政府高级官员中第三位的高薪,却只有732石(年俸),而相当多的下属要由他支付薪水。他自己连子女都没有,生活又极端节约,以至当县官的他买两斤肉为母亲祝寿,也会引起总督胡宗宪的惊奇。可是海瑞死时仅留下白银20两,尚不够殓葬的费用,可见官员们靠正常收入是无法维持生活的。有的朝代还委任一些只有空衔不支俸禄的地方官,听任他们去"自负盈亏",这样就造成了无官不贪的局面。

如果用从政实绩来评判,海瑞不过是个一般的清官,对明朝的政治、经济和社会并没有很大的影响,而在很大程度上只是一个道德的典范。平心而论,海瑞的廉洁自律,确实值得敬仰,但用如此崇高的道德规范来要求每一个官员,根本是不可能做到的。所以尽管海瑞有良好的主观愿望,他的措施和建设却往往是不现实的。如海瑞曾向皇帝建议恢复明太祖时的惩贪法律,即贪赃枉法所得满80

图 3.6 海瑞像,采自明刊本《海刚峰先生居官公案》。

海瑞(1514—1587),字汝贤,号刚峰,广东琼山(今属海南)人。嘉靖四十三年(1564)上《治安疏》,指斥明世宗君道不正,下狱论死,隆庆后复出。

贯钱即处绞刑,更严重的要剥皮实草,不仅"议者以为非",就是皇帝也觉得太过分。显然要让一般官员这样严格地遵守本来就不合理的俸禄制度,既不合情理,也是完全不可能的。明朝的权臣和太监迫害政敌或清流常用的手段就是给对方栽上"贪赃""受贿"的罪名,这固然出于诬陷,但也说明当时像海瑞这样的官员实在太少,就是清流们也未能免俗,要说他们贪污再容易不过。在几乎无官不贪的情况下,如果真的要实施明太祖时的法律,大概除了海瑞本人以外,人人都够得上处绞刑的资格,剥皮的刽子手恐怕会供不应求。故而《明史·海瑞传》说他"意主于利民,而行事不能无偏",确是公允的评价。道德的榜样和严刑峻法都不是万能的,解决社会矛盾还得有切实可行的办法,尤其是要注意消除产生这些矛盾的根源。崇高的道德典范不具有普遍意义,一旦要用它来要求社会中每一个人,只会造成更多的伪君子和两面派。只有依靠合理的制度,用人人都可能遵守的规范来制约,才是唯一可行的出路。而在专制社会,这样的制度创新是难以完成的。海瑞一直没有认识到这一点,这是造成他悲剧结果的真正原因。

　　现在有些人抬高海瑞,将他树为清官的典型,不惜将其神化。海瑞是宋明理学的坚定信仰者和实践者,在这点上,他确实是表里如一的,但其行事往往极端偏激而毫不近人情。明姚叔祥曾记载,海瑞年仅5岁的女儿,仅仅因为从男性家僮手中接了一块饼吃,便被海瑞认为犯了"男女授受不亲"的大防,强逼其自行饿死。在当时,记述者是为了称颂"非忠介(海瑞谥忠介)不生此女"(《见只编》

卷上），今天读来，只能觉得可怕，无怪乎周作人要痛诋其"实即是酷吏"，"岂不将如戴东原（戴震字东原）所云以理杀人乎"（《记海瑞印文》，见周作人自编文集《书房一角》，河北教育出版社 2002 年）！

本来，"海瑞现象"出现在专制社会是很正常的，但由于影射史学非要把他比附现实，所以只能推出一个经过他们歪曲的海瑞形象，以达到他们以古喻今，借古讽今的目的。张中行先生曾针对近年来媒体大力颂扬历史上清官的现象，指出其"问题在于，如果这位好官不来，小民的幸福和安全，保障在哪里呢？……歌颂包公，歌颂海瑞，无论从事实说还是就思想说，都是可悲的，因为看前台，是小民的有告，看后台，是小民的无告。"歌颂清官"追问本质，是乞怜，表现的形式是磕头。我们现在标榜民主，乞怜与民主是背道而驰的。如果民真能主，真依法而治，官好不好就关系不大，因为不管你心地如何，总不能不依法办事，否则民有力量让你下台，法有力量让你走进牢房。所以再推而论之，颂扬好官就正好表示，民未能主，法未能治"（《月是异邦明》，载《读书》1992 年第 9 期）。说得实在是一针见血，发人深省。

当前影射史学遗风的另一种表现，是强调所谓"历史要为现实服务"，特别是要为地方经济建设服务。近十几年来，各地争夺名人诞生地、活动地、重大事件发生地，以及不顾既定的历史事实，一味为祖宗翻案等事件频频发生，其实这些有争议的问题，有的本来是早有定论的，有的根据现存的史料是无法做出明确判断的。比如西施的故里到底在哪里？浙江的诸暨和萧山争得头破血流，漫画家华君武先生为此还画过一幅漫画,登在《浙江日报》上,漫画中东施也来凑热闹,让两个人不要再打,干脆我们两人一家分一个好了。其实诸暨和萧山两县毗邻,历史上又长期同属会稽郡,县界可能有所变动,西施居住的那个村的原址,哪里还弄得清楚?更何况西施其人不见于《春秋》《左传》《史记》等史书记载,而记于《管子》《庄子》以及东汉的《越绝书》和《吴越春秋》,究竟只是小说家言抑或实有其人,还是个疑问。今天两地所存的西施古迹,多为后人附会,不可能是春秋遗迹,显然不能当真。再如对孙武的故里,先秦古籍并无记载,《史记》只说"孙子武者,齐人也",语焉不详。现在山东的惠民、博兴和广饶三地都在争,其实这三说都是以《新唐书·宰相世系表》所载孙武祖父孙书"食采于乐安"为依据的。而《新唐书》的史料,又来源于唐元和年间(806—820)所编的《元和姓纂》。有人认为该书中的"乐安"指唐乐安郡,有人认为指汉乐安县,有人认为指先秦齐国乐安邑,一时众说纷纭。且不说孙书的采邑是否一定为孙武的出生地,《元和姓纂》中所列郡望名称,既有郡名,又有县名,既有唐代地名,又有前代地名,三派学者按各自理解来解释这段史料,争来争去争不出个结果来。这种情况下,即便超脱的历史学家也很难作出判断。

也有的史实本来是很明白的,如诸葛亮躬耕地在今天的湖北襄阳,东汉末属于南阳郡邓县,是南阳郡下辖的 37 个县之一,这一点,东晋习凿齿的《汉晋春秋》记载得很清楚:"亮家于南阳之邓县,在襄阳城西二十里,号曰隆中。"(《三国志·诸葛亮传》裴松之注引)

当时是刘表的统治区。而今天的河南南阳东汉末虽然同属南阳郡，但从建安四年(199)张绣降曹开始就一直是曹操的控制区，刘备怎么可能于建安十二年(207)跑到"敌占区"去三顾茅庐呢？诸葛亮《出师表》中称自己"躬耕于南阳"，只是从当时的郡名而言的。历史学界对此早已取得了基本一致的意见，但到了1990年《三国演义》特种邮票第二组中的"三顾茅庐""隆中对"要确定首发式地点时，襄阳、南阳之争就白热化了。如果只是一场学术争论也就罢了，竟然有人公然在文章中声称是为了"南阳二千万(原文如此，当作一千余万)人民的利益"，既然如此，那还有什么尊重历史事实可言？在这种情况下，某些自封或被封的"历史学家"的"考证"当然不可能是研究历史，连我们所说的"运用历史"也谈不上。

要说这些人都是无事生非，或者完全是出于私利，或许有欠公允，关键问题是他们误解了历史的真正价值。争名人，争古迹，争"第一"，说到底，都是为了某一地方或人群的利益，因为他们都认为，争到了这些"历史资源"就有了地方的知名度，就能够促进旅游业的发展或产品的销售，就能够引来外资内资，甚至就能够"冲出亚洲，走向世界"。其实这是误解了历史的功能，多数情况下是不能如愿以偿的。

一个地方的知名度固然离不开历史，但历史只是很多因素中的一个，一般情况下并不是决定因素。在今天世界上或国内的大中城市中，完全靠历史悠久或历史地位重要而获得知名度的是极少数。即使是这些城市，也还离不开现实条件。如在中国的七大古都中，安阳建都在杭州之前,年代比杭州久;开封也先于杭州,地位更加重要,但国内外知道杭州的人无疑要比知道开封、安阳的多得多。

历史当然是一项重要的旅游资源,在人文景观中更是如此。但绝大多数旅游者不是历史学家、考古学家或专业人员,他们的主要目的是娱乐、休闲,是精神和物质上的享受,要是不具备这样的条件,即使是再重要的古迹也不会引来游客。20 世纪三四十年代的敦煌莫高窟可以吸引张大千、常书鸿这样的画家、学者,但只有交通改善和设施具备后才会成为旅游热点。今天真正要产生市场效益,历史悠久不是决定因素。即便全是假的,只要市场定位准确,也同样可以吸引大量的客源。像杭州的"宋城"主题公园,全是新建的仿古建筑,游客也源源不绝。而杭州城南凤凰山麓真正的南宋皇城遗址却埋没于草木之间,到那里去发思古之幽情的人恐怕没有几个。长期无人知晓的四川九寨沟,除了编出一些民间故事外,在汉文史料中找不到什么记载,但大自然的无穷魅力使它在短短几年内就名闻世界。

由此我想起了南宋诗人陆游在《入蜀记》中记下的一件事:镇江北固山甘露寺中有一块"狠石",相传刘备与孙权曾围着这块石头商议如何对付曹操。石头早已不存在了,寺中僧人就随便放一块充数。每当游客围着石头抚摩感叹,大谈三国故事时,知情的和尚和小孩都在暗暗发笑。记得前几年我游览甘露寺时也见过这块"狠石",从南宋到今天又不知换了几块,但这并没有影响游客的兴致,因为刘备、孙权到过这里已经通过小说《三国演义》(不是史书《三国志》)而变得尽人皆知,难道还有必要让历史学家或地质学家来证明这块石头的真伪吗?因为旅游毕竟不是历史教学,就是历史学家也怎么可能、又有什么必要将一切都查考清楚呢?

至于要寓教于乐,激发爱祖国、爱家乡的崇高感情,这是把太多的附加成分放在历史上,实际效果并不见得很好。难道爱好历史、喜欢游览名胜古迹的人里面就没有卖国贼了?如果我看到外国的古迹更加雄伟,难道就激发起我爱外国的感情吗?要增长历史知识的话,并不一定非得通过旅游,花同样的时间去读史书,学到的知识肯定比旅游看到的多。

现在很多地方花那么多的财力、物力去争这些所谓的旅游资源,其实并没有取得想象中的巨大效益,反而在实际上起了误导作用。例如关于李自成的结局,清初以来大量公私文献证明他于顺治二年(1645)兵败退至湖北通山九宫山,被当地民团所杀,这点已得到明史学界大多数学者的公认。而近年来,湖南石门县一些人仅凭当地流传的李自成兵败后遁入空门的传闻,以及该县夹山寺奉天玉和尚墓中出土的部分文物,断言李自成兵败后禅隐该寺,化名奉天玉,并在幕后秘密指挥余部"联明抗清"20余年之久。此说一出,海内外报刊、电视纷纷介绍,盛极一时。对此,史学界大多数人均认为缺乏确凿的根据。比如墓中出土的一块镌刻道符的青砖,有学者破译出其中含有"闯王陵"三字,成为李自成归隐夹山说的铁证。其实,只要稍具一点宗教知识的人都会知道,这只不过是极常见的道教神符,是旧时丧葬的常用之物,埋于墓中取保佑亡魂升天之意。

被某些学者认为含有"闯王陵"的图案,在全国各地的墓葬中均有
出土。《奉天大和尚塔铭》中有一处是脱漏后补刻,又有学者加以
发挥,认为隐喻"补之",即李自成之侄李过的字,那就简直是在测
字了。而湖南石门县为开发这一旅游资源,违反《文物法》中"不改
变文物原状"的规定,未将奉天玉墓按原状保存下来,而是投资
1000多万元,仿照明十三陵,将属省级文物保护单位的夹山寺改建
为宏伟的闯王陵,与湖北通山的闯王陵遥遥相对。可是石门县不是
经济发达地区,又缺乏相关产业带动,不像杭州本身就是一个世界
著名的旅游城市,以致游人寥寥,现在惨淡经营,维持不下去,并没
有获得预期的经济效益。这种做法也给当地青少年、学生和缺乏历
史知识的游客造成错觉,以为这里就是李自成的墓地,对通行的说
法(包括历史课本中的内容)产生怀疑,还助长了一种狭隘的地方
主义情绪。至于某些学者、文人拿了钱便去美化别人的祖宗,将奸
臣证明为忠臣,汉奸美化为民族英雄,就已经完全丧失了作为知识
分子的良知了。

　　近几年来有人为了迎合政治,证明中国如何伟大,不断地发现
所谓"世界第一",把早就被历史学家批判过的伪史料重新拣出来,
把五四运动以来正确的辨伪统统推翻,诸如河图洛书的传说都是信
史,甚至有人证明是由外星人带来的;三皇五帝确有其人,不仅有具
体的出生,还有世系明确的直系后裔;似乎惟其如此才是爱国主义。
这使我们想起了晚清以来的一种潮流,外界传入中国一种新事物,
无论是物质方面的还是精神、制度方面的,总会有人出来证明,中国

古已有之,暗示外国人只是拾了中国古人的牙慧,至少是受了中国古人的教化或影响才有的。足球流行时,便有人撰文称足球实起源于唐宋的"蹴鞠",20 世纪 80 年代允许股票上市时,又有专家撰文论证股票在中国历史上早就出现了,进入 90 年代更有学者论证市场经济中国古而有之,这实在是历史研究和运用的一种倒退。但是对于熟悉中国历史的人来说,这类盲目复古、西学中源的论调,不过是晚清或更早的沉渣泛起,在历史上并不罕见。

还有一些人借着弘扬中国文化的名义,把《周易》及阴阳学说抬高到了无以复加的地位,似乎成了集科学的大成,成了中国以至世界一切科学的源泉。其实稍懂一点中国历史的人就不难看出,先秦的学者再伟大,也不可能超越时代的局限,达到现代的科学技术水平。即便有现代科学家学习和运用《周易》或阴阳学说取得了成就,与《周易》或阴阳本身的科学价值是不能混为一谈的。尽管莱布尼茨(Gottfried Wilhelm von Leibniz, 1646—1716)从中国的八卦得到启发而发明二进制的故事已经不止一次被指出并非事实,而只是国人一厢情愿的误解,事实不过是莱布尼茨发明二进制之后,从在中国传教的法国籍传教士处获得了宋代邵雍的六十四卦图,发现可以用他的二进制数学来解释,但不少人至今还在津津乐道,以此来证明《周易》的伟大。即便真有其事,那么比莱布尼茨对《周易》不知熟悉多少倍、又不知有多少《周易》专家的中国,为什么没有人发明二进制,并进而研制出计算机呢?

近年来,一些人对传统文化的顶礼膜拜,已经到了以糟粕为精华、视腐朽为神奇的地步。照这些人的看法,中国的传统文化早已尽善尽美,中华民族只要守着传统文化就可以进入现代化了。照这样说来,那改革开放岂不成了多此一举?

7 走出庐山

我们还是先从苏东坡的诗说起吧:"横看成岭侧成峰,远近高低各不同。不识庐山真面目,只缘身在此山中。"因为人在山中,他的视野是有限的,而且由于所处地位和观察角度的不同,得到的印象也会不同,而且只能是一个局部,难免片面。所以观察一个大的事物,眼光不能只局限于小范围内,需要有更加广阔的视野,这就要保持一定的距离。理论上说距离越远,视野就越广。站在紫禁城里看见的只能是目力所及的一个宫殿,跑到外面,则至少可以看见它的概貌,站在景山顶上就可以看到全貌。对于历史也是一样的道理。保持一定的时间与空间上的距离就可以摆脱功利的羁绊、政治的束缚和视野的局限,从更广阔、深入、超脱的角度来观察和评价历史。

以前我们总是说,自然科学是没有阶级性的,而人文社会科学有鲜明的阶级性。我不认同这种说法。人文社会科学,包括历史学,它们本身所反映的事实、揭示的规律,是客观的、中性的,没有所谓的"阶级性",这与自然科学并无二致。但对研究的结果如何评价、如何运用就免不了包含价值判断、政治色彩和个人功利了。所以说,历史研究完全可以没有阶级性,而历史运用则必然离不开使用者的立场和利益。如果这些就是阶级性的话,历史运用当然是有阶级性的。正因为这样,对于以探求历史真相为己任的历史研究者而言,就不应该站在一个狭隘的立场上来看待历史。以前的爱国主义教育总是说我们中国人了解中国史、研究中国史,首先要明确自己是一个中国人,为自己伟大祖国悠久的历史、灿烂的文化而倍感自豪,如果只是运用历史,用历史为现实服务,这当然没有错。但如果要做一个历史研究者,最关心的应当是历史事实的真相,而与研究者的国籍无关。否则,如果涉及国家的耻辱、民族的陋习、文化的劣性等,就不必研究、甚至一笔抹杀吗? 即使是最敏感的问题,例如国家之间有争议的领土归属,历史事实也是客观存在、无法改变的,无论哪一国的历史学家,研究出来的结论应该是一致的。所不同的只是如何运用这一事实,如故意忽略或隐瞒某些事实,强调或夸大某些事实,以使自己一方在领土争端中处于有利地位,赢得外界道义上的支持等,但这早已不是历史研究,也不是历史学家的事了。

因此,研究历史,必须要有大眼光:从纵向看,应该有一个历史发展的观念;从横向看,应该把小范围的历史放在大范围中考察,将中国的历史放在世界的范围内来考察。我们以前在研究中往往过分强调自己中国人的身份,强调中国历史的特殊性,就没有把中国历史放在整个历史时代、整个世界体系中,缺乏全球性的视野,缺乏融会贯通的气势,甚至没有把中国纳入亚洲范围来考察。研究中国史的不知世界史,研究世界史的又不知中国史,研究明清史的不知近代史,研究近代史的又不知明清史,这样就无法真正深入地了解中国历史。

正因为以前我们很少把中国历史放在整个世界范围来考察,到底历史上的中国在当时的世界处于什么地位,到现在为止很多人、包括不少历史研究者在内其实并不清楚。这样就逐渐滋长了一种夜郎自大、固步自封的心态,认为历史上的中国一直是世界上最先进的国家,只是到了近代遭受西方列强入侵才落后于世界,实际上并非如此。由于地理环境的制约,也由于发展水平的时空差距,长期以来中国一直没有受到过外界强有力的挑战。另一方面,在东亚大陆和中国文化圈的范围之内,的确不存在整体上更先进的文化。这就使中国人一直认为唯有中国的帝王才是天下的主宰,"溥(普)天之下,莫非王土"(《诗经·小雅·北山》),其他一切国家和民族都应该毫不例外地服从,只能称臣纳贡。至于一些过于遥远或野蛮的地方,并不是不可以由中国来统治,而是那些地方没有资格,是那里的人没有做天朝臣民的福气。而任何外国或外族,只要没有与中国的行政制度和文化传统联系在一起,就必定是落后的蛮夷之地。就连中国历史上最称开放、气度恢弘的汉朝和唐朝,我们翻遍史籍,看到的也只是天朝大国的慷慨大度和异族外国的仰慕归化。

西汉的通西域其实只是军事外交的副产品,也是与军事实力的消长相始终的,所以到了东汉就会三通三绝,时断时通。汉武帝曾经倾其所有款待"外国客",汉朝的法律却禁止本国的臣民走出国门。西域的作物、器具、服饰、音乐、舞蹈等传播到中原,为华夏文化所吸收。西域和匈奴的人口也迁入中原，以后成了华夏族的一份子。但在整个汉代，以儒家学说为代表的传统思想从来没有受到外来的挑战，也从来没有学习外来文明的思想准备。自东汉初(可能更早些)传入中原的佛教影响还很有限，并且从一开始就有了"中国化"的特点。与西方对汉朝的神奇传闻相反，我们在汉人的著作中根本看不到对境外世界的向往。除了政治、军事使者以外，汉朝没有向外国派遣过其他人员，也没有派学者和商人出国。所以在境外传播中原文明的只是降官、俘虏、难民和逃亡者，能够从对外贸易中获得利益的至多只有少数商人。

　　唐朝文化的辐射面和接纳面都比汉朝广得多，但在本质上与汉朝并无差异。尽管唐朝文明在实际上吸收了不少外来成分，但从未有过自觉的学习意识，尤其是在精神文明方面。同样，唐朝也没有产生过要把自己的文化传播或推广到外国去的打算，而只是容许外国人来学习。值得注意的是，仅有的几个例外都是充满宗教热情的僧人：历尽艰险而从印度取回真经的玄奘，以及七次东渡得以在日本弘扬佛法的鉴真。这与同时代日本学者不惜葬身波涛，一次次加入遣唐使团留学唐朝，恰成鲜明的对比。作为中国四大发明之一的造纸术在阿拉伯世界的传播，靠的是怛罗斯战役的唐军俘虏，而意外地亲身游历了中亚、西亚并留下纪录的，竟也是俘虏之一的杜环。在大批西域"商胡"、阿拉伯"蕃客"来中原经商致富、定居繁衍的同时，唐朝人在境外的发展几乎是一片空白。

　　在这样长期自我封闭的情况下，中国历史就独立发展并数千年一贯地延续下来。幸运的是,高山、大海、沙漠、草原将中国与其他文明中心隔开了,使它成了东亚大陆最强大的也是唯一的文明中心。而在工业化以前,地理上的间隔使中国几乎没有受到过外来文明的强有力挑战,如东征的十字军、阿拉伯帝国(黑衣大食)的军队,没有一次能进入中国。北方游牧民族是中原政权唯一存在的威胁,如匈奴、鲜卑、突厥、契丹、女真等,长城就是为了阻止这些民族的南下而修建并被后代不断增筑的。尽管他们曾经不止一次征服过中原,但由于这些民族整体上,特别在经济上、文化上落后于中原汉族,军事上的征服者最终却都毫无例外地成为文化上的被征服者,连这些民族本身也被消融于汉族的汪洋大海之中。在西方历史上历经1800多年流散生涯,以强大的凝聚力固守本民族宗教文化传统而著称的犹太民族,其中的一支于北宋中叶进入开封定居,长期过着和平生活,得到汉族的平等对待,也逐渐放弃本民族的语言,开始学习儒家经典,参加科举考试,娶汉族女子为妻,最终失去保持本民族特征的心态,融合到了汉族之中。在19世纪初,开封犹太人中就已经没有专门的神职人员,无人能够阅读希伯来文经典了。这是见于记载的犹太民族被外族同化的唯一例子。我认识的一位大学教师,曾告诉我他是开封犹太人的后裔。在我得知他这一民族背景后,再仔细端详,似乎看出他的相貌有点异样,但其他方面实在找不出与我们有什么不同。

尽管中国历史上曾经有过无数的辉煌,却是建立在华夏文化绝对优越的前提下的,华夏(汉族)只是居高临下地接纳异族文化,只是容许异族、异国人学习归化，而不是鼓励本族、本国人向别人学习，或者积极传播自己的文化。当沙皇俄国的势力已经扩展到西伯利亚以东，西班牙、葡萄牙和荷兰的舰队已经航行在台湾海峡和南海，英国已经在印度建立了殖民统治并通过东印度公司向东南亚和中国推进时，天朝的皇帝和绝大多数臣民却毫无知觉，在自己紧闭的大门内继续做着天下之中的美梦。甚至像林则徐这样的伟大人物，也相信洋人的腿关节不能弯曲，因此一度以为，清朝军队只要以长竹竿为武器将他们拨翻在地，他们就会束手就擒了。

我们研究历史，当然承认历史完全可以单独发展，像美洲的玛雅文明、阿兹特克文明，迄今尚未发现它们与外界有什么经济、文化上的交流。但这些文明现在却早已销声匿迹，其消亡的原因至今还不清楚。相反，在全世界范围扩张的文明，哪怕曾经引起激烈的冲突，影响就非常之大，一直保持到今天。中国文化只是在朝鲜、越南、日本和东南亚地区有较大影响，而古希腊、古罗马的文化影响则遍及整个欧洲、北非、西亚。它们的影响之所以这么大，和它们本身存在的时间、范围、作用都有着很密切的关系。所以研究中国历史不能只局限于中国本身，更加不能只局限于中原地区，要把中国放在当时的大时代里，要把它与同时或前后存在的其他文明作比较。这样才能对历史有更加全面的认识，得出客观公正的结论。

由于在 19 世纪以前中国文化从来没有受到过外来文明的挑战，这种心态的负面影响还没有表现出来。但在中国已经明显落后，世界已进入多元竞争的时代，还要以这样的开放观来应万变，结果就只能是更加落后。中国近代化的艰难历程和百余年来的曲折迂回,这种"天朝大国""世界革命中心"的心态难辞其咎。对今天中国在世界的地位和影响的过高估计,对中国传统文化可能发挥的作用的片面夸大,对 21 世纪和未来的过高期望,时下依然颇有市场,实际上仍然不过是"天朝大国无所不有"式的虚幻自慰而已。数年前还常在报刊上见到国人津津乐道于百余年前某位西方伟人将中国比喻为一头睡狮,以为他预见到了中国终将崛起于世界。其实,民国年间的汪康年就已经指出,西洋驯狮者用掺鸦片的牛肉喂食狮子,"狮则终日昏昏在睡梦中,尽人调戏"(《汪穰卿笔记》卷八,上海书店出版社 1997 年),于是永远没有醒来的时候,这正是当年苦难深重的中国的象征,又有什么可值得骄傲呢?

我们不能正确认识自己在世界的位置,常常过高地估计自己的力量,但又往往丧失了自信;陶醉于昔日的光荣,却不能正视今天的落后;满足于道义上的胜利,而不计较人力物力的损失;只重视文化取向(集中表现为意识形态),而不考虑国家的实际利益。如此种种,不一而足。历史留给我们的教训还不够吗?

8　历史的智慧

历史的智慧,也就是我们能够从历史中获得的教益。我们之所以要了解和研究历史,是因为历史不单给我们提供政治、经济、文化等方面的借鉴和知识,还能在其他各个方面为我们提供答案。历史可以提供的智慧是最全面的。

很多事物的发展需要经历很长的时段,在当代很短的时间内是无法看出其变化的趋势的,长时段的经验教训都记录在以往的历史中。比如我们要修一座水坝,就必须了解该河段洪水的历史记录,这样才能确定水坝的各种参数。现在经常提到的建造可以抵御百年一遇洪水的大坝,或者五百年一遇,甚至千年一遇,有人会想为什么不都设计成能抵御千年一遇的洪水呢?但是设计提高一个级别,成本就要大幅度增加,所以要在成本和标准之间找到一个平衡点。设计者凭什么来确定这些标准呢?那就要依靠历史。通过历史记载,我们可以了解这条河流以往发生过多大的洪水,水位究竟有多高,不同水位在当地造成的破坏又有什么区别。然后就可以确定这些标准,并且决定把设计标准提高到五百年或千年一遇是否必要,是否符合以尽量少的投入产生尽量多的效益的经济学原理,从而做出正确的决策。又如,现在找矿已有很多科学的手段,遥感、地震波、钻孔等,但任何技术手段都有一定的局限性,还得花费一定的费用。历史资料有时便可以提供很好的借鉴。四川大学已故的任乃强教授自 1929 年起多次赴西康(今四川西部、西藏东部)考察,并与当地土司女儿罗哲情错结婚,在她的帮助下,利用当地少数民族的资料,编成《西康图经》。20 世纪 80 年代,我陪同谭其骧先生去拜访他,他告诉我们,武警黄金部队聘他为顾问,因为他在编《西康图经》过程中收集了很多历史上的采金点,可以为今天的黄金勘探提供借鉴。这样的借鉴不是盲目的,而是建立在前人探索的基础上。前人可能只是偶然的发现,但被记录下来,就能为后人提供经验。

一个人的一生,即便活到 100 岁,和中国有文字(甲骨文)记载的 3000 多年历史相比,还是非常短暂的,更何况能活到 100 岁的人也不多。就算活到 100 岁,还得看他在历史中处于什么地位。很多人活到 100 岁甚至更长,在历史上却没有留下任何记载。像前几年广西巴马瑶族自治县一位老太太,活到 120 多岁去世,据说是中国见于确切记载最长寿的人,但这位老太太不识字,一辈子没有结过婚,从未离开过她居住的村庄,她对于历史的进程起过多大作用?而历史上像这样的人物又何止亿万! 当然不能说他们对历史一点作用都没有,历史就是由无数这样看似微不足道的细胞构成的,但是他们和历史上起较大作用的人物相比,无论其忠奸贤愚,就有着根本的区别。怎样使一个人短暂的一生,能够或多或少地在历史上留下一点痕迹,使一生不致虚度,很重要的一点就是要借鉴历史的智慧。历史给各种各样的人都提供了无穷的知识、有益的经验和教训,而单个个人所能经历的现实就远没有这么丰富。因为在现实中,一个人所能接触到的范围毕竟很有限,而从历史上去看,见于记载的人物、事件、经验经过了无数人、无数年代的积累是如此丰富多彩,应有尽有。尽管现在传媒越来越发达,当代也有非常多值得学习和借鉴的事物,但是无疑,历史比现实更加丰富。

人除了物质生活,还需要精神生活。随着当今社会越来越发达,体力劳动更多为机器所取代,相对而言,闲暇时间越来越多。在这种情况下,精神生活在人一生中所占的地位就进一步提高。未来满足一个人衣食等生理需求会越来越容易,穷人的标准,也许就会和以前大不相同。未来所谓的穷人,有一部分就是精神上的贫乏。一个人空闲时想增加知识、增长见识,历史就是最丰富的知识来源,而不是现实。现实的内容与历史相比,总是有限的,完全依靠现实是满足不了人的精神生活需要的。更何况精神生活不但是指具体的知识,也包括陶冶一个人的性情。历史可以把迄今为止人类最美好的事物集中起来,供人们欣赏、使用。要想理解中国文人的情趣,不可能完全在当代文人中找到,要了解魏晋风度就离不开《世说新语》的记载。20 世纪前期北京文人的情趣、前辈学者的佚事、知名大学的风貌,也只能在历史中找寻。阅读这些文字的享受,比目光局限于自己所在的城市或大学不知要丰富多少倍。从这些角度来讲,历史的智慧既是物质的,也是精神的。

由于精神生活往往并不与物质生活同步发达,后人并不一定能超过前人,在精神领域,进化论未必适用。艺术成就的高峰,大部分在当代就是不能再现的。一个学书法的人,如果不了解书法史,那就只能学当代的书法家,即便承认当代有超越前代的书法大师,他也未必碰得上,更不要说近代以来由于毛笔不再作为主要的书写工具,书法的整体水平已今非昔比。1967 年新疆吐鲁番阿斯塔那 363 号墓曾出土唐写本《论语郑氏注》(图 3.8.1),是景龙四年(710)高昌县 12 岁的普通义学生卜天寿所书写,而今天 12 岁的普通学生,书法如何能写到他的水平?可见唐人书法基点之高。但是,我们今

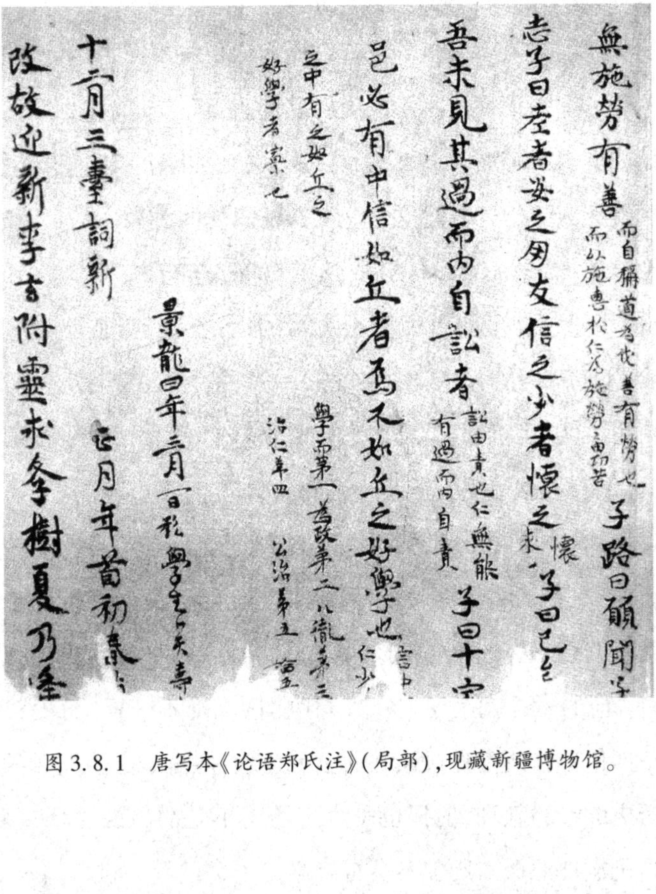

图 3.8.1　唐写本《论语郑氏注》(局部)，现藏新疆博物馆。

天可以从书法史里面吸取营养,临摹历史上王羲之、张旭、颜真卿等大师留下的法帖(图3.8.2)、碑刻,这就是历史留给后人的宝贵财富。学音乐的人,个个都能遇到当代的贝多芬、当代的莫扎特做老师吗?最好的方法只能是通过历史向这些大师学习。任何一门专门的学问,要真正地掌握,首先一定要了解这门学科的历史。研究化学的人,如果对化学史不了解,要想成为一位贯通古今的大师,恐怕也不大可能。但目前对学科史研究普遍不够重视,特别是科学技术史的研究,很多理科院系认为其可有可无,以至一流学者逝世后,研究后继无人、乏人问津,这是一种非常短视的行为。

黑格尔(Georg Wilhelm Friedrich Hegel, 1770—1831)在《历史哲学》的序论中曾经有过一段很著名的话:"人们习惯于把历史上的经验教训介绍给各个君主、各个政治家、各个民族国家。但是,经验和历史所昭示我们的却是各政府和各民族没有从历史方面学到什么,也没有依据历史上演绎出来的法则行事。每个时代都有它特殊的环境,具有一种个别的情况,使它的举动形式不得不由自己来考虑,自己来决定。当重大事件纷扰不定时,一般的笼统的法则毫无裨益,回忆过去的同样情形也是徒劳无功的。"(上海书店出版社2001年)他的意思就是说,各个时代的情况都不一样,历史对后代并无任何借鉴作用。这段话并非全无道理,但是未必全面。我们讲学习历史的经验教训,前提也是肯定历史不是简单的循环重复,绝对不是机械地照搬。历史不会再有第二个拿破仑一世(Napoléon I, 即 Napoléon Bonaparte, 1769—1821),甚至连拿破仑本人企图东山

图 3.8.2　王羲之《兰亭序》（局部）

　　王羲之（303—361），字逸少，东晋书法家，被后世誉为书圣。《兰亭序》有"天下第一行书"之誉，今传世皆为摹本，此图为唐冯承素摹本，现藏故宫博物院。

再起,重现昔日的辉煌也没有做到。历史的智慧既有具体的,更有抽象的。从具体来讲,人永远无法从历史当中学到什么,但从抽象而言,历史可以潜移默化地起到作用。现在要反腐倡廉,于是有人编写"历史上的清官""历代反贪史话"一类的书,从具体讲是没有意义的。因为今天的腐败,和历史上的情况并不相同,银行、证券等金融系统的腐败,古代没有;现在利用计算机、网络等手段的高科技犯罪,历史上也不曾出现。但是有一点,古往今来多少人因为腐败而身败名裂,多少政权因为腐败而导致垮台,这个教训可以给后人一种启示和警戒。黑格尔这段话正好说明,如果抱着为现实问题寻求现成答案的目的去研究历史,就会变成影射史学。真正的古为今用是要吸取历史的教训、历史的智慧,而不是简单的重复。正如他讲的,没有人能够从过去的历史中找到现实问题的具体答案。

同样的历史,有的人从中获益,有的人却上当,关键就在于学什么、如何学。根据《三国演义》第 95 回的说法,诸葛亮一出祁山时,马谡自告奋勇去把守战略要地街亭。马谡自诩"自幼熟读兵书,颇知兵法",认为兵书上说"置之死地而后生""凭高视下,势如劈竹",他就要生搬硬套,不听副将王平的再三劝告,屯兵于一座四面皆不相连的山上,结果被魏军四面围困,断绝水源,导致街亭失守。这一细节不见正史记载,也许并非历史事实,但很好地说明了这一道理。马谡不知道绝非将军队置于"死地"就一定会"生",而是要有其他种种条件的。他没有这个条件,不顾具体实际,照搬兵书,就不可避免地要失败。袁世凯当年复辟帝制,也有人向他鼓吹历史,但中国当时的形势,民主、共和的思想虽不能说已深入民心,但已为大多数社会精英所接受,于是袁世凯做了80余天皇帝就在一片反对声中一命呜呼。毛泽东晚年很多做法,他都要在历史中找根据,而与中国实际越来越脱离。1958年,中共八届六中全会通过《关于人民公社若干问题的决议》,毛泽东将《三国志·张鲁传》亲自作注,印发与会者。他对张鲁的五斗米道实行的"置义舍"(免费住宿)、"置义米肉"(吃饭不要钱)等措施极为欣赏,在批语中认为"现在的人民公社运动,是有我的历史来源的",以此作为"大跃进"和"人民公社化"运动的历史依据,终于酿成历史的惨剧。毛泽东研究专家,曾任毛泽东秘书的李锐对此有过切中肯綮的评价:"毛泽东对中国传统文化最有兴趣,涉猎最广的是史书。他一生酷好读史,到老不衰。除常看卷帙浩繁的《资治通鉴》外,即便是专治史学的专家也未必人人通读过的《二十四史》,也基本读遍了。至于稗官野史,他更是兴趣极浓,熟悉之至。"(《毛泽东晚年错误思想形成的原因》,见《直言:李锐六十年的忧与思》,今日中国出版社1998年)但"他既有十分高远的想象,又有丰富的历史素养,独独缺少对人类(原文按,主要是西方资本主义)经济发展普遍规律的了解,其中有为马克思所总结过的,也有马克思以后100多年尤其是二次大战后新发展的,他都不熟悉,或者茫然无知;同时又违背革命年代自己的经验,急于求成,不是脚踏中国实际,用科学的实事求是的态度探索落后国家社会主义建设规律,终于造成了晚年的悲剧。"(《"大跃进"失败的教训何在》,同上)

总而言之,从具体运用而言,古为今用的作用确实是有限的,历史需要抽象地继承和学习,潜移默化的力量是巨大的。我们现在改革开放面临的很多情况,中国历史上从来没有过,世界历史也同样没有过,的确无法从历史中找到同样的例子,但是这不等于我们不能从历史中获得教益。

现在有些人强调历史学研究也要为现实服务,前面已经说过,研究历史并不存在是否要为现实服务的问题,运用历史就必须考虑这一点。但是也不能违背历史事实和科学规律,否则不仅不利于学科发展,而且贻害社会。如果要历史具体地为今天服务,它不可能起多大作用,只会出现歪曲历史、图解政策的现象。在苏联的斯大林时代,斯大林被当作最伟大的天才、导师、理论家、哲学家、历史学家……一切问题都可以在他的著作中找到现成答案,所有人文社会科学的研究只是为他某句话做注释而已。这样的历史教训是深刻的。

现在对历史最糟糕的一种态度就是实用主义,为现行政策寻找历史依据,这是非常危险的。我们现在拟定的政策是否正确,只有从当前状况出发论证,以及由实施后的实际效果来证明,如果只用历史上有选择的例子来证明其正确性,如果这项政策是错误,那实际上是延长了并扩大了它的错误。比如因为要建设三峡工程,马上找出许多古代水利工程的好处,那为什么绝口不提埃及的阿斯旺大坝导致尼罗河三角洲迅速退缩、沙漠扩大,中国的三门峡水库由于无法解决泥沙问题,建成不久即壅塞报废的例子呢?即便要为现实服务,也应该实事求是,把正反利弊各方面的情况都列举出来,提供给决策者进行选择。片面强调"历史要为现实服务",完全是一种实用主义,与影射史学是一丘之貉。

现在提倡要多听取群众意见,报纸杂志、广播电视马上就大力宣传唐太宗纳谏,现在的情况和唐太宗纳谏能相提并论吗？后者只是专制时代帝王驾驭臣下、巩固政权的政治手段,即所谓"君王南面之术",和今天我们的政府应该顺应民意,完全是两回事,根本不能相提并论。当然也不能说这种比拟一点好处都没有,至少也提供了一点借鉴,连专制的君主都可以做到,难道我们的社会主义国家还做不到吗？从这个角度还可以讲,但若是追根究底问一下,这种比附,潜意识里把老百姓当成了什么？如果今天还把民主政治等同于帝制时代居高临下式的纳谏,那这样的"民主"不过是君主的恩赐,而非个人天然的权利,不过是一种点缀,仍然是人治的产物,而始终不能使民主成为一种制度,无法建立真正的民主社会。还有的自以为学了点历史的地方官员,在媒体上侃侃而谈,自称是父母官,要"爱民如子",把现代社会中官员和民众的关系等同于父子关系,这与现代政治中的民主观念也是完全背离的。现代代议制的政府就是老百姓普选出来、代替自己行使行政权力的机构,官员是公仆,老百姓才是真正的主人。这与专制体制下帝王派了官员去管理人民完全是两个概念。今天我们吸取的应该是民主政治产生以后别国的先进经验,而不是用古代的模式来套用。

9　从历史看未来

　　一般认为,现在科学技术发达了,应该通过科学技术手段预测未来,这当然没有错。但是,通过历史同样可以预测未来。一个人一生所能看到的时代、地域毕竟是有限的,但历史向我们提供了长时段、大尺度的视角,可以让我们神游万里,驰骋古今,由此再来看未来,至少可以多一点把握。

　　人类历史发展是否存在规律,是一个争论已久的问题。斯大林在《联共(布)党史简明教程》一书中随意歪曲马克思、恩格斯对历史发展的论断,将人类历史发展归结为教条式的**五阶段模式,**其实马克思本人坚决反对将他"关于西欧资本主义起源的历史概述","彻底变成一般发展道路的历史哲学理论"(《给〈祖国纪事〉杂志编辑部的信》,见《马克思恩格斯选集》第 3 卷,人民出版社 1995 年)斯大林对马克思主义的庸俗化、教条化给中国史学研究带来了巨大危害,以至现在不少人讳言规律。我想,因为人总存在一些共性,那么由人所组成的人类社会也总该有一些共性,所以历史规律还是有的,关键就在于我们是否能够掌握。即使没有适用于一切社会的总体性规律,也会有具体的、特殊的规律。就中国的历史来说,君主专制皇朝占了目前我们所知道的历史时期的大部分。如果只研究社会的总体规律,只看到这个社会从产生、发展到消亡的大过程,就无法解释各个朝代的兴衰。在地主阶级新兴的时期，照样有皇朝衰落以至灭亡。而另一个勃兴的朝代并没有摆脱传统社会的特性，另一批成功的君主也不可能不代表地主阶级的利益。为什么有的能持续三四百年，有的却只存在了一二十年，甚至胎死腹中？为什么同样是地主阶级代表，有的君主能开疆拓土，有的却只会割地赔款？有的可以清心寡欲，有的却一定要穷奢极欲呢？为什么在同一个阶级中也有忠奸贤愚，而同样是忠臣，结果却截然不同呢？我们以前对具体的历史经验不够重视，其实这类经验更具实用性和启发性，更易形成自己的智慧，更易转化为自己的财富。

承认存在规律，规律也并非一定呈现周期性，即便有周期，也可能是很长的周期，也许自人类有文字以来连一个周期都还没完成，但这不等于规律就不存在。例如，地球公转轨道偏心率具有以约11万年为周期变化的现象，这一变化导致近日点、远日点的变化，使太阳对地球的辐射强度随之变化。春分点具有以约2.1万年为周期的变化（岁差），这种变化造成季节长短的变化。以人有限的生命，就无法切身觉察到这种变化带来的影响。

规律存在不等于人就能够了解，了解了规律也并不一定能够顺应规律，还得有一定的物质基础，才能使正确的认识产生实际作用。例如，早在西汉时人们就已注意到了黄河挟带的巨大泥沙量，也知道这些泥沙的危害。此后直到清朝，不断有学者指出，山区或河流上游的滥垦滥伐是导致中下游河道淤塞、水旱灾害频繁的根源。但在无法缓解人口压力，使大批无地少地的农民和嗷嗷待哺的灾民有饭可吃的情况下，谁又能制止他们疯狂地涌向山区，采用掠夺性、毁灭性的开垦方式养活他们自己呢？明朝初年，当局曾将地处今湖北西北，与陕西、河南交界的荆襄山区划为禁区，这固然是为了防止它成为潜在的反政府势力的基地，但客观上也起了维护生态平衡、防止水土流失、涵养水源的作用。可是当不断涌入的流民、灾民达到数十万，当局的军事镇压和武力遣送已经无济于事时，就不得不同意他们就地入籍，并设置了新的行政区域。清代中期以降，类似的情况一次次在汉水上游、南方山区、云贵高原重演，但政府除了采取默许态度或最终给予承认以外，确实想不出更好的办法，因为谁也无法使如此多的流民和贫民有饭吃、有田种。但是了解了规律，具备了一定的物质基础，就可能充分运用科学和技术手段，调节人类自己的行为，以适应规律。

了解规律最主要的办法，恐怕舍历史就别无他途。而且由于历史注重长时段，所以有时历史的作用比当代的科学技术更有效。历史介于地质时代和现代之间，古地理学家、古生物学家、地质学家可以考察数亿年，数千万年前的环境状况，但那些时段里没有人类，看不出人的因素对环境的影响，而历史学所研究的阶段正是人类社会由弱小到壮大，由幼稚到成熟的阶段，其活动对自然环境的影响也逐渐增强，我们就可以从前后的比较中，客观地判断人类活动在环境变迁过程中究竟占据何种地位。所以从历史预测未来，应该是有它独特的贡献的。

用现代科学手段来观测气象，只有170多年的历史，而且这些观测点主要都集中在西欧。上海天文台是中国最早的气象观测站之一，也不过140年，要想通过这100多年的气象记录显示长周期或超长周期的规律，显然是远远不够的。正因为如此，来自历史的经验就显得特别重要。通过历史地理研究，利用古代气象资料，就可以得出更加科学的结论。

现在很多自然科学家对全球气候变暖忧心忡忡，认为如果人类活动得不到控制，在今后100年内，全球气温将升高1至3.5摄氏度，导致一系列灾难性后果。与20世纪初相比，全球年平均气温的确已经升高，但究竟这种趋势是否会发展下去，还是只是一个长周期中的一小段波动，从现有的最近一个多世纪的气象记录根本无从判断。说老实话，我不赞成这些科学家的悲观态度和片面观点。

在今河南安阳小屯村一带的殷墟遗址，大约是公元前14世纪至前11世纪商朝首都的遗存，在历年的发掘中，发现了水牛、亚洲象、亚洲貘等喜热动物的骨骼。当时留下的甲骨文中有好几条商王猎象的记录，其中有一次捕到了7头，这说明发掘到的亚洲象是当地的土产，而不是从其他地方迁来的。而且猎获的象肯定是野生的，证明能够在当时的自然环境中过冬，与那些在特殊条件下饲养的动物不同。今天的水牛已分布在淮河流域以南，亚洲象生活在云南西双版纳的丛林中，亚洲貘更已局限在马来半岛和苏门答腊的沼泽森林之中。考古和文献资料都反映了当时是一个相当温暖的气候环境，否则这些动物是绝对不可能生活在安阳一带的。象是商、周青铜器中兽形酒器较多见的形象(图3.9)，各地均有出土，也可

图 3.9 象尊,现藏美国华盛顿弗利尔艺术馆(The Freer Gallery of Art)。

证明商周时代气候要比今天温暖湿润得多。商代的人口还不多，只有少量的手工业，农业生产的规模也有限，当时人的活动产生的热量和二氧化碳远比现在低，完全可以忽略不计，却出现了比今天更暖的气候，年平均气温比现在高 2 摄氏度左右。而到了宋代，人口数量、农业和手工业的规模都远远超过商代，人类活动对自然环境的影响无疑比商代大得多，却出现了持续的罕见寒冷天气。北宋大观四年（1110）和南宋淳熙五年（1178），福州的荔枝曾两次全部冻死，为 1000 多年来所绝无仅有。而明清两代也出现类似寒冷天气，以至被气象学家称为"明清小冰期"。这些历史资料证明了一个非常重要的事实：随着人类活动的加剧，气温并未同步上升。这对我们探索气候变化的规律，无疑具有十分重要的价值。

我本人至今依然坚持认为，气温变化的根本因素不是人为的，而是自然因素。地球的主要热量来自太阳，因此太阳本身的变化（如黑子、耀斑等）、太阳与地球间的距离和相互位置、地球接受太阳辐射的状态（如大气层的透明度、导热性，大气环流的速度、方向、强度等）是引起气候变化的根本原因。到目前为止，人类活动对第一、第二项原因还没有任何影响，仅作用于第三项原因。即使对这一项，人类活动也远没有达到决定性的程度。

尽管随着人类数量的增加和生产规模的扩大，人类活动对气候的影响会有所加强，但绝不是气候变化的主要原因。太阳黑子的爆发，不知要比原子弹爆炸威力大多少倍。火山爆发后悬浮于大气中的火山灰阻挡了太阳辐射，会使大范围地区的平均太阳直接辐射量减少 10% —20% ,持续时间可长达数月乃至数年,这种影响不知要比人为污染严重多少倍,1991 年 6 月 15 日,位于菲律宾吕宋岛上的皮纳图博火山(Mount Pinatubo)爆发,产生了约 2000 万吨二氧化硫(SO_2),悬浮于大气平流层中,导致全球气温整体性下降约 0.5 摄氏度长达两年之久。我们现在重视人的因素,这是对的,但不能因此而忽视了自然的因素。即便排除了人类活动这一因子,未来气候的变化仍将是在冷暖之间作周期性波动,绝不会长期保持越来越暖的趋势。

无论是迄今为止的变暖或变冷,还是可以预测的未来的气候变化,都没有超过历史时期的极端最高或最低气温。回顾以往,我们的祖先正是在一次次气候冷暖的变迁中创造了光辉灿烂的中华文明,推动了历史的进程。在人类已经创造了发达的科学技术和物质条件的今天,同样幅度的气温升降更不会成为我们生存和发展的障碍。

上面谈的是自然环境,我们再来看人类社会。其实现在很多现象,在历史上早就出现过类似情况,并且不止一次。大凡在社会大变革的时期,一方面许多人通过不正当的手段攫取了大量的社会财富和政治利益,另一方面,旧体制下的既得利益者出于利益丧失,对社会现状产生不满。我们现在看清末民初的笔记,感慨有人年纪轻轻就当了都督、委员,而老老实实念书的人却因为科举废除,进身无门,只好一辈子在乡间做个穷教书匠。还有很多人反对白话文,反对文学革命,极力维护礼教,倡导"尊孔读经",并感慨人心堕落、国粹丧失等等。而 20 世纪 90 年代初国内掀起一股国学热,有人建议小学应该改用四书五经作为教科书,有人撰文称21世纪的世界是儒家文化的世界,还有人拼命抬高孔子,甚至用马克思主义与孔子思想做比较,得出二者思想基本一致的惊人观点,这种文化保守主义思潮与当年的复古思潮何其相似!

近些年大家都感叹物价上涨,怀念20世纪50年代的低物价、60年代的稳定物价。但如果了解历史就会知道,这样的事历史上不知发生过多少次。如晚清的人往往会议论康熙、乾隆时物价如何便宜,民国年间的人又在比较物价比清末涨了多少。外国也有同样的情况,用今天的眼光看,18世纪英国的物价低得惊人,但当时就有人感叹物价飞涨;在20世纪前期的美国,一个人月收入几十美元就可以过上小康生活,现在一般月收入几千美元才能过得比较舒适。物价不断在涨,全世界都经历着这样一个过程。这是因为在经济增长的条件下,个人和社会集团的收入增加,同时投资与消费的需求也会相应增加,造成社会总需求增加,就会对物价造成上涨压力。另外,经济增长多半是由政府投资带动的,政府的大量投资可能造成财政赤字,往往就要依靠增发货币弥补,也会造成物价上涨。一般而言,高的经济增长率就会导致高的通货膨胀率。所以越是经济落后的地区,物价就越是出奇地低。了解了这些历史,即使我们不懂多少经济知识,至少也会比较平静地对待,而不至太浮躁。

再来从历史看世界格局的变化,短时期内一两个大国的确可以起到一种轴心的作用,但它们不可能永久保留这样的地位。大国的兴衰今后也是难以避免的。苏联的最后瓦解,如果仅仅看做是以

1946 年 3 月 5 日英国前首相丘吉尔（Winston Churchill, 1874—1965）在美国富尔顿（Fulton）发表**"铁幕"**演说为开端的一段冷战的历史，最终以美国为首的西方国家胜利而告终，这样来理解这段历史，很多深层次的原因恐怕还看不太明白。如果将目光放远点，了解俄罗斯帝国建立的过程，如何从一个欧洲的小公国发展到横跨亚欧大陆的庞大帝国，当时它扩张的过程，其实早已经埋下了今天瓦解的恶果。苏联的瓦解，不是仅用意识形态就能够解释的。有的加盟共和国与俄罗斯本来就不是一个国家，硬被并在一起，波罗的海的拉脱维亚、立陶宛、爱沙尼亚三国，甚至完全是斯大林和希特勒达成政治交易后被苏联吞并的。这样的国家，如果人民真正有决定自己命运的权力，恢复独立就是大势所趋。

总而言之，无论是自然环境还是人类社会，从历史预测未来都有着很大优势。因为很多现象，历史上都曾出现过。甚至在一段时期内，有的历史现象是大致重复的。即使有新的情况历史上没有出现过，也曾经有过类似的过程。一种新兴的因素、新兴的阶层产生之初，会出现什么情况，我们就可以从这种角度考察历史，供今天和未来作参考。这样的参考，离开历史是没法进行的。

但同时我们也应该看到，历史研究的时段毕竟是历史时期，只能提供一个历史背景，对当代现实的作用是有限度的，不能为了突出学科的重要性而随意夸大历史因素的作用。千万不能以为了解了历史，就可以解决现在的一切问题。

对于气候变迁，**历史地理学**只是提供一个古代的趋势，但未来真正的变化单靠历史是得不到的,还是要靠现实研究。因为现实研究所能获得的精确度,是古代所不能比拟的。凭借今天的仪器,一些极微小的变化我们都可以观察到,而历史时期的研究只能是一个非常宏观的趋势。在今天精确的基础上,未来的变化才可能通过从历史总结得到的宏观趋势中推导出来。对于社会的发展,任何一个朝代、任何一位君主、任何一个事件,都有其偶然性,不可能都按照某一种抽象的规律出现或消失,兴盛或衰亡。在很大程度上,直接影响到这些人或事的,是人事,而不是天命;是偶然因素,而不是必然性;其结局往往千变万化,而不是只有一种可能性。由此得出的规律,至多只是反映一种发展的趋向而已,绝不是一成不变的。这是所有历史研究者和运用者都必须时刻牢记的。

怎样学习和研究历史

究天人之际，通古今之变，成一家之言。

——（汉）司马迁《报任安书》

探求天与人的关系，理解从古至今的变迁，形成自己独特的见解。

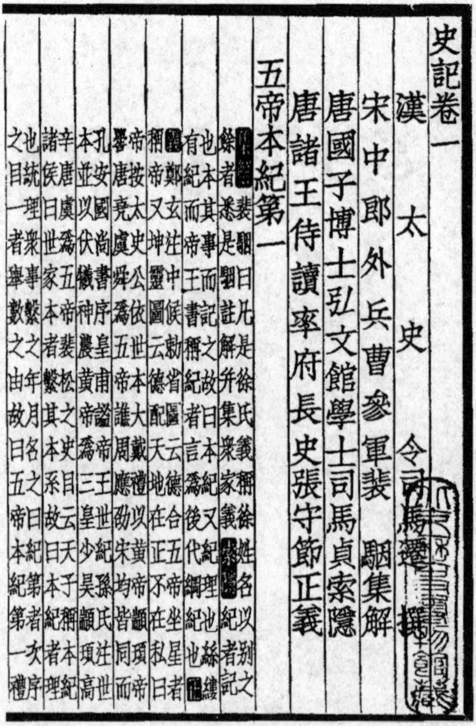
史記卷一
漢　太　史　令　司馬遷　撰
宋中郎外兵曹參軍裴　駰集解
唐國子博士弘文館學士司馬貞索隱
唐諸王侍讀率府長史張守節正義
五帝本紀第一
集解裴駰曰凡是徐氏義稱徐姓名以別之餘者悉是駰註解并集衆家義索隱紀者記也本其事而記之故曰本紀又紀理也絲縷有紀本而帝王書稱紀者言爲後代綱紀也正義鄭玄注中候勑省圖云德合五帝坐星者稱帝又坤靈圖云德配天地在正不在私曰帝按太史公依世本大戴禮以黄帝顓頊帝嚳唐堯虞舜爲五帝譙周應劭宋均皆同而孔安國尚書序皇甫謐帝王世紀孫氏注世本並以伏犧神農黄帝爲三皇少昊顓頊高辛唐虞爲五帝裴松之史目云天子稱本紀諸侯曰世家本者繫其本系故曰本紀者理也統理衆事繫之年月名之曰紀第者次序之目一者舉數之由故曰五帝本紀第一禮

图 4　宋刊本《史记》书影

司马迁(约前 145 或 135—?),字子长,左冯翊夏阳(今陕西韩城)人,西汉史学家、文学家。元封三年(前 108)继承父职,担任太史令。经十余年努力,完成了我国历史上第一部纪传体通史——《史记》,对后世的史书修撰产生了深远的影响。

历史或历史学是什么固然重要,但对绝大多数历史爱好者来说,更重要的是怎样学习和了解历史。即使是对专业的历史学者、历史教师,其中多数人所从事的也不是历史学理论研究,而是具体的历史研究和教学,所以谈一下怎样学习和研究历史很有必要。

1　有没有真实的历史

记得小时候,我和很多人一样,都有这样一个概念:小说、戏剧等文学作品可以虚构,而历史是不能虚构的。因而总认为印成铅字的历史书一定是正确的,至少事实是不会错的。后来慢慢多看了些书,才逐渐发现事情并没有原先认为的那样简单。历史的撰写和研究必须,通常也只能依据当时遗留下来的文献,但在中国以往的政治史中,"胜者王侯败者寇",对胜利者极尽美化、对失败者肆意诋毁比比皆是,似乎已成了中国历史千古不易的规律。于是我开始对原来深信不疑的历史有所怀疑，不再迷信与盲从于一切书面记录，看来要写出真实的历史确实有相当大的困难。这使我想起了关于唐太宗的一件事。

据《唐会要》《资治通鉴》等史籍的记载，唐太宗（图4.1）即位后曾先后于贞观九年（635）十月、十六年（642）四月和十七年（643）七月三次要求亲自观看他本人及高祖李渊的实录。根据中国的历史传统，皇帝是不能看记载他本人言行的起居注、实录的，所以前两次要求均被史官婉言拒绝。到第三次，他向监修国史的当朝宰相房玄龄表白自己观史的用心："朕之为心，异于前世。帝王欲自观国史，知前日之恶，为后来之戒，公可撰次以闻。"（我的用心和以往的君主不一样。帝王亲自观看国史，可以了解自己以前言行的错误，作为以后的警戒，你可以按顺序写成了呈给我看。见《资治通鉴》卷一九七）这个理由当然很是冠冕堂皇，房玄龄只得与许敬宗等人删改成《高祖实录》《太宗实录》各20卷呈上御览。"太宗见六月四日事，语多微文，乃谓元（玄）龄曰：昔周公诛管蔡而周室安，季友鸩叔牙而鲁国宁。朕之所以安社稷，利万人耳。史官执笔，何烦过隐？宜即改削，直书其事。"（太宗看到其中记载的六月四日之事，有多处写得很隐讳，便对房玄龄说："当年周公杀了管叔、蔡叔而使周室安定，季友毒死叔牙才使鲁国太平。我所做的是为了安定社稷，造福万民。史官执笔时何必要有隐讳呢？应该修改、删除浮夸不实的地方，直截了当地把事情记下来。"见《唐会要》卷六三《史馆杂录上》）原来，太宗再三要求观看实录的原因即在于此。那么，让唐太

图 4.1 唐太宗李世民像,采自清宫旧藏《南薰殿历代帝王图》。

宗如此放心不下的"六月四日",究竟发生了什么事呢?

综合《旧唐书》《新唐书》和《资治通鉴》的相关记载,大致情形是这样的:

唐高祖武德九年(626)六月,突厥进犯,太子李建成建议其四弟李元吉率军北征,并征调秦王(李世民)府的大将尉迟敬德、程知节(即程咬金)和秦叔宝等人,得到高祖李渊的同意。建成一向嫉妒世民的军功和威望,必欲杀之而后快,企图利用与秦王在昆明池饯行的机会,埋伏下甲士刺杀,成功后即上奏称其暴卒,而尉迟敬德等秦王府骁将则一律坑杀。李世民很快从他收买的太子下属、东宫率更丞王晊处得到了这一消息,连夜与长孙无忌、房玄龄等人商议对策。众人都劝秦王先发制人,而李世民不忍骨肉相残,尚犹豫不决,幕僚们以历史上舜躲避受其恶兄象唆使的父亲瞽叟迫害的故事,终于说服了他采取行动。偏巧五六月间,太白星多次在白天出现,六月初一、初三又再次出现,傅奕向高祖密奏"太白见秦分,秦王当有天下"。李渊闻奏大怒,认为这预示世民将谋反篡位,立即召世民责问。世民申辩说这是建成、元吉二人想谋害他,并且"密奏建成、元吉淫乱后宫"。李渊当即大吃一惊,决定第二天将兄弟三人一起召来当面"鞫问"。六月初四一大早,世民率长孙无忌等人埋伏于玄武门,建成、元吉二人行至临湖殿时,忽然发觉情况异常,当即掉转马头想逃回东宫。世民率人冲出,在后面追赶,元吉"张弓射世民",因为惊慌失措,弓弦都未拉开,连射三箭不中。世民张弓还击,一箭射死建成。此时尉迟敬德率 70 余名骑兵赶到,射中元吉坐骑,元吉坠马。世民的马也受了惊逃入树林，被树枝绊倒。元吉赶到，夺下弓箭勒住世民，尉迟敬德"跃马叱之"，一箭射死元吉。这时东宫和齐王府2000余精兵闻讯赶到，猛攻玄武门，情势十分危急，尉迟敬德急持两人首级出示，"宫府兵遂溃"。

《旧唐书》《新唐书》和《资治通鉴》都是根据已被房玄龄等人删改过的实录、国史修撰而成的，是公认的权威史书，试问这是历史的真相吗？如果唐太宗真的要大臣不受控制和干扰，秉笔直书历史真相，他又何必接二连三地要求观看呢？看了以后又觉得不满意，说自己是为了"安社稷，利万人"，自比是周公诛管蔡，实际上就是为**"玄武门之变"**定下了调子，史官怎敢不遵照这一调子来写呢？尤其值得注意的是，据《唐会要》卷六三，太宗第一次要求观看国史是在贞观九年（635）十月十六，而玄武门之变后退位、已当了九年太上皇的李渊死于这年的五月庚子（初六），葬于同年十月庚寅（二十七），在李渊刚死不久、尚未安葬时，太宗何以竟然就急着要看实录？此前，谏议大夫朱子奢曾进谏劝阻，说："陛下圣德在躬，举无过事，史官所述，义归尽善。"（陛下您有圣德在身，言行没有任何过失的地方，史官所记述的，全是您的优点。见《资治通鉴》卷一九七）太宗仍放心不下，这不正反映出他的心虚吗？章太炎曾指出："太宗既立，惧于身后名，始以宰相监修国史，故两朝实录无信辞。"（《书唐隐太子传后》，见《太炎文录续编》卷二上，《章太炎全集》第5册，上海人民出版社1985年）

经过唐太宗钦定的《高祖、太宗实录》中的建成、元吉形象，简直一无是处："建成幼不拘细行,荒色嗜酒,好畋猎","帷薄不修,有禽犬之行,闻于远迩";"巢剌王(即李元吉)性本凶愎,志识庸下,行同禽兽。兼以弃镇失守,罪戾尤多,反害太宗之能。"(《资治通鉴》卷一九〇司马光《考异》所附《高祖、太宗实录》)总之,两人嗜酒好色、庸劣无能,嫉贤妒能、凶残暴戾,把传统社会所能想到的恶名都加到两人头上了,完全衙内型人物的典型,而李世民则大智大勇,深谋远虑、功勋显赫,"高祖所以有天下,皆太宗之功"(《资治通鉴》卷一九一),如此贬抑建成、元吉,溢美世民,连囿于传统史观、奉太宗为正统的司马光都有所怀疑,"史臣不无抑扬诬讳之辞,今不尽取"(司马光《考异》)。

唐太宗毕竟"稍逊风骚",对文治的一套还不内行,既没有以钦定的《实录》为纲统一臣民的思想,又缺少"戈培尔"式的人物做好"玄武门之变"伟大意义的宣传和讲解工作,更没有彻底清查和销毁各类违背《实录》精神的论著和史料,所以尽管有唐一代,所有的皇帝都是太宗的子孙,没有人敢给"玄武门之变"翻案,但从宋朝开始,就不时有人揭露史料中的矛盾,质疑唐朝的官方记载了。时至今日,我们只要对史料稍作分析,也不难看出事件的前因后果和真相。

隋大业十三年(617),时为太原留守、袭爵唐国公的李渊以尊立隋炀帝的孙子代王杨侑的名义,自晋阳(今山西太原)起兵,据两《唐书》和《资治通鉴》的记载,这次起兵的策划和部署全出自李世民一人之手。"世民恐渊不从,犹豫久之,不敢言。"(《资治通鉴》卷一八三）直到李世民将自己的谋划告知李渊时，"渊大惊曰：'汝安得为此言，吾今执汝以告县官。'"经过李世民和众人的反复劝说，李渊才被迫同意，"吾儿诚有此谋，事已如此，当复奈何，正须从之耳。"（同上）将李渊描绘为胆小怕事、胸无大志的猥琐小人，而李世民则成了大唐帝国的缔造者和开创者。但仔细查考史料，这里却存在不易解决的矛盾。据《旧唐书·宇文士及传》，李渊和宇文士及"往在涿郡，尝夜中密论时事"，时在大业九年（613）。大业十二年（616），好友夏侯端曾以天象劝时任河东讨捕使的李渊："金玉床摇动，此帝座不安。参墟得岁，必有真人起于实沉之次。天下方乱，能安之者，其在明公。……若早为计，则应天福，不然者，则诛矣。""高祖深然其言。"（《旧唐书·夏侯端传》）可见李渊早有叛隋起兵之心，只是感到时机还未成熟，隐忍未发而已。大业末晋阳长姜謩曾私下对其亲信说："隋祚将亡，必有命世大才，以应图箓，唐公有霸王之度，以吾观之，必为拨乱之主。"（《旧唐书·姜謩传》）李靖"查高祖，知有四方之志"，想去向隋炀帝告发，只是由于"道塞不通而止"（《旧唐书·李靖传》）。显然他们是觉察到了李渊的秘密筹备才会如此断言，可知晋阳起兵的中心人物应该是李渊。

　　李世民生于隋开皇十八年（598），大业九年（613）年仅15周岁，李渊正式起兵的大业十三年（617）也才19周岁，不论后世史官将李世民吹嘘得如何才略盖世，也很难想象李渊会选择年龄幼小、政治上尚不成熟的李世民，而其长子李建成两《唐书》均不载其出生年月，但记玄武门之变死时为38岁，可知起兵时年已29岁，显然更应该成为李渊的得力助手。《资治通鉴》记载李世民多数催促李渊起兵，李渊却迟迟不动，原因即在于"时建成、元吉尚在河东，故渊迁延未发"（《资治通鉴》卷一八三）。即便在击突厥失利，要被解捕到江都治罪的情况下，李渊仍不愿起兵，这不正透露出李渊要等待建成、元吉二人到晋阳后谋划起兵大事吗？而且，如果催促李渊起兵之说属实，那么，在建成、元吉等人尚在河东时便起兵叛乱，完全不顾及兄弟安危，岂非借刀杀人之举？高祖与庶妻万氏所生儿子智云在起兵后尚留河东，被隋吏捕去送至长安处死（《旧唐书·楚王智云传》），不就正是明证吗！由此看来，世民与建成矛盾由来已久，早就欲置其于死地，这也为后来的玄武门之变弑兄屠弟之举埋下了伏笔。

对于建唐前李建成、李元吉的作为，《旧唐书》说是"义旗草创之际，并不预谋，建立已来，又无功德，常自怀忧，相济为恶"（《隐太子建成传》），不过是个纨绔子弟罢了，但所幸关于唐朝初创过程，还有《大唐创业起居注》一书存世，记载隋大业十三年（617）五月晋阳起兵至翌年五月长安称帝的史实。作者温大雅在李渊起兵时任"大将军府记室参军，专掌文翰"（《旧唐书·温大雅传》），该书撰成于"义宁、武德间"（《史通·正史》），在玄武门之变前，有关记载就与两《唐书》大相径庭。隋大业十二年（616），李渊"奉诏为太原道安抚大使"，"因私喜此行，以为天授。所经之处，示以宽仁，贤智归心，有如影响"（《大唐创业起居注》卷一，中华书局 1983 年）。至十三年（617），建成尚在河东，李渊对留在身边的李世民说："隋历将尽,吾家继膺符命,不早起兵者,顾尔兄弟未集耳。"可见晋阳起兵确为李渊本人蓄谋已久之事,且对建成的倚重也溢于言表。河东是军事要地,处在太原和关中之间,李渊"命皇太子于河东潜结英俊",而建成亦不负李渊期望,"倾财赈施,卑身下士","故得士庶之心,无不至者"(同上)。攻克霍邑后,《旧唐书》说"河东水滨居人,竞进舟楫,不谋而至,前后数百人"(《高祖本纪》)。想必与建成二人在河东的工作密不可分。李渊起兵后第二月,建成、元吉从河东赶回太原,随即与世民共同指挥了关系帝业成败的首次大战,一举攻克西河城,往返仅用九天时间,从此奠定了进军关中、直取长安的基础。而两《唐书》涉及这一至关重要的战役时,却只说世民奉高祖之命征讨西河,一笔抹杀建成的功绩。西河之役后,建成因功封为陇西公,统率左军,世民封为敦煌公,统率右军,可以说建唐以前的全部军事活动,定西河、取霍邑、围河东、屯永丰、守潼关、克长安等,建成都是直接参与者和指挥者。考虑到该书作者温大雅属于李世民一党,绝不会故意贬低世民、抬高建成,应该比《高祖实录》《太祖实录》真实可信得多。

武德元年(618)李渊定都长安之后,随即立李建成为太子,李世民为秦王、李元吉为齐王。作为储君,建成的主要职责是帮助高祖处理日常政务,"高祖忧其不闲政术,每令习时事,自非军国大务,悉委决之"(《旧唐书·隐太子建成传》)。并委派德高望重的老臣李纲、郑善果辅佐。而领军作战、平定各地割据势力的任务基本上都由秦王李世民承担,客观上为其建立显赫的战功创造了条件,形成了"秦王勋业克隆,威震四海,人心所向"(同上)的局面。如果仅从这一点便认定建成的政治、军事才能远远不如世民是很偏颇的。刘黑闼事件就充分证明了这一点。

窦建德为唐击败后,其部将刘黑闼于武德四年(621)起兵,很快占领故地。李世民奉命围剿,采取"其魁党皆县(悬)名处死,妻子系虏,欲降无繇"(《新唐书·隐太子建成传》)的高压政策,付出了极大的代价,勉强取得了军事上的胜利。但仅隔数月,武德五年(622),刘黑闼又再度起兵,"旬日间悉复故城"(《旧唐书·刘黑闼传》),定都洺州,称汉东王。李建成接受王珪、魏征的建议,主动请令征讨,一改李世民的高压政策,实行宽大安抚的怀柔政策,"建成至,获俘皆抚遣之,百姓欣悦"(《新唐书·隐太子建成传》),于是"众乃散,或缚其渠长降,遂禽(擒)黑闼"(同上)。如此仅用两个月时间便平定了山东,这是《新唐书》作者都承认的事实。这足以说明,李建成的军事才能绝对不亚于世民,甚至有过之而无不及。但《资治通鉴》为了贬抑建成,借王珪之口说"今刘黑闼散亡之余,众不满万,资粮匮乏,以大军临之,势如拉朽"(《资治通鉴》卷一九〇),建成正可借此而轻易博得勋名云云,完全是诬蔑之辞。因为《旧唐书·刘黑闼传》明确记载武德五年(622)刘黑闼再度起兵,凭借突厥力量进攻山东,瀛州刺史马匡武城陷被杀,贝州刺史许善护全军覆没,淮阳王李道玄战死,原国公史万宝大败逃回,沧州刺史程大买、庐江王李瑗弃城逃走,齐王李元吉"畏黑闼兵强,不敢进"(《资治通鉴》卷一九〇)。可见当时刘黑闼的声势是非常浩大的。

旧时史家的记载,均众口一辞称建成、元吉嫉贤妒能,两人狼狈为奸,多次阴谋加害世民,玄武门之变实在是太宗不得已之举。史载玄武门之变发生前三天,即六月初一晚,建成召世民到东宫饮酒,在酒中下了毒药,世民当即"心中暴痛,吐血数升"(《旧唐书·隐太子建成传》),被叔父淮安王李神通扶回西宫。此事的真实性就颇为可疑。建成既然要置世民于死地,必然下的是剧毒的毒药,何以世民喝了毒酒仅仅吐了数升血而未当场身亡呢?莫非用了假冒伪劣产品?而且建成居然没有预伏甲士,听任世民逃脱,以建成的政治经验应当明悉行毒酒之计未能成功的严重后果。看来此事多半出于贞观史臣的虚构。

李建成系李渊与窦皇后所生嫡长子,立为太子符合惯例,他也曾为大唐创建立下了赫赫战功,掌握着东宫独立的武装力量——长林兵,并且获得手握兵权的四弟齐王元吉的支持,李渊最为信任的宰相裴寂,也是建成的坚定支持者,高祖宠爱的张婕妤、尹德妃等人经常在高祖面前说建成的好话:"至尊万岁后,秦王得志,母子定无孑遗。""东宫慈厚,必能养育妾母子。"(《旧唐书·隐太子建成传》)显然,建成的"接班人"地位十分稳固,看不出他有搞阴谋诡计的必要。清人王夫之云:"太原之起,虽由秦王,而建成分将以向长安,功虽不逮,固协谋而戮力与谐矣。同事而年抑长,且建成亦铮铮自立,非若隋太子勇之失德章闻也,高祖又恶得而废之!"(《读通鉴论》卷二〇,中华书局 1975 年)只有李世民身为次子,根据名分绝无做皇帝的可能,除非建成发生意外,或采取政变夺权,可见他才有背着高祖与建成暗中活动的必要。事实上,李世民确实早有夺取皇位的野心。据《旧唐书·杜如晦传》记载,李世民平定长安后,秦王府很多文武官员被调往外地为官,使得李世民颇感不安。谋士房玄龄告诉世民,这些人调走得再多,也用不着可惜。但是杜如晦就不同了,此人是辅佐帝王之才,如果秦王只想当一个藩王,杜如晦这样的人也没什么用,但是如果要"经营四方",则非此人莫属。李世民闻言大惊,"尔不言,几失此人矣"。急忙将已外调为陕州总管府长史的杜如晦调回。这些对话不可能出自《旧唐书》编者的杜撰,想必是本自贞观史臣的实录。当年记录此事无非是为了突出太宗重视人才,却无意中暴露了早在建唐之初,李世民就在积极筹备,蓄谋夺取皇位了。

在这场储位斗争中,高祖李渊的态度颇为关键,两《唐书》和《资治通鉴》记载早在晋阳起兵之初,李渊就许诺要立世民为太子,只是被世民坚决推辞了。到了武德四年(621),高祖再次私下许诺立世民为太子。言之凿凿,似乎确有其事,但却与同一来源的另外几条材料相抵牾。东都之役后,李世民逐渐以洛阳为基地、扩充自己的势力,于武德四年(621)设立文学馆,招徕了杜如晦、房玄龄、长孙无忌等所谓"秦府十八学士",武将则有所谓的"八百勇士",引起了高祖的严重不满。武德五年(622)他对宰相裴寂说:"此儿典兵既久,在外专制,为读书汉所教,非复我昔日子也。"(《旧唐书·隐太子建成传》)此后就对李世民的军政权力加以限制,于该年四月将其兵权转归齐王元吉,不久又罢免了他的陕东道大行台、都督山东河南河北诸军事的职务,由太子建成取代。接着又驱逐了世民心腹房玄龄、杜如晦,以致六月初三夜秦王召二人密谋时,他们都是身穿道服化装潜回的。高祖还曾经当面斥责世民:"天子自有天命,非智力可求;汝求之一何急邪!"(《资治通鉴》卷一九一)由此可见,李渊在立储一事上,态度基本上是倾向于建成的。在这种情况下,身为皇位合法继承者的太子建成要除掉意欲篡夺的世民是再容易不过的事,建成的谋士魏徵就"常劝太子建成早除秦王"(同上)。尽管建成采取了不少维护自己地位、打击秦王势力的行动,但始终没有采纳直接刺杀秦王的建议。武德七年(624),齐王元吉自告奋勇要为建成除掉世民,"元吉伏护军宇文宝于寝内,欲刺世民,建成性颇仁厚,遽止之"(同上)。史籍中充斥的建成等人"日夜潜诉世民于上"(同上)的记载,看来是建成一直希望能够通过高祖,按正常渠道解决争端,而不愿骨肉相残。直到玄武门之变的当天,李建成接张婕妤的密报,得知世民在高祖面前密奏自己淫乱后宫,高祖将召兄弟三人入宫"鞫问",李元吉主张"宜勒宫府兵,托疾不朝,以观形势"(同上),而建成却说"当与弟入参,自问消息"(同上),没有采取任何措施便坦然入宫参见高祖,说明"性颇仁厚""东宫亲慈"等说法绝非子虚乌有。而李世民在种种情势均对自己不利的情况下,要夺取皇位,唯有孤注一掷,发动政变对自己的同胞兄弟下手了。陈寅恪曾据巴黎图书馆藏敦煌写本 P2640《李义府撰常何墓志铭》考定,玄武门之变太宗取胜的关键在于收买了原建成的亲信、玄武门守将常何(《唐代政治史述论稿》,上海古籍出版社 1997 年)。可见玄武门伏兵绝非仓促之计，本章开头的血腥一幕，只是或早或晚之事而已。

史载玄武门的激战结束时，高祖正"泛舟海池"，李世民立即派尉迟敬德"擐甲持矛，直至上所"去宿卫。须知李渊身为帝王，平时身边都有至少二三百人的禁卫保护，而尉迟敬德竟然能够一身戎装、手持武器直闯，且高祖原拟此日一早"鞫问"兄弟三人，此时却有闲情泛舟，也是颇令人奇怪之事。看来，在玄武门之变发生时，高祖已被世民武力挟持，是一个合理的解释。高祖见到尉迟敬德后大惊，敬德称太子、齐王作乱，已被秦王诛灭，诸大臣纷纷劝"委之国务"于秦王，李渊说："善！此吾之夙心也。"并写下手敕，让诸军都听秦王号令，随后父子二人相见，抱头痛哭，似乎是父子情深。高祖随即颁布诏令，以世民为太子，建成、元吉的十个儿子均以谋反罪名处死，两个月后，又宣布退位为太上皇，李世民登基。清人赵翼指出："是时高祖尚在帝位，而坐视其孙之以反律伏诛，而不能一救，高祖亦危极矣。"（《廿二史劄记》卷一九）可谓洞见。

就在22年前的隋仁寿四年（604），文帝次子杨广发动宫廷政变，杀死其父杨坚和其兄杨勇自立，留在史书上的隋炀帝形象，是一个荒淫无耻、灭绝人伦的暴君，而导演了一场类似宫廷政变的李世民，却是大唐帝国的缔造者，是历史上少有的明君。之所以会有如此巨大的差别，就在于杨广上台后横征暴敛、诛杀功臣、穷兵黩武，不久即身死国灭，被后世视为亡国之君的典型，而李世民则能吸取历史的教训，任用包括原建成亲信魏征在内的一大批名臣，开创盛唐的**"贞观之治"**，自然可以从容地修改国史。尽管我们承认唐太宗李世民确实是历史上少见的杰出政治家，但其弑兄逼父夺取皇位之举却是不能讳言的。太宗晚年因其诸子争夺储位而极其苦恼，甚至当着大臣的面"抽佩刀欲自刺"（《资治通鉴》卷一九七），就是他自己种下的恶果。

尽管唐太宗要求史官修改实录，但并未否定其杀死兄弟的事实，否则，他尽可以宣称建成、元吉是暴病而亡，修改一切记录，所以让千余年后的我们还能从有限的史料中窥出当时的些许真相。但是如果史料已为胜利者全面篡改，或者未留下任何可信的材料，比如儒家宣称的恶兄象怂恿其父瞽叟迫害舜的故事，我们即便有所怀疑，但谁也无法求得历史的真相了。陈寅恪指出："后世往往以成败论人，而国史复经胜利者之修改，故不易见当时真相。"（《唐代政治史述论稿》）此言虽是针对唐史而发，其他一切的历史也无不如此。

既然这样，真实的历史究竟在哪里呢？很多人因此认为，尽管历史事实是客观存在的，但任何人记载下来的历史都不能避免自己的立场、观点和感情的影响，其他人的理解和研究同样如此，因此从来就不存在什么大家都能接受的客观、真实的历史。由此引出的阶级性、政治性、人民性、以论带史、先论后史、古为今用等论点，曾经在史学界占尽风骚。而今天甚至有一些学者引用西方后现代主义史学家的观点，认为历史事实不过是历史学家头脑中的产物，"在历史学家创造历史事实之前，历史事实对于任何历史学家而言都是不存在的"（爱德华·霍列特·卡尔：《历史是什么》，商务印书馆1981

年),我还是不敢苟同。

尽管在很多情况下,要复原历史的真实确实存在着不可逾越的障碍,但我还是深信,这都没有改变这样一个前提:历史本身是真实的,是客观存在过的事实。无论我们今天是否还能了解,或者我们了解了以后是否愿意承认。

2 要不要真实的历史

既然历史本身是客观存在过的事实,那为什么总有一些研究者要故意隐瞒或曲解这些事实呢?就我所知道的原因,无非有以下这样几种:

一是为了达到某种目的。如《中国历史地图集》内部本将不同时期的疆域拼凑成一个"极盛疆域",是为了显示中国从来就拥有辽阔的领土;无论何时,中原皇朝的边界都要画在长城之外,至少要比长城更外一些,是为了反驳 20 世纪 60 年代中苏论战中苏方的观点,证明长城从来就不是中国的边界。

二是为了符合某种理论或主义。以前的学者根据明朝的户口数把当时的人口定为五六千万,如此低的数字,只要稍加注意就不难发现问题,但明朝中后期人口长期停滞的"事实",正好被用以证明封建社会的穷途末路、统治阶级的腐败无能、农民遭到残酷剥削,甚至可以看成是闭关锁国、资本主义萌芽受到压抑的证据,怪不得直到今天，还有人置我们研究得到的明朝人口已经突破两亿的成果于不顾，津津乐道于明朝"人口"始终徘徊于五六千万的"事实"。至于如果某些史料有悖于"马克思主义"（打上引号的理由是：这些主义往往不见于马克思的原著，或者只是对马克思个别词句的断章取义，显然称不上他的主义），或者只要不符合某位钦定的权威学者的观点，即使白纸黑字、证据确凿，也只能说是地主阶级（好在中国历史上能留下记载的人几乎都可以称之为地主阶级）的造谣污蔑，或是以往的研究者本人别有用心所致。

三是强调为政治服务，或为了维护所谓的"国家利益"。对有些事实或结论，私下或内部可以承认你是对的，也知道自己是站不住脚的，但据说如果如实公布就会不利于国家，影响政治，所以必须按假话说下去。《中国历史地图集》内部本定稿时正值"文化大革命"期间，画历代的中国疆域、包括各中原皇朝的疆域越大越好，谁要根据史料提出应该缩小一些就有"卖国"之嫌，而主张尽可能大的都成了"爱国主义"的表现。到了20世纪80年代初，尽管"文革"已过，有些人尚心有余悸或"预悸"，有些人则余毒尚存，所以对实事求是的修改无法接受，有人就问过："画大一点有什么不好?"还有一位著名的前辈学者向各级领导上书，指责修订本自唐代至清代某段边界的画法对国家不利，是"卖国主义"。

这一理论往往被扩大到无以复加的程度，几乎能适用于一切方面，至今还得到广泛运用，虽然结果可能令人啼笑皆非。如谭其骧先生早在1942年就发表了《论丁文江所谓徐霞客地理上之重要发现》一文(载浙江大学《纪念徐霞客逝世三百周年纪念刊》),指出丁文江提出的徐霞客首先发现了长江正源是金沙江的说法是错误的,因为问世于公元1世纪的《汉书·地理志》就记载了绳水(金沙江当时的名称),并且知道它来自遥远的境外。这本纪念论文集在20世纪50年代重印过,并不是什么秘籍孤本,可是直到80年代发表于国内最重要报刊上的文章或报道依然称"发现了长江的正源"为徐氏的"杰出贡献"。作者的理由大概就是,既然徐霞客是中国历史上的伟人,拔高徐氏自然就是爱国主义了,此说对不对又有什么关系?

再如,长期以来很多人都把西晋皇甫谧《帝王世纪》中记载的大禹时人口13553923人这一数字说成是中国最早的人口调查记录,直到近年还为一些论著所沿用,有人甚至把这作为人口史中的一项世界纪录。也有的作者虽然也知道这一说法不可靠,但又感到既然有精确到个位数的记录,总不会毫无根据,所以舍不得割爱,加上"据说"两字继续使用。其实所谓大禹时的人口数字是根本不可信的。皇甫谧的《帝王世纪》原书已佚,现在我们能够看到的这段记录最早来自南朝梁刘昭的《后汉书·郡国志》注。该条记载大禹时九州之地有24308024顷,定垦者9306024顷,有人口13553923人,平均每人垦田68.66亩。先且不说他所列的这些数字是否真实,即使就数字本身而言,也存在着无法解释的矛盾。因为同书又载,到西汉元始二年(公元2年),全国人口已经增加到了59194978(《汉书·地理志》作59594978,当系传抄之异),垦田数却反而减少到 8270536 顷,平均每人垦田 13.97 亩。人均耕地减少还可以用农业单产的提高来解释,耕地总面积的减少却是无论如何也说不通的。因为西汉的疆域比传说中的九州大得多,这是连正统的儒家学者都承认的概念。从历史事实看,传说中的大禹时代绝不可能有这样的人口记录。因为人口调查必须有一定的地域范围以及能在这一范围内实施行政管理的机构,但到目前为止,还没有得到学术界普遍承认的考古发现可以证明大禹时代的存在。五四以来,经过以顾颉刚为代表的"古史辨"派的努力,证明《禹贡》九州绝不是大禹时的实际,而是战国时的学者对大一统政治理想的设想,这一点也早已为学术界公认。即使今后可以证明的确存在着夏文化,有一个夏朝,但有一点是现在就能肯定的:它绝不可能是一个统一了黄河流域的国家,更不用说还包括长江流域。所以即使当时真能进行人口调查,能覆盖的范围也是很有限的。在当时的生产条件下,这样大小的范围内是不可能有上千万人口的。要真有这么多人口,何以到现在为止仅发现极个别的文化遗址呢? 另外,人口调查需要相应的技术和物质条件,也有赖于文字加以记载。即使在今天,要完成上千万人口的调查、登记和统计也要有一定的条件和准备。商代的甲骨文中最大的数字是三万,更早的文字尚未发现。如果大禹时代真的已经有了调查统计上千万人口的技术,那么又是怎样记录下来的呢?

据《晋书·皇甫谧传》,皇甫谧卒于西晋太康三年(282),他离开传说中的大禹时代至少有 2300 年,他又是根据什么记录下了那时精确到个位数的人口数字呢？著名的汲冢竹简要到皇甫谧死的前一年才出土，他是来不及利用的。何况从传世的《竹书纪年》来看，其中也没有户口一类的内容。看来这些数字只可能出自编造。当然始作俑者不一定是皇甫谧，这位先生可能也是受了骗又去骗人的。由于西晋以后一般学者信奉儒家学说，只要有人将这些数字附会在大禹、周公这样的圣人身上，便会深信不疑；一旦被录入正史，即使作为注文，也就成了不刊之论，不敢轻易推翻。这就是何以自梁刘昭之后，皇甫谧之说一直为《文献通考》等史籍所沿用的原因。至今我从未看到有人提出证据加以反驳，但一些论著却继续在说这样的话。其中的原因我不敢妄断，但在一次会上我倒亲耳听到了意见：“照你这样说，我国的人口调查开始得比其他国家晚，照原来的说法从大禹时候开始不是很好吗？”既然埃及、巴比伦从公元前3000年或前2000年就开始人口调查，中国又岂能开始得太晚？为什么现成的“世界第一”不要，却要白白让给外国，岂不是对国家不利吗？

至于要说这种种原因是不是值得考虑，或者说是不是应该作为一个历史学者求真求实的前提，我想只能从历史研究的目的来认识。我认为，历史研究的基本目的只有一个，就是要在复原历史事实的基础上，探索以往的人类社会发展变化的规律，就像任何一门科学都是为了探索该学科的内在规律一样。既然如此，就绝对容不得半点弄虚作假，否则怎么可能得出准确的规律来呢？另一方面，在一种具体的规律被发现、被揭示以后，历史研究的结果也可以用于验证这一规律。如果不严格按照历史事实，或者对历史事实作随心所欲的取舍，由此得出的结果就根本起不到验证的作用。如果这一"规律"并不是真正的规律，而是错误的，那这样的验证只能为错误披上正确的外衣，延续并扩大了它的消极作用。如果这一规律是正确的，也会因为采用了错误的验证方法、使用了不真实的论据而受到人们的怀疑。而且，即使是正确的规律，也不可能一下子就被人们全面、深刻地揭示和认识，实事求是的验证可以发现其中存在的片面性或局部的误差，这正是使之完善的恰当途径。

一种理论或主义，如果是真理，就不必害怕历史研究的检验，因为它必然符合历史发展的规律。即使由于一时还无法找到充分的事实，或者由于真相被歪曲、掩盖而暂时不为人们所知，但规律的客观存在是不会改变的，难道它还要靠虚假的"历史事实"才能变得正确吗？相反，依靠迷信或其他欺骗手段、专制或其他暴力手段推行的理论或主义，由于违反历史发展的规律，必然乞灵于捏造事实、造谣惑众。在这种情况下，无论出于何种动机，用伪造的所谓"历史事实"作附会迎合，只能是助纣为虐、为虎作伥。

我认为，历史事实、历史规律本身是没有阶级性可言的，也没有任何国家、民族、信仰的差别。对唐朝向中亚的扩张，地主阶级、资产阶级和无产阶级可以有不同的看法，中国人与波斯人、佛教徒与伊斯兰教徒、汉族人与非汉族人的评价可能会有差异，但唐朝向中亚扩张的事实是绝对无法改变的，它的西界到了哪里也是不能改变的。你可以认为这是爱好和平的表现，是必要的，是维护国家利益，但你不能说唐朝的势力没有到过咸海之滨；你也可以评论为穷兵黩武，劳民伤财，但却不能说唐朝一直打到了地中海边。通过这一事实，不同的人完全可能总结出不同的"规律"，但真正的规律只有一种，或许已经包含在其中，或许还没有。如果地主阶级和无产阶级对同一历史事件总结出来的不同"规律"居然都是对的，那么这还算是什么规律？规律的客观性又何在呢？反之如果它们总结出了同样的正确规律，那又有什么阶级性可言呢？

历史哲学是对历史规律的集中、概括和升华，更应该建立在严格的、真实的基础之上。历史哲学虽然不能排除逻辑和思辨的方面，但一种正确的历史哲学观的确立、完善并得到承认，却离不开大量的实证。我对汤因比的《历史研究》不敢多作恭维，原因之一就是其中对中国历史的引证往往并不符合历史事实。

当然上面说的基本目的不是唯一目的，更不能代替具体运用中所要达到的具体目标。但无论哪一方面的具体运用，坚持真实性不仅是必要的，而且是有益的。

我把历史研究的运用即具体目的归纳为三个方面：第一是为其他学科的研究提供规律，第二是用于宣传教育，第三是为解决现实问题提供信息，包括背景、经验等。

第一个目的与基本目的并无二致，就像历史研究要运用其他学科的规律和知识一样，不能设想，如果这些东西是以虚假的、错误的论据为依据，我们却还能用之于历史研究并得出正确的结论。反之当然也是一样。如我们研究的历史疆域范围可以为民族、人口、文化、艺术、语言、宗教、经济、贸易、政治、对外关系、行政管理等各方面的学科提供重要的根据,如某一民族的分布和迁移、某一地区的人口密度、某种方言的形成过程、某种宗教的传播范围等往往与疆域的变迁有着密切的关系,甚至就是由此而决定的。要是我们在地图上画出的历史疆域是随心所欲的,或者只是为了表示"爱国主义"而尽量扩大了的,相关学科以此为据的结论又岂能正确呢? 又如历史时期的人口数量和分布,一般都能作为分析评估当时的气候、生态、地貌、灾害的指标或参数,在观测记录不具备,文献记载又缺乏的条件下尤其重要。17 世纪初的明朝究竟是有 6000 万人口还是 2 亿人口,对相应的结论不仅会有定量的影响,还会导致定性的差异。如果当时的人口真的比 1600 年以前的西汉末年还少,很多生态、地貌方面的特征就无法得到解释。

第二个目的比较复杂,因为接受宣传教育的对象千差万别,每次宣传教育的具体要求又不一定相同,选择的内容和方式当然应该有所区别。同样是历史课,初中的和大学的不应相同;都是作报告,对一般民众与对党政官员、专业人员自然不能用一种稿子;国难当头时要多讲先人的英雄业绩和不屈不挠的精神,而不必同时说明历史上同样有过多少回委曲求全、卖国苟安;激励民心时就侧重于以往中国在世界的先进地位和伟大贡献,而不必大谈中华民族的弱点和历史上的污点;接待友好邻邦来宾时强调两国历史上的友谊,暂时不提也有过的冲突和战争;在某人的追悼会上主要谈他的优点和善行,而不必将他犯过的错误一一列举;凡此种种,不仅是必要的,也是有效的。但这一切都应该是以不违背事实为前提的,只能是对各种事实的不同选择或侧重点的不同,而不是歪曲甚至伪造事实。例如我们对初中生,可以只讲唐朝的疆域最远曾经到过什么地方;对高中生可以说清唐朝不同时期的疆域变化;对大学生就应该分析一下唐朝开疆拓土的利弊得失。尽管详略不同,繁简有别,但基本事实应该是始终一致的。如果为了达到宣传目的而不顾历史事实,尽管当时可能有效,一旦受众了解了真相,就会连正确的宣传也不再相信,这样的例子以前还少吗?

第三个目的最为某些人所看重,历史研究为现实、为政治服务一度被置于首位,因而这方面的功能被无限地扩大了。实际上,历史研究对现实或政治的直接作用是相当有限的,因为历史永远不会重复,历史事实也不会雷同,任何历史经验都不能完全适用于现实,任何历史财富都不会直接转化为实际利益。在国家和民族消亡之前,历史学者也是一个国家或民族的一员,当然要爱自己的祖国,要维护本民族的利益。但如果他要用历史研究来为国家或民族服务,那就必须遵循历史学的原则,严格尊重历史事实,如果在历史事实中找不到有利的论据,可以保持沉默,也可以用别的方式来倾注自己的爱国热情,而绝不应该伪造或歪曲事实。

就拿历史地理中最敏感的疆域研究来说,其现实意义显然是被夸大和曲解了。决定一个国家领土大小和稳定程度的主要因素,是现实,而不是历史;而有直接影响的历史也只是最近的数十年,至多

一二百年,绝不会牵涉到数百年或一二千年前的历史。今天中国的
国界主要是最近这一百多年间形成的,对中国与邻国有约束力的条
约都是在此期间签订的,在此以前的历史只是背景,至多只能作为
参考,而不是依据。所以研究唐朝的疆域大小纯粹是学术问题,不
是政治,没有什么现实意义,更不会给国家带来直接的利益或损失。
把唐朝疆域尽可能画大只能满足一些人的虚荣心,不会使今天中国
的领土扩大一分一毫,算不上爱国主义;就是画得比实际小了,也不
会因此而使国家利益受到任何损害,更不会使中国人感到低人一
等,除非是此人本来就有不正常的心态。即使是完全符合历史事实
的画法,也只是历史而已。如整个唐朝都拥有今天越南的一部分,
难道我们可以凭一份唐朝疆域图向越南索取领土?而当时青藏高
原上的吐蕃却是唐朝的对手,难道我们因此就能对闹"西藏独立"
的人不闻不问?即使是晚清和民国期间,导致领土丧失的主要原因
也不是历史,更不是历史学者的过失。沙皇俄国掠夺了中国上百万
平方公里的土地并不需要什么历史根据,日本强迫清朝割让台湾也
不是由于证明了台湾"自古以来"就是日本的领土,而台湾之重归
祖国靠的是抗日战争和世界反法西斯战争的胜利,并不是因为历史
学家论证了台湾的历史归属。

　　这样说并不等于说历史疆域的研究完全不涉及国家利益,更不
意味着历史学者可以不顾国家利益,或者不为国家保守机密,如果
这种情况真的存在并有必要的话。例如,尽量为政府提供有利的历
史依据,于我们不利而对方又没有掌握的事实在一定阶段内应该保

密或回避,对政府内部决策的意见暂时不公开讨论。这些做法也应该是以实事求是的研究为基础的,否则如果连历史事实都没有搞清楚,又怎么判断对我们有利还是不利呢?又如何能确定正确的策略和政策呢?如果连对方早已掌握了的资料,甚至根本无密可保的史实都不予公开,除了愚弄一些国人以外又能给国家争到什么好处?

总之,就历史研究而言,无论出于什么目的,处于什么条件之下,对真实的追求是绝对的、无条件的;而在运用研究成果时,可以有所选择或取舍,但还是必须以不违背真实性为前提。

3 能不能获得真实的历史

必须承认,绝对的真实历史是永远无法获得的,就像绝对真理一样。而且历史科学有其自身的局限,它的研究对象只能是过去,而不是现在或将来。历史既是全人类的活动,又是一个个具体人的活动,而人的生命与历史相比是极其短暂的。一个人,无论多么伟大,只要没有留下记载,他的行为和思想就会随着他生命的结束而永远消失,而即使留下了记载,也会随着时间不断消减。例如,唐朝的边界在哪里,当时的开拓者、守卫者、当地居民、地方行政机构以及中央政府都是了解的,但在那些当事人死亡以后,后人就只能依靠直接和间接的记载了;如果当时没有留下记载,或者这些记载又在战乱中全部毁灭了,历史学者就无能为力了。即使是一个活着的人,对他过去的研究也得依靠当时留下的记载,直接、间接的,自己的、他人的,而不是由他本人重现。

当然,新的科学技术手段为复原历史事实创造了一些条件,但在可以预见的未来,再先进的手段都不能使历史重演,让历史人物复生,所获得的结果也是有限的。由于明朝后期没有进行过人口普查,我们又不可能为当时的人口补作一次普查,所以只能依靠文献记载来作估计。而研究现在的人口问题,不仅可以利用普查资料,而且能在需要时进行实地调查,对前一段时间的情况也能作回顾调查。当然通过现代人口统计技术,可以对以文献为依据所作估计的结果进行修正和检验,但在缺乏最起码数据的条件下,要求得到精确的结果是绝无可能的。至于一些本来就只发生在个别人之间的事情,如一位伟人在临终时究竟说过什么话,是否真的留下了临终遗嘱,如果在场的人都未作任何形式的记录,要依靠什么技术手段来再现,显然已经超出了现有科学技术的能力。

但是,真实的历史依然是历史学家永恒的追求,因为离开了真实,史学就没有任何价值,就不成其为科学。如果我们把真实理解为相对的、可以逐步接近的,对真实的追求就是可行的,并且会不断取得进步,使我们越来越靠近它。以天文数字计的历史人物、事件及其附属的各个部分并不具有同样的价值,恰当的选择在很大程度上可以弥补记载的缺陷和空白。秦始皇脸上是否长了一颗痣,确实是历史事实,如果真有人研究出个结果来也不是坏事,但不了解这一点,对确定他的历史贡献显然不会有什么影响,不能说不知道这一点就不真实了。明朝某一时刻有多少人口,是永远无法精确到个位数或万位数的,但即使在百万位数,甚至千万位数上取得了可信的成果,也是向真实大大地靠拢了一步。

这样的追求还是一个不断修正错误的过程。史学家在探索的过程中很可能作出了错误的判断,或者误信了虚假的史料,或者受到相关学科的制约,因而会背离真实,甚至可能倒退。但一旦发现了,就应该毫不犹豫地回到正确的方向,而且对致力于求真的史学家来说,这样的过程只能更坚定自己的信念。

4 了解历史

了解历史是学习和研究历史最基本的要求,但要全面了解历史就并非那么容易了。因为每个人了解的历史都是历史中间很小的片断,或者一个概貌,历史无法重演,即便将来真有了所谓的"时间隧道",客观上可以让我们看到过去,但人所观察到的又不过是其中一个很小的片断而已。假使将来可以在太空观察中国的历史进程,如果要看全局,只能是很粗略的;如果要观察局部,就只能顾此失彼,看到北京天安门,就未必能同时看到上海外滩。就是有人全部拍摄下来,一个人一辈子也看不完,对人来说又有什么意义?

了解历史,第一步是阅读史料。对于史料,读通文字当然非常重要,以前由于史料的字词、句读等曾引起句意的分歧。李白的名篇《静夜思》："床前明月光，疑是地上霜。举头望明月，低头思故乡。"诗中的"床"字，以前一般都释作"睡眠之床"，但是睡在床上怎么可以"举头"和"低头"呢？显然此说并不合理。其实古代床并不单指卧具，《说文解字》说床是"安身之坐者"，也可以指凳椅，"胡床"即东汉自西域传入中原的一种凳子。近来有人将此诗中的床解释为井栏，引李白《长干行》"郎骑竹马来，绕床弄青梅"为证，认为是诗人深夜在园中徘徊而作，也可以说通。又如《论语·乡党》云："厩焚，子退朝，曰：'伤人乎？'不问马。"（孔子的马厩失了火，孔子退朝后得知，说："伤了人吗？"而没有问到马）有人认为这体现了孔子的人本主义观念，但唐代韩愈却认为末句当断为："曰：'伤人乎不（通否）？'问马。"这样便成了既问人，又问马，因为孔子是大圣人，"圣人岂仁于人不仁于马？"（见唐李济翁《资暇录》）也有人断该句为："曰：'伤人乎？''不'。问马。"也是相似的意思。对原始文献的解释不同，结论无疑也会不同。但是我们同时也要注意，今天见到的历史文献，绝大多数都已经过后人的传抄、翻印，甚至改窜、增补，通行的本子就未必是原貌。比如我们以往都根据传世本《道德经》研究老子其人及其思想，但1973年长沙马王堆3号汉墓中出土了帛书《老子》两种钞本，最显著的差异即《德经》在前，《道经》在后。1993年湖北荆门郭店1号楚墓中出土了《老子》三种更早的竹简本，文字与传世本更有较大差异，不少表述不见于传世本。长期以来，大多数学者均认为今传本《尉缭子》是一部伪书，几乎成为定案，然而，1972年山东临沂银雀山1号汉墓出土了竹简本《尉缭子》，与今传本篇章、文字相似，这就证明了今传本《尉缭子》确为基本可信的先秦古籍。该墓还与《孙子兵法》同时出土了失传近2000年的《孙膑兵法》，证明历史上先后存在过两个孙子：吴孙子武和齐孙子膑，而后者与前者一直被认为是同一个人。可见原来一些通行的说法恰恰不符合事实，而此前被认为是错误的说法反而是正确的。还有一些史料因残缺过多，或错得十分离奇，至今还解读不出来。

但是，即便读通了文字，仍然存在很多问题。古人不是人人都识字，文字掌握在少数人手里，而这少数人的文字能流传到今天的又更是少数，哪些存世，哪些湮灭带有很大的偶然性。这留下的少数中又有相当一部分是伪造的、篡改的，还有一部分也是有所取舍的。特别是代表官方立场的资料，经过整理和剪裁，已不是原始资料。如明洪武三年(1370)，朱元璋颁发圣旨，推行户帖制度，中国人民大学历史档案系收藏的明代户帖原件上引述圣旨原文："说与户部官知道，如今天下太平了也，止是户口不明白，俚教中书省置天下户口的勘合文簿、户帖。你每(们)户部家出榜去教那有司官将他所管的应有百姓都教入官附名字，写着他家人口多少，写得真，着与那百姓一个户帖。"(引自韦庆远:《明代黄册制度》，中华书局1961年)完全是大白话，与朱元璋的底层出身也是相符合的。而这道圣旨到了《明太祖洪武实录》卷五八，经过史官之笔删改润色，成了"民者，国之本也。今天下已定，而民数未核实，其命户部籍天下户口，每户给以户帖。"完全变了样子。

即使是原始资料，如古人的日记，也需要鉴别。前人的日记，一部分是记给自己看的，另外相当一部分是记给别人看的，生前就准备公开发表，这是明清以来文人的习气，其真实性就要大打折扣。著名的《越缦堂日记》，是晚清名士李慈铭的日记，始于咸丰四年（1854），止于光绪十五年（1889），1920 年由商务印书馆影印出版，计 51 册之多，其内容涉及政治、经济、文化、学术、时事等，无所不包。李慈铭的日记，早在生前就经常借人传抄，流传甚广。鲁迅曾尖锐批评《越缦堂日记》："我觉得从中看不见李慈铭的心，却时时看到一些做作，仿佛受了欺骗。"（《三闲集·怎么写》）讥为"真是其蠢臭为不可及也"（《华盖集续编·马上日记》）。胡适的部分日记，也是在生前就公开出版了的，许多涉及利害的事实必然有所隐讳，研究其生平思想，显然不能单凭这样的材料出发。

中国的史料往往过于注重伦理道德、精神生活，现实生活实际的记录很少。很多史料中连篇累牍都是政治套话或空泛议论，而真正实质性的内容很少。即便一个忠实的记录者，由于受到观察的限制，受到自身素质的限制，也可能走样，更何况连这样的忠实记录者也很少。中国的学者，一般也不愿去记叙习以为常的东西，所以很多古代的日常生活在以前的史料中反映不出来。倒是明末以来进入中国的西方传教士，看到了觉得新奇，会在给教会的报告和私人书信中记录下来。例如中国南方普遍的主食是稻米，他在西方时没有见过，就会详细记录下其制作过程：先用水将米浸泡，然后放在火上煮干，再用长长的小木棍，而不是刀叉送入嘴中。中国人吃的青菜,他在西方时没有见过,就会用文字记下它的情况,甚至在旁边画上一棵青菜,标上物价。而中国人自己这方面的记录反而鲜见。他们还会惊异于中国人的餐桌上很少放调料,调料早已在制作菜肴过程中加入了。对太监如何净身等细节,最详细的记载也都是外国人做的,中国人对此似乎不屑一顾。

了解历史并不是简单地拿本史书来看就行了,大部分历史的真相是不可能直接从史书上看到的,而需要我们透过这些文字看到历史的真相。对于离我们不太远的阶段,还可以通过实际调查加以印证,纠正记载中的错误。如"文化大革命"结束后,经历过的人大多数还健在,通过他们的回忆,就可以纠正当时留下的假报道、假记录和假史料。但对更早的历史就无法通过调查来验证或纠正,也未必能找到新的史料,那就要深刻地理解史料背后蕴涵的内容,透过史料表象逐步接近于历史真实。至少也可以发现其中的矛盾,去伪存真,作出可能的推测。

本书第二章已经提到,宋元以来,尤其明代,政府大规模地表彰节妇,据笔者的约略统计,此前正史《列女传》中记载的贞节烈女很少,一般仅为数十人而已,而《明史·列女传》一下子就收入301人之多,编者尚称"其著于实录及郡邑志者,不下万余人"。到了清代更是不计其数,据《清史稿·列女传序》称:"礼部掌旌格孝妇、孝女、烈妇、烈女、守节、殉节、未婚守节,岁会而上,都数千人。军兴,死寇难役辄十百万。"编者挑选入传的就有688人。这真的说明当时的节妇很多吗? 其实恰恰说明这类人很有限,否则政府有什么必要去大力表彰呢？为什么不去表彰男人及时结婚？因为只要经济许可，又找得到合适的女子，男人都会及时结婚，根本用不到政府来表彰。据今人对**清代刑科题本**档案（地方督抚向刑部上报导致被害人死亡的刑事案件的文书）中供词的研究，由于丧偶妇女缺乏经济来源，以及总人口中女性少于男性，尽管她们的再婚行为不被鼓励，但依然是一种极普遍的现象，尤其在社会中下层家庭当中。

　　了解历史不能单通过书面文字，更要注意文字以外的资料，包括实地调查。有些历史现象虽然已经消失，或者只留下一些痕迹，但大的地理环境是不会变的。我最早读《史记》《汉书》时，对当时的西域分为36国或48国一直心存疑虑，除了西部的乌孙、大宛等国面积较大、人口较多以外，其余各国都极小，大多只有数千人或几百人，为什么要分成那么多的国？为什么以后不少朝代连这些国都无法控制？有一次去新疆，从乌鲁木齐乘一架小飞机越过天山，飞往南疆的喀什。从飞机上往下看，新疆就像是一个硕大无朋的沙盘，在一道道赭红色的山岭之间是土黄色的荒漠，中间稀疏地散布着大大小小的绿洲。以后坐汽车返回时，往往清早出门，汽车在一望无际的戈壁上持续行驶八九个小时，才出现了一片绿洲。其他时间整天看不到一个村落，出了绿洲又是绵绵不绝的戈壁和沙漠。今天有汽车等机械运输工具尚且如此，在只有人力、畜力作为交通工具的古代，一个绿洲的人又如何去统治另一个绿洲？对这些国家来说，除非受到外敌入侵要寻求保护以外，否则，结合成更大的政治实体或统一为一个国家都缺乏实际意义，基本是有害无利的。因为要实施有效的统治就得派遣人员、传递消息、征收赋税、交流物资,而这些都是难以办到的,或者耗费巨大。这就是当时分为36国、48国的根本原因。也正因为如此,中原皇朝对这一地区的管辖一般都是采取以军事控制加以监护的形式。汉朝的西域都护府、魏晋的西域长史府、唐朝的安西都护府等,基本上都是军事性质的。中原皇朝的军队和屯垦人员一般都集中在若干据点,以便将有限的兵力集中起来使用。它们对所辖的各国、各部族或各都督府的基本要求,只是对中央政府的忠诚,保持交通线的畅通和军事上服从征调,而一般不会干预它们的内部事务。在西域地区特殊地理条件下,这种统治方法是唯一切实可行的。所以直到清朝末年在新疆建省之前,仅隋、唐在今新疆东部设置过正式行政区域,十六国中的几个割据政权设置过若干郡县。如果没有到过新疆,对于历史上的这种情况就不会有切身的体会。

5 复原历史

绝对的复原历史当然不可能,但是相对的复原还是可以做到的。尽管复原历史的过程,其实已经加入了复原者主观的判断、主观的意识,这是不能避免的。从某种意义上讲,后人撰写的历史,都是这样一种主观的过程。所以对复原的历史就应该有一种谨慎的态度,要作认真的分析。

以前史料的搜集很难，有"沙里淘金"的比喻，即要通读卷帙浩繁的文献，剔除大量无用或无关的信息，才能找到少数有用的史料。有时甚至连这样一些史料都找不到，那就得扩大查阅的范围，仿佛大海捞针。所以写一篇论文、做一项研究，在收集史料方面花的时间和精力往往要占大部分。今后信息技术发达了，收集史料会变得越来越容易。如果所有的史料都已输入电脑，我们只要在查询系统中输入关键词，含有这个关键词或与此有逻辑关系的史料就会自动罗列出来，甚至对史料的分析和比较将来也完全可能通过机器来做。据说已经有人用计算机统计《红楼梦》前80回与后40回出现的虚词个数、频率等特点，发现存在明显差异，从而认定确实出自两人手笔。

尽管如此，史料的判断、理解以及在此基础上对历史的复原和重建，恐怕还是只能依靠人的智慧。我深信，机器是人造出来的，机器的智慧是由人输入的，即使有一天机器可以自觉地重复或综合人的智慧，但绝不会在总体上超过人类本身，何况人类还在不断地创新，所以真正能够理解历史的永远只能是人自己。

怎样复原历史呢？说来很简单，就是将历史恢复到原来的面貌，但实际上是极其复杂的。正如前面多次提到的那样，任何复原都不可能超越主观意图，因为百分之百真实的过去既不可能恢复，也完全没有必要。退一万步说，如果做到了，又有什么办法来检验这样的复原是否正确呢？因为这不像揭示自然现象的一些科学实验，是可以重复的，从而可以通过反复试验的成功与否来作检验。

所以所谓复原,实际上只是有选择地重建某种历史现象,或重新显示某些过去发生过的事情,而不可能是全部。

生物学家已经预言,通过一个人的完整基因组 DNA,就能完整无缺地克隆(clone)出这个人。用之于动物,1996 年 7 月,英国爱丁堡罗斯林(Roslin)研究所由伊恩·维尔穆特(Ian Wilmut)领导的科学小组用成年绵羊乳腺细胞培育出的多莉羊(Dolly)就是成功的例子。这是因为用之于克隆生物的基因组虽小,但已包含了这个生物体的全部特征的遗传信息,并且能保证它们在克隆过程中不发生变异。

另一个复原的例子是用电脑拼接瓷器碎片。一些古瓷窑中往往能出土大量瓷器碎片,以往只能通过人工加以拼接,往往无法拼出几件成品来。现在利用电脑,据说成功率大大提高。借助电脑的方法其实并不难,首先是将所有能用于拼接的碎片逐一编号扫描,电脑记住编号及形状,然后让电脑按一定要求(如大致尺寸、形状、色泽等)一次次试验,最后虚拟拼接出大致可以接受的器物,人再按照电脑测定的编号和位置拼成实物。但用于拼成这类实物的碎片未必来自同一原物,更不能保证绝对符合本来存在过的某一实物。

这种复原与前一种是有本质区别的,因为它不是唯一的。古窑中的碎片并不是属于同一器物,而是大量同类器物。如果可以肯定所有的碎片来自同一器物,如出土或发现于一个与其他器物隔绝的环境,那样才能保证复原品的唯一性。但这样又有了新的前提:残缺的部分不能太多,不能是最关键的部分。如果关键部分遭到了粉碎性的破坏,不是完全无法恢复,就是恢复了也无法判断是否正确了。

可惜,历史却不存在包含了生物全部信息的基因,也很难像拼接来自同一器物的碎片那样,最多只能用第二个例子中提到的方法。但实际情况往往是连第二种方法都还没有条件做到。所以我们现在所说的复原历史,一般还只是大致的、粗略的、局部的、阶段性的,无论在时间、空间、人物、现象、过程、程度等方面都有很大局限性。如果连起码的复原也做不到,那只能证伪,即指出现有叙述中的错误或疑点,却无法说明正确的应该如何。我们能做的,无非是通过以下几种方法:

分析主要史料的来源,弄清我们目前所依据的史料是怎样产生的,出于何人之手,站在何种立场,与所叙述的对象关系如何? 由此发现矛盾,判断史料的可信程度。以往研究王莽,唯一的史料来自《汉书》,而《汉书》作于东汉,完全延续了西汉的政治价值体系,将王莽定位为篡夺汉朝权力、导致西汉覆灭的奸臣。相反,出于王莽方面或其他方面的史料已经不复存在。完全根据《汉书》的记载无疑不可能复原真实的王莽,也不可能做出公正的判断。又如研究宋代的历史,就不能单单依靠据宋《国史》修纂的《宋史》以及宋人编纂的史籍,如《建炎以来系年要录》《三朝北盟会编》等。南宋绍兴十一年(1141),宋金签订"绍兴和议",《要录》收录了南宋向金国递交的《皇朝讲和誓书》,《金史·宗弼传》便作"誓表"。在古代,书是一种平级或上对下的文体,而表则为下对上的文体。《金史》中该表与宋方文献最显著的差别即是开篇有"臣构言"三字,明确无误地显示了南宋史官所讳言的宋高宗赵构向金国奉表称臣的事实。《金史·宗弼传》还明确记载了金国派使者册封高宗之事,南宋的史籍中更是只字不提。而绍兴八年(1138)十二月戊午和戊辰,高宗还两次强调"朕嗣守太祖、太宗基业,岂可受金人封册?"(《建炎以来系年要录》卷一二四)

其次就是所谓"**外证**",即在史料本身以外寻找证据。无论是文字的还是非文字的,前面提到过的各种形式的历史,只要是有关的,都应该找来,然后加以比较分析。这样做虽然未必能得出一个完满的结论,但至少可以发现存在的矛盾和问题。外证还应该包括历史以外的证据,如一部分历史现象是能够通过考古或科学技术的手段来模拟、检验的。南方不少地方都发现古代少数民族的悬棺,在没有机械设备的条件下,古人是如何将悬棺放置到背山面水、无路可攀的悬崖绝壁上去的呢?结果有人用原始的吊杆和绳索,只依靠人力就试验成功了,这就破除了以往不少离奇的猜测。又如,一些人坚持认为今甘肃金昌境内曾安置过西汉后期的罗马战俘,甚至演绎出"罗马军团"之说,有的报道还举出一些当地人至今还保持着高鼻、卷发、蓝眼珠为证据。其实这个假设很容易证实,即使真有罗马战俘,他们绝大多数应该是男性,要有后代就得与汉朝妇女通婚,2000多年来经过六七十代还能留下多少具有罗马人特征表型(Phenotype)的遗传基因?居然还能保持罗马人的相貌特征?只要对这些人做一次 DNA 检测就能得出科学结论,并且早已有人作了建议,只是当地人坚决拒绝检测罢了。

如果找不到外证,就只能找**"内证"**,即在现有史料本身寻找矛盾,发现问题。由于现有史料大多出于一人或一方之手,所以这样的漏洞不会太多、太明显,必须深入探求,并结合对历史的整体性理解和广博的学识,才有可能发现问题。还是以王莽为例,在《汉书》中班固对王莽极尽诬蔑之能事,说他"滔天虐民,穷凶极恶,流毒诸夏,乱延蛮貉"等等,连他的长相,也说是"侈口蹙顄,露眼赤睛,大声而嘶","所谓鸱目虎吻豺狼之声者也"(嘴巴宽大,下巴突出,双目外突,眼珠发红,声音大而嘶哑,就是有猫头鹰的眼睛、老虎的嘴巴、豺狼的声音的那种人),几乎找不到对他有利的正面记载。但是即便从这个完全来自对立面的史料中我们也会发现,班固也实在举不出王莽多少真正的坏事来。

从阳朔三年(前 22)步入仕途,至当上新朝的皇帝,王莽花了 31 年时间。在《汉书·王莽传》中除了当上"摄皇帝"时刘氏宗族曾两次武力反抗外,在这 31 年间没有什么反对王莽的具体事实,只是在王莽设置西海郡并人为制造"以千万数"的罪犯迁往那里时,才说"民始怨矣"。此事发生在元始五年(公元 5 年),也就是说前面 27 年间王莽没有遇到任何来自民间的阻力。在西汉末年政界贪赃枉法成风,外戚聚敛唯恐不及的社会,王莽非但不贪,还一次次把自己的钱财、土地和获得的赏赐分给下属和贫民,甚至连俸禄也常常用于救济。而他自己的生活极其节俭,一到发生自然灾害,王莽就吃素。如元始二年(公元 2 年)全国大旱,并发蝗灾,受灾最严重的青州百姓流亡,在王莽带头行动的感召下,230名官民献出土地住宅救济灾民。有一次王莽的母亲病了,公卿列侯都派夫人登门问候,只见一位穿着布衣短裙的女士出来迎接,这批贵妇人以为是位佣人,一问方知是王莽夫人,都吃了一惊。王莽的儿子王获杀了自家的一名奴婢,被他痛骂一顿,逼令自杀。在奴婢的地位与牛马相同的情况下,像王莽这样一位贵戚高官的儿子杀死一个奴婢,实在是小事一桩,王莽竟逼他自杀,百姓和奴婢们闻讯,怎能不感激他,称颂他?

这些都是《汉书》承认的事实,王莽并没有表面吃素菜,背后喝参汤;也没有公开将钱财散发,暗底下又去搜刮回来;王莽的儿子也的确是自杀了,并没有藏起来或送到外国去;要是有这些事,绝不会逃过东汉史臣的刀笔。从中我们就可以明白为什么当时王莽会有那么大的号召力。王莽的这些行为,就是在一个国泰民安的时代也已够得上典范了,更何况是处在一个腐烂透顶的社会和一群禽兽般的贵族之中?《汉书》谈到这些时,一概断定是王莽沽名钓誉的伪装,"其匿情求名如此"。如果一个人一辈子都在伪装,那也不就成了真的了吗?我们固然可以将这种行为冠之以"虚伪",但为什么不可以理解为一种对自己私欲的高度克制呢?如果一个人能够一辈子克制自己,难道就不是一种崇高的修养吗?如果政治家都愿意付出如此大的代价来作假,政治一定会清明得多,道德水平也一定会提高很多。

如果说,王莽所做的一切都是为了当皇帝,是为了以新朝取代汉朝,那么他已经付出了足够的代价。除了他不姓刘以外,其他条件都不比成帝、哀帝、平帝差。西汉自从成帝开始,外戚轮流执政,忠正能干的大臣被杀害或排斥,留下的不是谄媚奉承,就是明哲保身,政治腐败透顶。皇室滥加封赏,外戚宠臣穷奢极欲,贪得无厌,如哀帝的同性恋伙伴董贤在短短几年里,积聚的家产竟达43万万。朝廷如此,地方上更加黑暗。地方官只要能结交上外戚、宠臣,就能肆无忌惮,对百姓搜刮盘剥。成帝、哀帝时,流亡的百姓已经以百万计,在发生灾害的年份,流离失所,死于沟壑的百姓更是不计其数。贫富相差悬殊,奴婢与牛马一起供买卖,对农民实际的剥削量已达收成的一半,全家辛劳终年却连自己都养不活,这样的社会怎么能长久存在呢?在这种情况下,从高层官员到百姓贫民,对现实已普遍不满,对前途已丧失信心,无不希望出现某种积极的变革,但却一直不见其人,以至无所寄托,王莽的出现当然会给大家带来希望。所以,当时把王莽当成圣人、周公、救世主是完全正常的。对王莽的称颂虽然有宣传和夸大的成分,但在他代汉之前,多数人还是出于诚意,否则,只靠刘歆等学者是造不出那么大的声势的。

如果王莽只是为了夺取权力,当皇帝,他并不是没有成功的可能。而且他已经相当平稳地取得了汉朝的最高权力,又顺利地当上了新朝的皇帝。但王莽不但要当皇帝,还想当改革家、当圣君,这样脱离实际的目标就注定了他的悲剧下场。

一般都说王莽是"**托古改制**",认为他的真正目的是改制或篡位,"古"只是一个幌子,只是假托。我以为,王莽倒是真心诚意地复古,因为他把儒家经典中描述的古代社会当成了可以实现的目标。如果王莽的复古只是为了篡位,那么在他当上了新朝皇帝以后就可以改弦更张了,历来的政治家大多如此。可是王莽这个泥古不化的书呆子,却在上台以后以更大的热情顽固地推行他那乌托邦式的复古改革,从而把自己推上了绝路。直到临死前,王莽还手持所谓的"虞帝匕首"(自然是好事者伪造了进献给王莽的)说:"天生德于予,汉兵其如予何!"(上天给了我德,汉兵又能把我怎样!)就连这句话,也是套用儒家经典中的句子(《论语·述而》:"天生德于予,桓魋其如予何?")实在迂腐得可以。

王莽曾经使社会各阶层、各类身份的人都获得过实际利益,因而赢得了最广泛的支持。但王莽想在不触犯贵族、豪强、官僚利益的前提下,让百姓、贫民、甚至奴婢的生活也得到改善,完全是痴心妄想。增加王侯官员的俸禄和供养学者的开支,势必减少农民的土地,提高百姓的赋税;而要缓解土地矛盾,减轻百姓的赋税,只有削减朝廷开支,裁减贵族官僚,限制他们的土地占有量;绝对难以两者兼顾。所以要得天下的人心里都清楚,自己该依靠谁抑制谁,书呆子王莽却不明白。

《汉书·食货志》中说"莽性躁扰,不能无为,每有所兴造,必欲依古得经文。"他为了恢复《周礼》中所描绘的上古三代的井田制,即位之初便颁布诏令,将天下田改名"王田",规定不许买卖,每个不足八个男口的家庭,使用的田不得超过一井,超过部分必须分给九族邻里,原来没有田的人可以根据制度受田。在当时情况下,根本就是不切实际的幻想。王莽又将奴婢改称"私属",也不许买卖。但改个名称不会给他们带来任何利益,禁止买卖更没有改变他们的身份,相反,由于买卖改为暗中进行,或者主人原有的土地减少,他们的处境只会更坏。为了抑制商人对农民的过度盘剥,制止高利贷,控制物价,改善财政,王莽根据《周礼》中赊贷,《乐语》中五均等的记载,在始建国二年(公元 10 年)下诏实行**五均六莞**。所谓五均,即在长安、洛阳、邯郸、临淄、宛、成都等城市设五均司市师,管理市场,平抑物价。所谓六莞,是由国家对盐、铁、酒、铸钱、五均赊贷实行统制,不许私人经营;控制名山大泽,对采集者征税。从这些政策的内容看,似乎相当合理,制定的出发点也是为了"齐众庶,抑并兼"(《汉书·食货志》),如果真能有效实行,政府和百姓双方都能得益。但其前提是政府必须掌握相当数量的商品和货币,并且有强有力的管理手段。由于没有这两方面的条件,王莽只能依靠富商大贾来推行,反而给了他们搜刮百姓的机会,形成危害更大的官商垄断性经营。由国家对盐铁等实行统管统制,早已被实践证明是行不通的,再次实施自然不会有好结果。而由国家控制名山大泽,实际只是给主管官员增加了财源。总之,国家没有增加收入,百姓却加重了负担,正当的商人和手工业主也受到打击。王莽又根据周代的制度进行货币改革,废除五铢钱和刀币,"更作金、银、龟、贝、钱、布之品,名曰宝货"(同上)。其下名目繁多,体系复杂,以后又多次变更,使老百姓无所适从。受到百姓抵制后,还企图通过严刑峻法强制推行,规定携带使用五铢钱的人与反对井田制同样处罚,流放边疆。为了提高他颁布的"布钱"的地位，王莽规定官民出入都得带上，否则，就是有合法的证明，旅馆也不接待食宿，关隘和渡口可以加以拘留。连公卿出入宫门时，也必须出示所带布钱。一种货币一旦变成了通行证以后，流通的作用也就不存在了。

王莽又深受儒家"夷夏之辨"的影响，对边疆少数民族政权采取了一系列错误政策。他胁迫羌人"献"出青海湖一带的土地设立西海郡，以便与国内已有的北海郡（国）、南海郡、东海郡合起来凑全"四海"。为了使这块荒地像一个郡，必须强制移民，于是增加了五十条法令，以便增加成千上万的罪犯，满足移民的需要。为了这个西海郡，王莽招来了最初的不满。王莽又将匈奴改为"恭奴""降奴"，将"单于"改为"善于""服于"，改"高句丽"为"下句丽"，引起了各族首领的不满；又轻率地决定动用武力，不仅导致边境冲突，还使数十万军队长期陷于边疆，无法脱身，耗费了大量人力物力，造成了北方边疆人民深重的灾难。以后的反抗首先在北部边区爆发，绝不是偶然的。本来，中原皇朝的政权更迭不至于影响它与周边少数民族政权的关系，王莽完全可以维持现状，但他却主动挑起了无谓的争端，使自己内外受敌。

地皇四年（公元23年）十月初一，更始军入长安城，攻至宫门。初三天明，王莽在王揖等护卫下逃往渐台，公卿大夫、宦官、随从还有千余人。最后将士全部战死，其他随员在台上被杀。王莽终于为他心目中崇高的政治理想付出了生命的代价，此幸耶？不幸耶？不过，在中国这样一个"见胜兆则纷纷聚集，见败兆则纷纷逃亡"（鲁迅《华盖集·这个与那个》)的社会，竟然还会有千余人自愿与山穷水尽、必死无疑的王莽同归于尽，也总算能给他一丝安慰，也应该向后人透露了一点真实的信息。

在同样代表东汉官方立场的《后汉书·刘玄传》中，记述王莽被杀以后，他的头被割下送到南阳宛县更始帝刘玄的堂前，他高兴地说："莽不如是，当与霍光等。"（王莽要是不这样做，就与霍光一样了）霍光受武帝遗诏辅佐年幼的昭帝，昭帝死后，又迎立宣帝，秉政长达 20 年，是匡扶汉室社稷的大功臣。可见身为西汉宗室、光武帝刘秀族兄的刘玄深知王莽败亡的根本原因不是他的个人品质或政治举措，而是他夺了刘家的天下。王莽之所以遭到东汉以来正统史家的"妖魔化"，原因正在于此。汉朝开国皇帝刘邦完全是流氓无赖出身，又能比王莽好到哪里去呢？

当然，找内证时也要防止穿凿过分，随意附会，异想天开，把注意力集中到一些毫无意义又根本无法证实的问题上。1995 年，中国文学出版社出版了一本《红楼解梦》，经过该书作者的"大胆考证"，从《红楼梦》一书中破译出林黛玉及书中众女子的原型为曹雪芹的意中人竺香玉，被雍正皇帝选入后宫并册立为皇后，她与曹合谋用丹砂毒死了雍正等惊人故事。竺香玉的名字，是作者依据第 19 回贾宝玉向林黛玉讲述的耗子偷香芋（玉）的故事，又联系到《红楼梦》中诗词、对联、地名、人名中多有或隐有竹、香、玉等字而"考证"出来的，针对作者凭索隐法而得的竺香玉之名不见于任何清代史籍，该书声称乃是继位的乾隆将其档案全部销毁了。书中的一系列反面人物,则均是雍正的化身。如薛蟠之"蟠"字,影射"龙"字,其祖上为领取内府帑银行商的"皇商",谐音"皇上"。贾敬服丹药而死则正是影射了雍正被丹砂毒死。此外还有第 38 回林黛玉所作《螃蟹咏》中有"多肉更怜卿八足"一句,作者联系《世宗本纪》"生有异征"的记载,"考证"出雍正有六个脚趾,全书诸如此类的牵强附会、凭空杜撰比比皆是,实在不值一驳。作为一位学者,只能依据确凿的史料、目前已经证实的历史事实来判断是非,而非想象、虚构以及哗众取宠的新闻炒作(图 4.5)。令人费解的是,该书出版后竟风行一时,若干红学家也出来叫好,誉之为红学研究的划时代成果。如果红学可以这样研究的话,那只能是学术的悲哀和耻辱。其实,这不过是清末民初拆字猜谜式的**红学索隐派**的翻版而已。其特征无非是将野史、札记、诗词、随笔乃至传闻中的一些材料,与《红楼梦》中的人物、事件做牵强的比附,索隐出其中隐含的所谓"本事"。1917 年蔡元培出版《石头记索引》,认为《红楼梦》是清康熙朝的政治小说,宝玉是传国玉玺之意,而"贾"通"假",即影射被废的皇太子胤礽;大观园中的诸美人暗指当时的几位名士,林黛玉是朱彝尊,薛宝钗是高士奇等等;而红与朱字同义,曹雪芹于悼红轩中增删此书,是悼亡明朝之义。还有人"考证"出《红楼梦》中的贾宝玉即顺治皇帝,林黛玉是董鄂妃,而董鄂妃即秦淮名妓董小宛,她冒用了满姓,此外诸如和珅家事说、明珠家事说、明清兴亡史说等奇谈怪论还有不少。胡适在 1921 年发表了著名的《红楼梦考证》,认为这些不是在做《红楼梦》的考证,而只是《红楼梦》的附会,"完全是主观的,

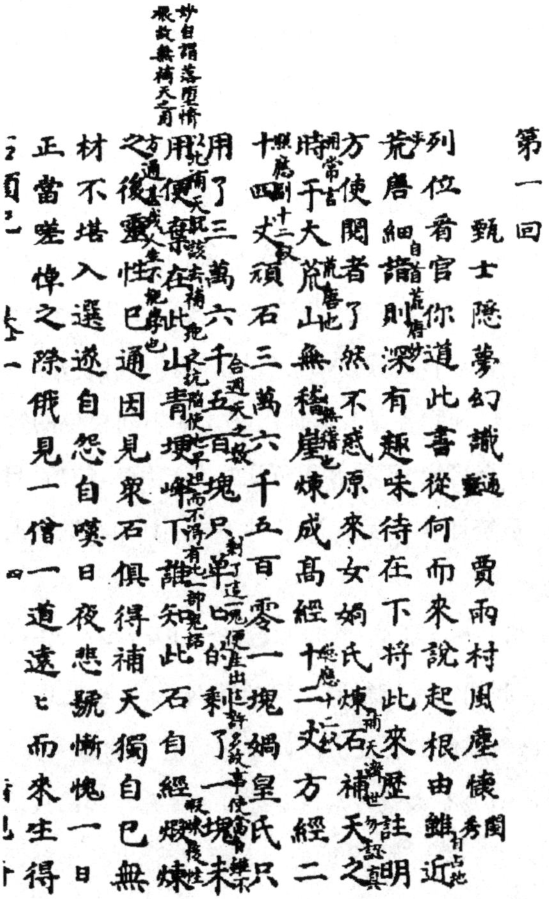

第一回
甄士隱夢幻識通靈　賈雨村風塵懷閨秀
列位看官你道此書從何而來說起根由雖近荒唐細諳則深有趣味待在下將此來歷註明方使閱者了然不惑原來女媧氏煉石補天之時于大荒山無稽崖煉成高經十二丈方經二十四丈頑石三萬六千五百零一塊媧皇氏只用了三萬六千五百塊只單單剩了一塊未用便棄在此山青埂峰下誰知此石自經煅煉之後靈性已通因見眾石俱得補天獨自己無材不堪入選遂自怨自嘆日夜悲號慚愧一日正當嗟悼之際俄見一僧一道遠遠而來生得

图 4.5　《脂砚斋重评石头记》(甲戌本)书影

存世最早的《红楼梦》写本,评语透露了作者的家世和创作情况,为研究曹雪芹的原稿面貌及思想提供了重要线索。

任意的,最靠不住的,最无益的"(《胡适文集》第 2 册,北京大学出版社 1998 年)。近年来不时从报刊电视上听说某人破译了河图洛书、破译了《山海经》、破译了天书碑文等等,无不是此类穿凿附会的产物,正反映了当前学界的浮躁和功利。

必要的计量分析也是复原历史的有效途径。中国古代的史料有一个很大的缺陷,就是缺乏必要的数量,或者虽有数量却不可靠。如《宋史·食货志》中有看似非常精确的赋税总额数字,如至道(995—997)末是 70893000,天禧五年(1021)则为 64530000,但这些数字竟然是"谷以石计,钱以缗计,帛以匹计,金银、丝绵以两计,藁秸、薪蒸以围计,他物各以其数计",将这些不同单位的数字相加而得。该书中还有诸如"正税并积负凡九十二万二千二百贯石匹两有奇"等数据,从统计学角度而言,这种不同统计口径数字的相加是毫无价值的。

当然数量与事实之间、数量与数量之间往往有一定的关系或规律,所以尽管我们未必能复原正确的数据,却不难发现它们之间的矛盾,从而破除虚假的历史。例如有的传记中赞扬一位官员"到任三载,户口倍增",有人就肯定这个地方在那三年间的人口增长速度极快,数量翻了一番。其实,即使不是夸大,这也只是登记户籍数的增加,包括原来漏登的人口被重新登记,也包括外来移民就地登记入籍。因为根据人口再生产的规律和全世界已有的历史人口统计数,人口在三年内翻一番是绝无可能的。又如史料中对郑和航海时所乘"宝船"尺寸的记载也不可信,我亲耳听到一位从事船舶力学研究的中国科学院院士说过，要是按照这样的尺寸造出来的船，是无法航海的，甚至有散架的可能。显然有关"宝船"规模的数据是错的，因为不符合基本的力学原理。

但是，我们同样必须警惕将计量分析夸大甚至神化的倾向，计量分析绝不是万能的，尤其是在原始数据非常有限、结论又无法得到验证的情况下，应该特别谨慎。例如一个地方的人口变化受到各种自然、社会、人文和人口自身各种因素的影响，任何一项因素的变化都可能导致人口数量的改变，所以如果只是根据一般人口增长率来推算，至多只能得出一个上限或下限。不能将推算出来的结果看得过于认真，并且以此为根据一步步往下推算，由甲得出乙，由乙再得出丙，由丙更得出丁，貌似精确，实际却往往是误差越来越大。一旦甲错了，整个系统就失去了存在的基础。另一种情况是，对整体性的、大范围的推算大致可行，但如果一定要分解到各个基层或小范围，误差就会越来越大，所以并非越仔细越精确。

最后一种途径其实就是考察历史的遗存，不过未必是直接的、等同的，所以一般只能作为一种参照物或参照系。人类学家想了解原始社会的情况，虽然无法回到那个时代和环境中去，但可以设法到世界上残存的原始社会或保留原始残余较多的地方去。当年美国人类学家摩尔根（Lewis Hehry Morgan，1818—1881）为了研究原始社会，就长期居住在美洲印第安人的易洛魁（Iroquois）部落，通过研究其社会制度和生活状况来了解人类早期情况。现在的不少人类学家则去新几内亚、亚马逊河流域等热带丛林中研究土著部族。

所谓"礼失求诸野""古风犹存"就是这个意思。

在一些环境闭塞、交通不便、发展迟缓的地方往往能见到在其他地方早已消失了的"礼"或"古风"，可以起到一种"活化石"的作用。宗族制度在大都市居民的观念中就比较淡薄了，而在农村却依然势力强大。有一些生产方式、生活方式，可能在局部的边缘地区尚存孑遗。社会发展的延续性、旧制度的顽固性也为我们提供了理解历史的便利。像生活于四川省盐源县与云南省宁蒗县交界处的泸沽湖畔的摩梭人(属纳西族)，他们保留着比较典型的母系制度。每个大家庭都根据母系血缘组成，亲属结构均以女性为中心。家庭成员普遍男不娶、女不嫁，婚姻生活实行男方随女方居住的**走婚制**，即男方到女方家中共宿，互称为"阿肖"(或"阿注")，但次日天明前必须离开，回到自己的母系家庭中去。生下的子女由女方家族抚养，与生父是两个不同亲族的人，一般都是以阿乌(舅舅)相称。走婚的确定不受长辈约束，建立简单，解除自由，但感情是首要因素。据20世纪50年代的民族调查，摩梭人绝大多数一生中有多个阿肖，并且可同时与多位异性保持临时阿肖关系。虽然在当地土司家庭中已建立父系制，实行一夫一妻，但夫妻双方依然可以公开找阿肖，过走婚生活。(宋恩常等:《云南省宁蒗彝族自治县永宁纳西族社会及其母权制的调查报告》，1963年铅印本)这种制度之所以能够长期存在，是与当地交通闭塞、生产、生活条件恶劣等直接相关的。个人只有从属于群体，即母系血缘集团，实行氏族式的集体劳动，才能适应当地的生产发展水平。文革时期，曾经一度强行禁止走婚,实行一夫一妻的小家庭,结果引发了不少矛盾。这种原始婚姻状态的孑遗,对于我们探求早已消失的人类早期社会情况有很大的帮助。人类由血缘内部通婚发展到**对偶家庭**,其间应存在一个过渡形式,既要保证**外婚制**(即婚配双方必须分属不同的血缘集团),又不打破氏族组织,而走婚制恰恰符合这两个条件。

当然现在是一个剧烈变动的社会,随着地区经济的发展,传统文化失去存在的基础,很快地消亡,比如直到 20 世纪 60 年代,生活在大兴安岭的鄂伦春族仍以游猎为生,过着迁徙不定的生活,但现在他们已弃猎务农,实现了定居,物质生活与汉族基本上没有差别了。但是变动之初的状况,还是留下了大量资料。其他如古代的专制集权、官僚作风、腐败现象、人类劣性的残余今天还不难发现,制度的原始文本与变迁、理论含义与实际操作之间的巨大差异也随处可见,所以深入了解今天的社会也是复原历史的必要手段。

但是,尽管通过实地考察来复原历史是一种有效的方法,但也是有局限的。一般来说,现在能够看到的只是今天的状况和过去的不完整的遗存,不能无止境地向上回溯,终究不能代替文献研究。比如有的地方古风犹存,对那里的考察所获得的信息能否代表古代的情况呢? 我看未必。因为过去这么长时间,这中间必定已经有了变化。比如现在某个边远山区的农村,还是纯手工劳动,过着"日出而作,日入而息,凿井而饮,耕田而食"(王充《论衡·艺增》)的生活,有人就会认为这与四五千年前一样。其实并不一样。很多情况都变了,就算他们使用的农具与古时完全一样,人的体力,人的思想都已经改变,何况即使这样的例子也越来越少了。所以我们现在复原历史,主要还是只能依据前人留下的文字记载。

6 认识和把握历史

历史可以分成三个层面:研究层面、运用层面、哲学层面。历史哲学是最高的境界,认识历史和把握历史是最难的阶段。因为从某种意义上讲,研究历史是任何人都可以做的,区别只是在于研究水平的高低。运用历史也是同样,大家都可以做,区别也只是在于运用是否得当,效果如何。但是历史哲学,也就是真正从本质上、总体上认识历史的规律和把握历史的过程,就绝不是人人都做得到的。这需要包括历史在内的广博的知识结构,还要有极其卓越的判断能力。要把对历史的认识,提高到哲学的高度,并不是短期内所能做到的。

研究历史的人往往集中解决某一方面的问题,成为专门史的专家,不少人一辈子从事某一专门史的研究,作出了巨大的贡献。没有这样的专门史,真正高质量的通史是无法写出来的。成功的专门史研究还能提供方法论和理论的价值,很多方法的应用范围并不限于专业本身,而能扩大到其他领域。由专门史研究提升的理论也具有一定的普遍意义,是构建史学理论的基础。但对通史专家来说,仅仅精通某一方面的专门史就远远不够了。所谓"通史专家"不仅应该拥有不止一方面的专门史基础，而且不是孤立地掌握几个方面的历史知识，而是应该将多方面的专门史融会贯通，才能形成一种全面正确的历史观念，才能在总体上把握历史。如果说专门史与通史专家还只是量的不同、范围的不同，或者分工不同，真正的"史学大师"与一般史学家之间的区别就在于质量和总体水平的不同。"史学大师"并不是什么都研究，什么都懂，但必定能对历史具有整体性的判断能力，形成了自己的历史观念，掌握了历史研究的基本方法。

但史学大师与历史哲学家还是有区别的，因为要将历史知识和历史观念上升到历史哲学还有一个常人无法逾越的过程，不是人人都有能力完成的。要完成这个过程，固然离不开历史本身，但又必须超越历史；不仅需要对历史有广博的知识和深刻的理解，而且需要拥有历史以外的人文、社会和自然科学各个领域的知识。与史学大师相比，历史哲学家更需要拥有天赋，而不仅仅是个人的努力。正因为如此，有志于研究历史哲学的人也应该有自知之明，历史哲学研究者是人人可做的，但能够成为得到后世承认的历史哲学家的人只能是凤毛麟角，甚至是绝无仅有的。古今中外的大科学家、政治家、军事家可能都掌握一定的历史哲学，或者他们能够利用历史哲学家的一部分成果，但他们本人不可能是历史哲学家，因为他们不具备历史哲学家应有的超现实的境界。

史学研究者的任务是复原历史，而历史哲学家所做的则是从中总结历史发展的规律。凡是普适的规律，都很简单，因为规律的存在是源于人类社会存在共性，一复杂就成个性了。比如本书的第一章曾经提到，全世界几乎所有的语言中小孩子对母亲的称呼语音极其相似，都是很简单的 Ma，或 Mama，有些语言学家认为这是由于这个语音最容易发声的缘故。但到小孩子学会讲话以后，用词就会越来越复杂，不同语言间的差别也就越来越明显，有对母亲的正式称呼、尊称、昵称、别称等。从这种角度而言，如果历史发展确实存在规律，也该是比较简单的，这样才能够适应各种复杂的历史现象。似乎迄今为止还没有几条大家都能够接受的规律，这就说明我们还需要不断地探索。有些话看起来似乎是规律，比如"多行不义必自毙""善有善报，恶有恶报""天网恢恢，疏而不漏"等等，其实未必是规律。多行不义的人不一定自毙，很多善人也并没有得到善报。这只是一种感情，但并不是规律。北魏永安三年（530），以暴虐著称的军阀尔朱兆以为其叔父尔朱荣报仇的名义率兵进攻洛阳，孝庄帝本以为黄河深广，敌军难以渡过，岂料那天水深不及马腹，且刮起大风沙，尔朱兆攻到宫门才被发现。于是杀孝庄帝、皇子及王公大臣，并纵兵大肆劫掠（事见《资治通鉴》卷一五四）。东魏武定五年（547），杨衒之行经北魏旧都洛阳，已是一片萧条，想起旧事，不禁感慨万千："昔光武受命，冰桥凝于滹水；昭烈中起，的卢踊于泥沟，皆理合于天，神祇所福，故能功济宇宙，大庇生民。若兆者，蜂目豺声，行穷枭獍，阻兵安忍，贼害君亲，皇灵有知，鉴其凶德。反使孟津由膝，赞其逆心。《易》称天道祸淫，鬼神福谦，以此验之，信为虚说。"（当年汉光武帝刘秀接受天命，滹沱河水结成冰桥，让他顺利渡河；昭烈帝刘备兴起,的卢马从泥沟跃起,使他得以脱险;这都是因为他们的作为符合天命,神灵降福,所以他们的功勋使普天之下受益,庇护万民。而像尔朱兆这样的人,双目突出,声音凶恶,行为就像食母的枭鸟和食父的猰兽一样,倚仗军队安于做残忍的事,残害国君和亲人,如果上天有知,应该明悉他的凶残本性,反而使孟津的黄河水位降到仅及膝盖,成全了他叛逆之心。《周易》上说:"上天会降灾给邪恶的人,鬼神会赐福给谦逊的人。"从这件事来加以检验,完全是假话。见《洛阳伽蓝记》卷一)可见善恶相报的天道,实在相信不得。在中国传统的等级社会,无法从制度上保证公平与正义,底层无助的民众受到压迫,无处诉求,除了圣君、清官外,就只能寄希望于天道、鬼神的报应,寻得一丁点自我安慰而已。

　　尽管真正普适的规律应该是简单明了的,但认识它、运用它又是很不容易的。因为这需要全面地考察整个人类的历史,才能做出一个比较科学的总结。像汤因比以数十年之功,写下共计 12 卷的巨著《历史研究》,将人类世界分为 26 个文明,分别考察它们的历史发展,最后证明的只是很简单的一点:文明是交替兴衰的。而这 26 个文明中,除了西方文明也许还活着以外,其余所有文明不是早已解体或衰亡,便是已经僵化或停滞了。基于这一学说,人们一直在预测西方文明何时衰落,东方文明何时复兴,哪一种文明即将取代哪一种文明,似乎历史永远只能是非此即彼的轮回。亨廷顿(Samuel P. Huntington)提出的**"文化冲突论"**在西方颇有市场,"中国威胁论"成为一些政客和学者的热门话题;甚至已经有人预言中国持续增长的人口需求将超出世界粮食供应的能力,因而必然造成全球性的灾难。同时另一些人则把儒家学说抬高到不切实际的地位,并且称之为未来世界的文化主流;"大中华经济圈""华人经济""太平洋世纪""中国世纪"等等令人目眩的词语和更多激动人心的论据日新月异。试问如果穆斯林真的都要强制实行原教旨主义,要是中国人真的要将儒家文化推行到世界,要是华人真的要建立起一个经济或文化(当然随之而来的是政治)的超级帝国,西方人能不感到惊恐不安吗?

在我看来,要证明汤因比的文明兴衰学说很难。尽管他在西方被誉为最伟大的历史学家之一,但我看他书中有关中国的部分就极为薄弱,甚至有明显的错误。由此我就可以怀疑,即便他对其他文明的分析都是正确的,这也未必是真正的规律,至少对中国就不适用。为什么西方文明的延续只能以遏制东方文明的兴起为代价(或者反之)?难道就不能产生这样一种结局:人类共同创造一种集各种文明之长而又避各种文明之短的全新的文明,它既不是西方文明的延续,也不是儒家文明或伊斯兰文明的复兴。从这一意义上说,即使现存的各种文明都消亡了,但从它们的优点都已被吸收的意义上说,它们都获得了永生。古代的文明,在当时严酷的生产条件、交通条件、生活条件下,文明可能只能交替兴衰,这一点汤因比总结的规律也许是正确的,但问题在于,适应过去的规律未必适应于未来,而目前和未来正处于人类历史上一个巨大变革的时代,随着客观条件的改变,文明兴衰的规律也将发生变化。

　　首先是人类精神文明的进步,特别是在观念、信仰、法律、制度等方面的进步,使全世界各国、各民族、拥有各种宗教信仰和生活在各种政治制度下的人民有了越来越多的共同性。联合国宪章、全世界绝大多数国家的宪法和法律都承认一些基本原则,如保卫和平、制止侵略和战争、实行民主和法制、维护人权、保障信仰和思想的自由、政教分离、反对种族歧视,等等。尽管还有少数当权者不承认这些原则,尽管理论上的承认并不等于实际上的实行,但今天的世界与有史以来任何一种文明最辉煌的阶段相比,都不可同日而语。这不仅为世界和平和进步、各国和各民族的和平共处提供了政治上的保证,而且使各种文化有了共存、共荣的基础,因为至少在这些原则上,不同文明之间的差异已经或将要消失。

　　其次,物质文明的进步已经或正在缩小各种文明在物质方面的差异。科学技术和工业生产的方式早已消除了不同物质文化之间本质上的差别,汽车、火车、飞机、轮船、电影、电视、电报、电话、音响、空调、照相机、传真机、复印机、电脑、卫星通讯、互联网络、农业机械、基因技术、易拉罐、牛仔服等等的使用、流行或普及并没有因为国家、民族和宗教信仰的不同而有太大的区别。人们的物质生活和精神生活虽然继续保持着丰富多彩,但其物质基础却越来越趋于一致,因而也越来越互相渗透。豆腐是中国人发明的,但今天日本的流水线在中国生产豆腐,新的凝固剂和防腐保鲜材料取代传统工艺,使豆腐进入了发达国家的超级市场。可口可乐是美国人的专利,但据说也用了中国的药材(由于配方保密,只能是"据说"而已），更没有影响它风靡世界。

现代科学技术需要人类的共同努力才能发展和进步，生产、流通的效率不仅要以大规模生产为基础，而且要求全球的一体化。跨国公司的出现和扩大，金融、信息的国际联网，无不意味着这些领域正在打破原来存在的各种界线。生态环境的保护已经使分属不同的国家、民族和宗教的人们不得不承认，地球是我们的共同家园，是一个不可分割的整体。任何一种文明，如果想要在未来生存和发展，就绝不能置身于日益全球化的世界之外。在这种情况下，它自然也不可能脱离外界的影响。

再者，地理环境的制约曾经在文明的兴衰上起过重要的甚至决定性的作用，如气候的变迁、河流的改道、某种疾病的流行、某些资源的枯竭，都可能导致一个帝国的崩溃、一个民族的灭绝或一种文明的消失。在可以预见的未来，尽管人类也无法超越地理环境的制约，但却能够充分运用地理环境所提供的条件，用科学技术来顺应客观规律。地球的资源是有限的，但人类的利用潜力却远未达到极限，只要利用的效率得到提高，方式得到改进，同样数量和品种的资源就会产生高无数倍的效能。如果人类在超导技术、受控核聚变、生物基因工程方面取得进一步突破，那么现有的资源就足以满足全球人口未来相当长年代内的需要。由于地理环境变迁而引起的文明衰落尽管还不能完全避免，但这一过程必将大大延长。

地理环境也曾经是文化传播的主要制约因素。在古代，一种文化的传播速度之所以缓慢，影响的范围之所以有限，以致有的文化在没有传播到外界之前就已灭绝，一个主要原因就是当时人无法克服地理障碍所造成的传播困难。出于同样的原因，人们要认识、选择、学习、掌握一种先进的文化，往往需要付出巨大的代价，耗费漫长的时间。但现在，发达的交通工具已可在短时间内到达地球上有常住人口的每一个角落，先进的通信手段已使大多数人能在原地了解世界上的最新进展。随着多媒体技术和互联网络的发展与普及，不仅将使信息传播的空间和时间差异缩小到可以忽略不计，而且将使人们由对信息的单向接受变为多向参与，由视觉和听觉的感知变为各种感官的全息体验和反应。信息革命对文化的影响并不局限于传播速度和效率的无限提高，更在于使每种文化都几乎同步地甚至超前地展现在世人面前，优胜劣汰的过程无疑将大大加快。

暴力、战争和侵略曾经是一些文明灭绝的主要原因，也是另一些文明得到强制推行的重要手段。但随着人类自身的进步和科学技术的发达，以正义的战争反对并制止非正义的战争已成为可能，第二次世界大战最终以反法西斯同盟的伟大胜利而结束就证明了这一点。近一二十年来以联合国为首的国际社会为维护世界和平、解决地区冲突所做的不懈努力证明，只要国际社会团结一致，战争就有可能避免和制止。我们有理由相信，历史上曾经一再重演的穷兵黩武、屠杀异教徒、灭绝异族、毁灭其他文明的惨剧将得到有效的防范和制止。

总之，通过人类的共同努力，我们完全有可能创造出一种全球性的、世界性的、全人类的文明。尽管这种文明也会由盛转衰以至于消亡,但与以往的文明相比,这一过程将大大延缓。而且人类完全有能力在它消亡之前创造出更加辉煌的新文明。如果把文化冲突解释为不同文化之间的矛盾、碰撞、挑战和竞争,那么只要有不同的文化存在就在所难免。但这样的"冲突"可以是求同存异,自由竞争,和平共处,而不应该再是充斥于以往历史中的相互排斥,诉诸武力,你死我活。文明的大同并不影响各种亚文化之间的小异,就像华夏文化、基督教文化、伊斯兰文明内部本来就存在着相当多的小异一样,所以没有必要担心世界文化会从此暗淡无光、千篇一律,或者从此丧失了活力。

世界大同,曾经是无数先哲前贤毕生的理想与目标,也曾被不少人讥为空想与幻梦。如果"大同"就是将全世界合并为一个国家,实行一种制度,并且听命于一位君主、一个政府、一个政党或一种政治势力;就是"溥(普)天之下,莫非王土;率土之滨,莫非王臣"(《诗经·小雅·北山》);就是实现"世界革命",那当然只能是一种狂妄的幻想,而且是历史的大倒退。但如果"大同"是指世界各国之间建立共同遵守的秩序,确立公认的行动准则,用谈判协商来解决问题,维护和平和发展,那么世界不正是在走向"大同"吗?这样来看世界文明的大同,就不再是一个遥不可期的幻梦。

所以,我希望已经到来的 21 世纪既不是"太平洋世纪""中国世纪"或"儒家世纪",也不是"基督教世纪""西方世纪"或"伊斯兰世纪",而是世界世纪、全人类的世纪。同样,儒家文化、中国文化面临的迫切问题也不是如何走向世界或推广到其他国家,而是如何融入世界或适应人类未来发展的需要。己所不欲,固然勿施于人;更为重要的是,己之所欲,也同样未必就能施于人,而应该让别人来自由选择。能在未来的世界文化中占有一席之地,固然是一种文化的光荣;经过比较和竞争被淘汰了,也是一种文化完成了历史使命的标志,是包括这种文化的主人在内的全人类的共同进步。

总之,对历史哲学固然需要学术的论证和学理的研究,但更需要实践、时间和空间的检验。它不仅适用于某一领域、某一时段、某一学科或某一国家,而且应该适用于相当广泛的领域、相当长一个历史阶段、所有的学科和整个世界,并且能够昭示未来。历史哲学所研究和依据的是历史规律,但真正的历史规律就像绝对真理一样,是可望而不可即的。即使是最杰出的历史哲学家,他所认识的也只是比较接近绝对真理的相对真理而已。与其他人相比,他的本领只是相对正确地认识和阐述了历史规律而已。

我从来没有成为历史哲学家的企图,但希望能够掌握一些历史哲学,就像我从来不奢望能当什么大师,却总是贪婪地占有本专业以外的知识,"究天人之际,通古今之变,成一家之言"(司马迁语),把史学通人作为努力的方向。我知道我离这一目标还很遥远,我也知道这一目标于我也许永远都是无法实现的,但我愿意自己一直这样走下去,愿自己永远行走在前行的路上。

阅 读 书 目

1.《春秋左传集解》,(晋)杜预集解,上海人民出版社1988年版。

2.(汉)司马迁撰:《史记》,(南朝宋)裴骃集解,(唐)司马贞索隐,(唐)张守节正义,中华书局1959年版。

3. 无名氏撰:《水经注》,(后魏)郦道元注,简本:《水经注》,陈桥驿点校,上海古籍出版社1990年版;详本:《水经注疏》,杨守敬、熊会贞疏,段熙仲点校,陈桥驿复校,江苏古籍出版社1989年版。

4.(南朝宋)刘义庆撰:《世说新语》,(梁)刘孝标注,上海古籍出版社1982年版。

5.(唐)玄奘、辩机原著:《大唐西域记校注》,季羡林等校注,中华书局1985年版。

6.(唐)刘知几撰:《史通》,黄寿成校点,辽宁教育出版社1997年版。

7.(宋)司马光撰:《资治通鉴》,(元)胡三省音注,"标点资治通鉴小组"校点,中华书局1956年版。

8.(元)马端临撰:《文献通考》,中华书局1986年版。

9. （清）钱大昕撰：《十驾斋养新录》，江苏古籍出版社 2000 年版。

10. （清）赵翼撰：《廿二史劄记》，辽宁教育出版社 2000 年版。

11. 吴友如绘，陈平原选编：《点石斋画报选》，贵州教育出版社 2000 年版。

12. 王国维著：《古史新证：王国维最后的讲义》，清华大学出版社 1994 年版。

13. 梁启超著：《中国历史研究法（附补编）》，东方出版社 1996 年版。

14. 陈寅恪著：《隋唐制度渊源略论稿》，三联书店 2001 年版。

15. 顾颉刚等编著：《古史辨》1—8 册，上海古籍出版社 1982 年版。

16. ［英］汤因比（Arnold J. Toynbee）著：《历史研究》，［英］索麦维尔（D. C. Somervell）节录，曹未风等译，上海人民出版社 1986 年版。

17. 张光直著：《中国青铜时代》，三联书店 1983 年版。

18. 谭其骧著：《长水粹编》，河北教育出版社 2000 年版。

19. 上海市历史博物馆编：《20 世纪初的中国印象——一位美国摄影师的纪录》，上海古籍出版社 2001 年版。

20. 《老照片》，山东画报出版社 1996 年起陆续出版。

21. 谭其骧主编：《中国历史地图集》，地图出版社 1982 年版。

22. 方诗铭、方小芬编著：《中国史历日和中西历日对照表》，上海辞书出版社 1987 年版。

23. 翦伯赞主编:《中外历史年表(公元前 4500—公元 1918 年)》,中华书局 1985 年版。

(以上阅读书目由葛剑雄推荐)

后　记

本书能够问世，首先得感谢本套丛书的策划杨书澜女士。当她第一次向我提出写这本书的建议时，连我自己都不相信能写出来。只是因为对这一题目的兴趣，再加上她的反复劝说，才姑妄应之。直到书名和作者见诸广告，甚至在赵世瑜兄写的 2001 年中国历史学的回顾文章（文载《中华读书报》2002 年 1 月 16 日）中已经提及时，本书还未最后定稿，要不是杨女士的耐心和坚持，或许早已流产了。

但要是没有周筱赟君的参与，我肯定也无法写出此书。周君是我指导的博士生，此前曾自告奋勇整理过我在复旦大学的几次讲演记录，我看后很是满意。在对杨女士的盛意无法再推辞、而我又抽不出多少时间的情况下，我与周君商定，由我拟出提纲，分段口述，请他录音，并与我当场讨论，然后据录音整理成文，再作加工。

实际上，周君不但完成了整理，而且为我核对了大量史料，补充了不少例证，也提出了一些正确的意见，纠正了我的错误和自相矛盾之处。例如，对"历史"一词的来历，我以前只有模糊的印象和猜测，他花费了很多时间和精力，还写信请教了上海汉语大词典出版社的徐文堪编审、香港《词库建设通讯》的黄河清先生,并委托日本京都大学人间·环境学研究科的博士学位候选人钟翀先生查阅日文文献,终于找到了确切的证据。他还就写作过程中遇到的学术问题请教过上海交通大学科学技术史系的江晓原教授、湖南人民出版社的朱正编审、浙江省社会科学院文学研究所的顾志兴研究员、复旦大学历史系的樊树志教授等人,他的工作已经远远超出了记录和整理,这本书是我们两人合作的产物,他作为本书的第二作者是当之无愧的。

此外,英国巴思大学(University of Bath)社会政策与科学系(Department of social policy & science)的陈广华、长沙中南大学金融系的陈枫、大连外国语学院法语系的王晓枫、复旦大学历史地理研究中心的宣炳善、吴滔、复旦大学世界经济研究所的田贞余、复旦大学外国语言文学系的陈洁、上海人民出版社的王卫东、上海财经大学人文学院的左鹏、复旦大学遗传工程国家重点实验室的程海鹏诸君,都曾先后在各方面向作者提供了热情而无私的帮助,在此一并致谢。

最后我还应该感谢本书的编辑,她们为本书的出版做了大量的具体工作。由于本书最终经我定稿,对可能存在的错误均应由我负责。

葛剑雄

2002 年元月

编 辑 说 明

自 2001 年 10 月《经济学是什么》问世起，"人文社会科学是什么"丛书已经陆续出版了 17 种，总印数近百万册，平均单品种印数为五万多册，总印次 167 次，单品种印次约 10 次；丛书中的多种或单种图书获得过"第六届国家图书奖提名奖""首届国家图书馆文津图书奖""首届知识工程推荐书目""首届教育部人文社会科学普及奖""第八届全国青年优秀读物一等奖""2002 年全国优秀畅销书""2004 年全国优秀输出版图书奖"等出版界的各种大小奖项；收到过来自不同领域、不同年龄的读者各种形式的阅读反馈，仅通过邮局寄来的信件就装满了几个档案袋⋯⋯

如今，距离丛书最早的出版已有十多年，我们的社会环境和阅读氛围发生了很大改变，但来自读者的反馈却让这套书依然在以自己的节奏不断重印。一套出版社精心策划、作者认真撰写但几乎没有刻意做过宣传营销的学术普及读物能有如此成绩，让关心这套书的作者、读者、同行、友人都备受鼓舞，也让我们有更大的信心和动力联合作者对这套书重新修订、编校、包装，以飨广大读者。

此次修订涉及内容的增减、排版和编校的完善、装帧设计的变化，期待更多关切的目光和建设性的意见。

感谢丛书的各位作者，你们不仅为广大读者提供了一次获取新知、开阔视野的机会，而且立足当下的大环境，回望十多年前你们对一次"命题作文"的有力支持，真是令人心生敬意，期待与你们有更多有益的合作！

感谢广大未曾谋面的读者，你们对丛书的阅读和支持是我们不懈努力的动力！

感谢知识，让茫茫人海中的我们相遇相知，相伴到永远！

北京大学出版社

2015 年 7 月

"人文社会科学是什么"丛书书目

哲学是什么　　　　　社会学是什么

文学是什么　　　　　心理学是什么

历史学是什么　　　　教育学是什么

伦理学是什么　　　　管理学是什么

美学是什么　　　　　新闻学是什么

艺术学是什么　　　　传播学是什么

宗教学是什么　　　　法学是什么

逻辑学是什么　　　　民俗学是什么

语言学是什么　　　　考古学是什么

经济学是什么　　　　民族学是什么

政治学是什么　　　　军事学是什么

人类学是什么　　　　图书馆学是什么